U0919255

法大诉讼法学博士文库

总主编　熊秋红

刑事诉讼审前程序构造论

张益南　著

中国人民公安大学出版社
·北　京·

图书在版编目（CIP）数据

刑事诉讼审前程序构造论 / 张益南著 . --北京：中国人民公安大学出版社，2022. 1

（法大诉讼法学博士文库）

ISBN 978-7-5653-4423-7

Ⅰ.①刑…　Ⅱ.①张…　Ⅲ.①刑事诉讼—诉讼程序—研究—中国　Ⅳ.①D925.218.04

中国版本图书馆 CIP 数据核字（2021）第 249935 号

刑事诉讼审前程序构造论

张益南　著

出版发行：中国人民公安大学出版社
地　　址：北京市西城区木樨地南里
邮政编码：100038
经　　销：新华书店
印　　刷：北京市泰锐印刷有限责任公司

版　　次：2022 年 1 月第 1 版
印　　次：2022 年 1 月第 1 次
印　　张：8. 375
开　　本：880 毫米×1230 毫米　1/32
字　　数：225 千字

书　　号：ISBN 978-7-5653-4423-7
定　　价：40. 00 元

网　　址：www.cppsup.com.cn　www.porclub.com.cn
电子邮箱：zbs@ cppsup.com　zbs@ cppsu.edu.cn

营销中心电话：010-83903991
读者服务部电话（门市）：010-83903257
警官读者俱乐部电话（网购、邮购）：010-83901775
法律图书分社电话：010-83905745

本社图书出现印装质量问题，由本社负责退换

版权所有　侵权必究

法大诉讼法学博士文库

编　委　会

顾　　问：陈光中

名誉主任：卞建林

主　　任：熊秋红

副 主 任：李本森　王万华

委　　员：（按姓氏笔画排序）

卫跃宁　王贞会　刘　玫

纪格非　杨宇冠　杨秀清

肖建华　吴宏耀　汪海燕

罗智敏　栗　峥　高家伟

谭秋桂

序

时光荏苒，21世纪不知不觉间已经过了二十余载。进入新世纪以来，随着数字技术的高速发展和诉讼案件数量的大幅增长，诉讼法学研究者在继续深耕传统理论问题的同时，也面临着拓展新领域、发掘新问题之需，这给研究者的知识结构和研究能力带来了很大的挑战。在一个激变的历史时代，如何开展富有理论价值和时代意义的诉讼法学研究，是研究者们共同面对的问题。

我国诉讼法学研究起步于晚清民国时期。作为西学东渐的成果之一，清政府效仿西方列强，在实体法之外创立了单独的程序法典。到了民国时期，体系较为完善、内容较为详实，以诉讼理论为支撑的诉讼法典得以建立，典型的标志是1928年《中华民国刑事诉讼法》与1930—1931年《中华民国民事诉讼法》的颁布。随着立法进程的发展，诉讼法学作为一门独立学科也开始得到重视，多所大学纷纷设置了相应的课程。在当时的法学研究者中，沈家本最早对诉讼法的作用、原则和制度进行了系统的阐述。之后经过夏勤、陈瑾昆、郭卫、熊元襄、康焕栋、戴修瓒、孙少康、蔡枢衡等若干学者的不懈努力，在20世纪40年代形成了较为完整的诉讼法学理论体系。

新中国的诉讼制度，是在废除国民党政府旧法统，继承和总结我国新民主主义革命时期司法实践经验的基础上建立和发展起来的。新中国成立之初，诉讼法学研究主要围绕着社会主义诉讼制度和马克思主义诉讼法学展开。当时的诉讼法学理论主要承袭苏联传统，苏联的刑事诉讼制度和检察制度对我国诉讼法的发展产生了深远的影响，切里左夫的《苏维埃刑事诉讼》、阿布拉莫夫的《苏维埃民事诉讼》和维辛斯基的《苏维埃法律上的诉讼证据理论》等著作成为当时的必读书目。1954年，我国制定了第一部宪法，并于同年颁布了《中华人民共和国人民法院组织法》《中华人民共和国人民检察院组织法》和《中华人民共和国逮捕拘留条例》。1956年，最高人民法院总结司法工作经验，拟定出《各级人民法院刑、民事案件审判程序总结》，作为各级法院办案的基本依据。

然而，从 1957 年下半年开始到 1965 年，诉讼法学研究受到了极左思想的影响，逐渐陷入停滞。随后，反右斗争扩大化，一大批从事诉讼法学研究的教师和科研人员被打成“右派”，无法从事诉讼法的教学与科研工作。虽然 1957 年在总结我国司法实践经验和外国经验的基础上草拟出《中华人民共和国刑事诉讼法草案（草稿）》，并于 1963 年形成了 200 条的《中华人民共和国刑事诉讼法草案（初稿）》，但是在极左思潮的冲击下，这一过程被迫中断，至“文化大革命”时期，社会主义法制遭到破坏，诉讼立法和法学研究再次陷入停滞。

1976 年 10 月之后，在短短几年间，诉讼法学的理论研究队伍迅速扩大和成长，大批中青年学者活跃在诉讼法学界，成为研究队伍中的生力军。当时，全国已有近十个单位招收诉讼法学专业硕士研究生，并首次批准在中国政法大学设立了诉讼法学博士学位授予点，为我国培养出了一大批诉讼法学专业人才。1984 年，全国性的诉讼法学学术团体——中国法学会诉讼法学研究会正式成立，并主编发行了《诉讼法学论丛》(年刊)。自 1986 年开始，每年都要举行一次全国性的诉讼法学年会，讨论刑事诉讼、民事诉讼和行政诉讼中的有关理论问题，以及改革与完善诉讼制度等问题。迄今为止 35 年间，既有前辈大师筚路蓝缕在前，又有老中青几代学人薪火相传、孜孜不倦在后，为新中国诉讼法学的学科发展和理论研究作出了不可磨灭的贡献。

在这一时期，虽然苏联的法学理论依然在诉讼法学研究中有所体现，如检察监督是理论界长期争议的话题。但是学者们的目光开始转向西方诸国，在对英美法系和大陆法系国家的诉讼理论与诉讼制度进行比较研究的基础上，尝试建构具有中国特色的诉讼法学学科体系、学术体系和话语体系。在刑事诉讼法学领域，从20世纪80年代末开始，学者们相继对刑事诉讼构造、目的、职能、价值、方式、司法体制等基础理论问题展开了深入的研究。而在民事诉讼法学领域，对于民事诉讼法学科建立的必要性、该学科的知识结构、民事诉讼基本原则、管辖、反诉、简易程序、涉外程序等问题进行了具体的研究。学者们尝试探索我国诉讼法学理论的发展方向，并力图回答一个问题：中国的诉讼制度究竟应向何处去？作为一种现象，刑事诉讼法学研究常常借鉴英美法律制度及其理论，而民事诉讼法学研究则更多从德日等大陆法系国家继承体系化的理论，两者出现了研究进路上的分化。但是，形成共识的是：无论如何利用比较法资源，都要避免简单的条文比较，而应重视在社会背景、条件、文化之下的功能比较，“橘生淮北则为枳”，只有从功能比较出发解读和学习西方的法律制度，才能避免简单的模仿和盲目的移植。

诉讼法学是一门实践性非常强的学科，仅仅使用逻辑思辨的方法进行研究是远远不够的，还需要重视实证研究方法的运用，因为诉讼法学研究“不仅仅是满足个人心性的自由思考，还应该充满对于时代生活的热切关怀”。实证研究不仅能够帮助我们了解中国诉讼制度在实践中的运转情况，更重要的是能够提供发现问题、解释问题，并在此基础上解决问题的新线索和新思路。实证研究同样也需要理论作为支撑，理想的路径是将“形而下”的诉讼实践作为理论研究的出发点和归宿，真切地感知动态的诉讼活动的内在机理，细致地发掘与梳理每一个看似细小却很有可能决定改革方案成败以及知识产品有效与否的节点。应当注重对经验材料的运用，做到研究结论的得出建立在对实践经验的归纳、总结与分析之上，而非偏重主观演绎与推理，甚至套用某些不具备普适性的“元理论”草率地对现实进行评判。从实践出发得出研究结论之后，还应将结论再交由实践检验，剔除其中的偏见和错误，在科学地把握“实然”的前提下，再去贯彻“应然”的价值取向，进而搭建起真正能够经受住实践考验和理论反驳的诉讼法学话语体系。

过去的十多年间，诉讼法学研究呈现出一个新的特点，即开始从“地方性知识”向“全球话语”转变。这主要体现在三个方面：第一，诉讼法学的地方性特色逐渐弱化，两大法系之间相互借鉴、学习和靠拢，使得现在大多数国家的诉讼法都不再是单纯的当事人主义或者职权主义，而是呈现出混合模式的特征。第二，在世界范围内，制度的改革开始同步化，而不再有明显的先发和后发国家的区分。从美国辩诉交易制度的产生到中国建立认罪认罚从宽制度，其间经过了一百余年的时间，而企业合规制度的比较借鉴经过了二十余年，在线诉讼和在线法律援助的发展差距甚至在十年左右，各国诉讼制度的发展开始齐头并进。第三，数字技术如人工智能和大数据对于诉讼法的影响在全球范围内受到广泛关注，数字时代的加速到来带来了大量的社会问题，诉讼法学需要对这些时代所关心的问题进行回应。改革开放之后，我国的诉讼法学界一直都在关心中国诉讼法学研究的“主体性”问题，担忧在模仿西方诉讼法律制度时丢失了中国自身的实践需求和理论话语。但是，现在中国特色的社会主义诉讼制度已经建立，其背后的中国诉讼法学基础理论也得到了较为充分的阐释。在新的历史时期，我们更应该关心的是中国诉讼法学研究的“先进性”问题，这是中国诉讼法学理论如何具有世界影响力的关键性问题。先进的学术话语离不开标识性概念的提炼，更离不开融通中外的话语体系的搭建。中国的学术作品既要会讲“汉语”，也要会讲“外语”，要找到中国学术理论恰当的国际化表达方式。

创新是学术研究的灵魂，诉讼法学研究需要不断注入新的思想。读博期间是一个青年学者时间最充裕、思想最活跃的研究黄金期，博士论文更是在学术界的“黄莺初啼”

"小荷露尖"，是对博士阶段学习成果的总结，也是对学术理论和前沿问题的集中探讨。一篇品质上乘的博士论文最重要的是围绕一个重要而富有新意的问题展开，一切的理论创新都始于问题，问题意识贯穿学术话语创新的全过程。在研究方法上，要打破学科壁垒，与不同学科进行学术对话与争鸣，在开放性思维中重新认识自我，并寻求适宜的表达方式。如果将视野局限在诉讼法学科内部，这种固步自封的学术研究只会越走越窄。同时，好的学术成果还要有良好的语言表达，让阅读者"愿意听"也"听得懂"，只有这样才能让自己的学术作品被学术界、实务界甚至是社会大众所接受，从而真正对司法实践产生影响。"德不孤，必有邻"，非常幸运的是，我们身处"一个需要理论而且一定能够产生理论的时代""一个需要思想而且一定能够产生思想的时代"，诉讼法学界形成了以追求知识和真理为核心的学术共同体，这为青年学者开展自身感兴趣的研究打下了良好的基础。

中国政法大学诉讼法学研究院是教育部于2000年10月审批通过的全国第二批社科重点研究基地，是诉讼法学专业唯一入选全国普通高等学校人文社会科学百所重点研究基地的研究实体。依托中国政法大学雄厚的法学专业基础，以国家级重点学科诉讼法学科为重心，诉讼法学研究院涵盖刑事诉讼、民事诉讼、行政诉讼三大诉讼法以及证据制度、司法制度等多个研究领域。自成立二十余年来，诉讼法学研究院在完成教育部要求的基地建设目标方面成就显著，同时在学术创新、服务社会、交流合作等多个方面取得了骄人业绩，所产出的诉讼法学科研成果的数量和质量均位居全国前列，对于国家立法作出了重大贡献，人才培养数量多、质量高，学术交流活动广泛，是诉讼法学研究和高层次人才培养的重要平台。

“法大诉讼法学博士文库”是中国政法大学诉讼法学研究院主持编选并组织出版的中国政法大学诉讼法学专业(含刑事诉讼法学、民事诉讼法学、行政诉讼法学、证据法学）博士学位论文系列丛书。这套丛书旨在搭建学术平台，推出诉讼法学新人新作，营造百花齐放、百家争鸣的学术氛围。此外，由于博士学位论文不仅能够反映博士生个人的勤奋和智慧，还常常凝聚了博士生导师的心血和才智。因此，这套丛书的出版也是对法大诉讼法学博士研究生指导成果的集中展示。我们希望能够通过本套丛书的出版，培养和造就一批高素质的诉讼法学博士生，推动诉讼法学年轻学者之间的交流和互动，促进我国诉讼法学的繁荣和发展。

是为序。

熊秋红

2022 年 1 月 6 日

目录

引言：以构造实现正义

正义是人类社会普遍追求的崇高价值。在社会法制逐步建立的过程中，法学名家们素来关注如何通过法律手段实现正义价值。近代以来，以保障基本权利为核心的法治原则逐步得到绝大多数国家宪法的确认，分权制衡则成为现代民主法治国家宪法的一条通则。在宪法层面分权制衡表现为立法、行政和司法等国家权力在不同国家机构间的合理分配和相互牵制。素有“小宪法”之誉的刑事诉讼法作为法治文明的晴雨表与风向标，其诉讼文明理念的一个重要体现就在于三方主体在三角构造的模型中互动制衡。

在现代法治社会所确立的无罪推定理念下，刑事诉讼审前程序中权力与权利的冲突最为激烈。在这个过程中，国家权力强烈打击犯罪的欲望对权利保障形成了极大的隐患，一旦权力越界不受管控，便犹如猛虎般足以撕碎羔羊般的单独个体。因此，刑事诉讼审前程序的诉讼构造对于在刑事诉讼审前程序中实现司法裁决权控制意义重大，这不仅直接涉及司法机关实施法律行为的效力与效果，也直接影响到在审前程序中对于基本权利的保障。可以说，这是衡量刑事司法程序民主与文明的重要标志，也是检验权利保障和救济的试金石。本书将从以下几个方面深化对于刑事诉讼审前程序构造论研究的认识。

一、研究背景及意义

（一）研究背景

关于刑事诉讼构造的研究在中外已有相当程度的积淀和较为成熟的理论成果。同时，在当前我国司法改革的进程中继续深入研究刑事诉讼审前程序的构造理论具有一定的时代背景：

第一，我国司法改革的时代背景。党的十八届四中全会提出："推进以审判为中心的诉讼制度改革……加强人权司法保障……完善对限制人身自由司法措施和侦查手段的司法监督。"这在中央层面构建了对人权保障、司法控制的改革蓝图。在现行司法体制改革的大背景下，从理论与实践相结合的角度深入研究刑事诉讼审前程序构造的相关问题，就必须分析侦查权、公诉权、司法权的本质属性以及运行轨迹，并结合我国宪法、刑事诉讼法等法律体系，来论证刑事诉讼审前程序构造的合理性、必要性、可行性，以此推动审前程序的构造化，加强审前程序的司法审查与司法终局判断。这不仅是恢复正当诉讼格局、完善监督机制以及保护犯罪嫌疑人正当权利的必然选择，也是推动中国法治文明的大势所趋。

第二，刑事司法实践的现实背景。随着司法改革的推进，一系列严格司法、公正司法的举措在全国范围内推行和建立。例如，提高诉讼效率，推进认罪认罚从宽制度；建立值班律师制度，加强法律援助建设；等等。这就使得刑事司法中的权力、权利体系更为复杂，向传统的构架中注入了新的因素。这就需要在整合过往的理论研究成果基础上，提出新的理论研究视角。从这个角度来说，刑事诉讼审前程序构造理论的研究立足审前，并以权力运行样态与权利保障体系为视角，提出权力之间的规范运行与互相制衡，就具有相当厚重的实践意义。

第三，权利保障的理论背景。在现代刑事诉讼中，权利保障的理念已深入人心，也是刑事诉讼的重要目的之一。但针对我国目前的刑事司法实践，应当认识到在刑事诉讼审前程序中对于权利保障的制度建设仍然薄弱，这就要求在理论研究中具有"审判问题审前化"的眼光与思维。同时，这也是源自刑事诉讼其自身所具有的系统性、体系性、关联性的特质。因此，从权利保障的角度而言，针对刑事诉讼审前程序的构造研究仍然是必要的。

（二）研究意义

从宏观角度而言，刑事诉讼构造理论是刑事诉讼法学的一个基本理论范畴。刑事诉讼构造理论的重点则当属刑事诉讼审前程序构造，因而深化对其研究具有重大意义。对此，可以总结为“三个有益于”：

首先，有益于实现刑事诉讼目的，指导刑事诉讼审前程序改革。惩罚犯罪和保障人权作为刑事诉讼的两大基本目的，其实现在很大程度上取决于刑事程序的功能性发挥，而刑事程序的功能实现依赖于刑事诉讼中控、辩、裁三方的相互关系。同时，惩罚犯罪与保障人权在刑事诉讼审前程序中呈现出更为剧烈的冲突。因此，深化刑事诉讼审前程序构造理论的研究对于动态平衡控制犯罪与人权保障更具有宏观层次上的深意，这也在一定程度上有益于实现对刑事诉讼审前程序改革的理论指导。

其次，有益于司法实践创新，规范权力制衡机制。通过总结司法实践经验可知，目前我国刑事诉讼审前程序的阶段化、接力式格局明显。同时，在审前程序中，控辩力量极不平衡，控诉的色彩浓烈，三方的构造样态缺失。囿于现阶段的权力架构与配置，我国刑事诉讼的运行在很大程度上重心前移至审前程序，形成“侦查中心”模式。另外，目前的审前程序基本采用自我监督的模式，唯一有外部制约机制的审查批准逮捕程序也存在诸多弊端，对审前程序的监督、制约力度相当薄弱。因此，在刑事司法实践中，审前程序的各项机制、制度都需要在一定程度上予以创新、改进，构建三方主体的诉讼构造，明晰权力的运行机制，从而实现审前程序结构的合理化。

最后，有益于基本权利保障，推进权利体系建设。在刑事诉讼审前程序中，权力与权利的冲突最为激烈。因此，在刑事诉讼审前程序中规范权力行使，同时加强权利保障，尤其是辩护权保障，是实现权利体系建设的前提与内核。

二、研究现状与创新

（一）研究现状

从域外的研究成果来看，一般来说，英美法系国家审前程序中侦查方与犯罪嫌疑人的对抗性特征明显，在两方主体中间强调应有中立的第三方主体，由其签发令状。大陆法系国家虽然强调法官对强制侦查行为的批准权，但是司法令状并非其唯一的控权方式，检察机关所享有的侦查监督权在一定程度上对保障犯罪嫌疑人的程序权利起到补充作用。二者相比，英美法系国家对搜查、扣押令状中实体要件和形式要件的限制更为严格。此外，在国家主义传统理念背景下，大陆法系国家的侦查机关已经获取了高度的信任，其侦查人员被认为具有更高的职业能力，且执法环境相对于英美法系国家更为宽松。从深层权力属性分析，在侦查阶段两大法系都体现以权控权的理念。英美法系国家专注于以司法裁判权制约刑事侦查权，而大陆法系国家在此基础上引入检察监督权。这一方面是为了适应侦查紧迫性的需求，另一方面对侦查权的运行予以检察监督权与司法判断权双层制约体系。在这里需要强调指出，侦查阶段的检察监督权的效力是无法涵摄实体处分的层次。因此，在长时间的羁押措施方面仍然要对司法判断权予以保留。从形式要件分析，在涉及人身自由权以及财产权的强制性侦查行为中，两大法系国家都要求由第三方审查，但设置若干例外情形。同时，两大法系都注重对被追诉方予以救济的程序保障。可以说，域外经验中能够实现对审前程序的司法控制与检察监督，在于其权力属性的定位准确以及运行模式的规范。

从国内的研究成果来看，刑事诉讼构造理论自 20 世纪 80 年代进入中国刑事诉讼理论界，即成为学界相当关注的一个理论问题，到目前为止已经形成一批相当厚重的研究成果。2012 年刑事诉讼法以及相关司法解释对审前程序进行了系统的完善，加强了权利保障力度，特别是强化了对辩护权的保护。但是现阶段我国在审前程序中仍然没有摆脱“各守一摊流水作业”的模式。虽然关于刑事诉讼审前程序问题的研究并不鲜见，但总体而言：从研究方法看，实证等其他社会科学研究方法运用较多，思辨方法运用较少；从研究对象看，零敲碎打的具体分析为多数，系统研究为少数；从研究角度看，关注具体制度的多，从应然角度思考理论基础的少；从研究结论的倾向看，立足具体国情实践的角度较少。

（二）创新之处

刑事诉讼审前程序构造的研究主题，需要有系统论的思辨角度以及剖析权力属性的挖掘能力，以此方能有所创新。一方面，本书从刑事诉讼基本规律入手，立足于基本理念，探讨审前程序中诉讼构造的价值，剖析侦查权、检察权、司法权三者的关系与各自的特色，既未陷入对一般理论的泛泛而谈，也未拘泥于某一具体制度设计，这样可以在广度与深度上进行平衡。另一方面，对刑事诉讼审前程序的构造研究取得了大量共识性的成果，而且一些实务部门还与理论研究者合作进行改革试验，为刑事司法改革积累了宝贵的经验，也为本书的撰写提供了丰富的现实素材。具体来说：

首先，在研究方法上，本书透过结构主义的视角综观刑事诉讼审前程序，从诉讼构造切入重点分析控诉、辩护、裁判三方主体的地位，将三方法律关系作为整体框架进行深入观察。辅之以系统的研究思路，遵循刑事诉讼程序“牵一发而动全身”的规律特征，时刻以构造的高度与视角审视具体机制建设，避免“南橘北枳”的困境，保证研究的可操作性与实践性。

其次，从权力属性的角度，以实体处分权为界限区分检察监督权和司法判断权，指明法律监督无权为实体处分。这为剥夺人身自由的强制措施审查权应当归于司法判断权提供强力背书。但在审判中心视域下的侦查构造中，检察监督权也不能完全缺位。一方面，宪法定位的检察机关法律监督职权本身包含客观、中立的使命；另一方面，对于侦查的检察监督模式积累的多年有益经验也值得辩证地继承发扬。因此，对于临时性的人身自由处分措施以及强制性侦查行为的审查应该充分发挥检察机关的监督权限为之。在此基础上考量公平、效率等诸价值，在侦查阶段引入检察令状与司法令状为核心的控权模式，二者形成合力共同制约强悍的侦查权力，使其在法治轨道上良性运转。

最后，对于公诉权的制度改革安排，结合了最新的改革热点：监察体制改革、认罪认罚从宽制度改革以及检察机关内部机构改革等，体现出了不落俗套、与时俱进的创新内容。

三、研究方法与路径

（一）研究方法

任何理论体系的诞生都是科学研究方法的产物。对于刑事诉讼审前程序构造论的研究拟采用以下方法：

（1）结构主义的方法。结构主义对于整体性和共时性的强调与诉讼构造理论有共同的内在属性。这样的研究范式十分契合对刑事诉讼审前程序构造论的探讨。从本质上来说，刑事诉讼审前程序的构造正是着眼于三方权力（利）的系统观察与实时互动，这就在内在特质上显现了结构主义的内涵。因此，结构主义的方法是行文最主要的方法论指导。同时，在系统论与教义学的视角下考察刑事诉讼审前程序构造的演变与重构，必须认识到和把握住一个重要问题，即对于侦查权司法控制的内涵和外延是不尽相同的，审前程序诉讼构造的内容也是随之演进的。因此，我们应当把侦查权的司法控制置于现代司法的发展进程中来研究，以找出其演变的内在原因，进而揭示审前程序诉讼构造的基本逻辑。

（2）比较研究的方法。在进行刑事诉讼审前程序构造的研究中，我们必须认识到，关于刑事诉讼的任何研究与探讨都有其内在的基本规律。可以说，综观中外，在刑事诉讼审前程序构造的研究中都必须考量刑事诉讼的基本目的、三方权力（利）的特性、一定的政治经济基础及其刑事诉讼文化的影响。因此，运用比较研究的方法，分析不同法系、不同国家的法律以及其诉讼构造的各自优劣及异同。这可为我国刑事诉讼审前程序的诉讼化构造提供辅助性的借鉴。刑事诉讼审前程序构造彰显了刑事司法中共性和个性的联系、冲突、转化、融合。在研究审前程序构造时既要注意中外适用的普遍理念，也要研究我国国情的特殊规律，做到有的放矢。

（3）思辨的方法。研究刑事诉讼审前程序构造理论，需要率先阐明刑事目的论、价值论等理论范畴，并探索侦查权、调查权、公诉权、辩护权的运行模式，从中总结出一些具有普适性的规律，从而实现研究所追求的目的。这就需要对事务现象的观察有一个思辨、分析、提炼的过程，这也是思辨的方法在学术研究中的具体体现。本书力求将理论联系实际的方法贯穿始终，抓住审前程序构造的内在逻辑，注意到它与多种因素的联系。同时，立足刑事司法实践，考察侦查权、公诉权运行现状和面临的问题，思考实际的方案。

（二）研究路径

大致来说，本书关于刑事诉讼审前程序构造理论的研究围绕两条主线展开：第一，关注刑事诉讼审前程序构造的基础理论奠基。该部分主要以结构主义与系统论为视角，深入探讨刑事诉讼目的与刑事诉讼审前程序构造的互动关系，并在动态平衡诉讼观指导下来划定我国刑事诉讼审前程序构造的基本理念与基本原则。第二，系统阐述刑事诉讼审前程序构造的基本样态，揭示在三角构造的框架下权利保障与权力规范运行的现实模式。

具体来说，本书分为七章来展开论述，前三章着重于基础理论的建设，后四章重点分析刑事诉讼审前程序的具体运行机制，其中：

第一章主要是以教义学与系统论为视角，从构造的概念与理论入手，界定刑事诉讼审前程序的内涵，并指明在审判中心视野下刑事诉讼审前程序的时代意义，同时对刑事诉讼审前程序构造论进行概念界定与要素分析。

第二章主要是明确刑事诉讼审前程序构造论研究的核心理论指

导——动态平衡诉讼观。本章以动态平衡诉讼观为逻辑主线，主要探讨刑事诉讼目的与刑事诉讼审前程序构造的关系，点明审前程序构造对于公正与效率要素的考量，同时从经济学与政治学的角度论证构造论的合理性与必要性。另外，在动态平衡诉讼观的指引下，为我国刑事诉讼审前程序构造理论的论述划定了平衡的理念与谦抑的原则，是探讨刑事诉讼审前程序构造的过程中应当遵循的基本原则。

第三章主要是以上述两章的理论成果为基础，对我国刑事诉讼审前程序的演变与现状进行框架剖析，对其基本特点进行分析，并进一步探讨各方权力（利）的应然与实然样态，同时提出我国刑事诉讼审前程序三方构造的渐进路径，从而为我国刑事诉讼审前程序具体制度的构造提供本土化的资源借鉴。

第四章转入具体运行机制的探讨，主要涉及刑事诉讼启动程序的诉讼构造问题。本章主要讨论被告人管辖异议权的引进，构建裁判权居中的起诉管辖制度，同时兼顾侦查效率的管辖模式。

第五章主要是关于刑事强制措施体系的构造：一是构建以取保候审为核心的非羁押性强制措施体系，并实现对适用非羁押性强制措施的诉讼权利救济。二是实现羁押性强制措施的诉讼化构造，将其纳入诉讼三方组合的轨道，实现控辩双方平等对抗，裁判主体居中介入的构造，从而在羁押性强制措施程序中平衡惩罚犯罪与保障人权。

第六章首先对立案程序功能性予以探讨以及阐释替代措施的思考。此外，本章主要着眼于分析强制侦查行为的构造，一是明确强制侦查行为的内涵与启动标准；二是针对搜查、扣押、查封、冻结等强制性侦查行为构建检察令状的“权力制衡权力”模式以及加强辩护权保障的“权利制约权力”模式。

第七章主要探讨审查起诉程序的构造问题，一是围绕提起公诉的重大疑难复杂案件的监督员审查模式以及一般案件的依申请召开审查起诉听证的制度。二是对于不起诉的权力构建“权利限制”

模式与司法审查模式。三是对于认罪认罚制度应当加强法律帮助的实质化以加强权利保障与控辩对抗。四是对于监察机关查办的案件，着重强调在审查起诉阶段应当贯彻实质性的程序规范、强化辩护权的保障机制以及落实非法证据排除规则。

第一章 刑事诉讼审前程序构造的界定

对于刑事诉讼审前程序构造理论展开探讨，首先需要对探讨的范围做一个界定，以避免陷入无重点的“漫谈”。对于构造理论的研讨，大致遵循着“权力—主体—权利”的内在逻辑而展开。刑事诉讼审前程序构造的理论研究，也可以按照这样的内在逻辑逐步深入探讨。因此，本章将重点围绕“权力—主体—权利”的三方关系，从刑事诉讼审前程序的界定入手，以刑事诉讼的结构及其理论内容为基础，界定出本书所要探讨的刑事诉讼审前程序构造理论的内涵与外延。对此，拟分为三节具体阐释：刑事诉讼审前程序、刑事诉讼构造理论以及刑事诉讼审前程序构造。

第一节 刑事诉讼审前程序

一、刑事诉讼审前程序的内涵

“诉，告也”，“讼，争也”。从词义角度理解诉讼，即诉讼是原告一方对被告一方提出告与诉，而最终由裁判机关裁决双方的争议。此可从两个维度对“诉讼”提出理解：一是诉讼主体的构成包括裁判机关、原告以及被告，三方共同构成两造对立一方居中截断的格局；二是一系列不断向前推进的程序化活动。①对此，可以认为，刑事诉讼的根本性特征之一就是三方主体、三种权力（利）之间的动态互动。这也是刑事诉讼活动与其他社会活动区别的一个显著标志。需要明确的是，刑事诉讼活动从其开始至结束是一个不断向前、逐渐推动的过程。也就是说，刑事诉讼由多个相对独立的阶段组成，并且这些阶段不可分割、相辅相成，按一定顺序及互动过程组成了整个刑事诉讼的程序。刑事诉讼的每一个阶段都是一个完整的有各自特点的独立程序，其存在和运行的理由和方式各不相同。而各具体的诉讼程序是在各个诉讼阶段实行一定的诉讼行为所应遵守的方式和手续。②因此，本书所指的刑事诉讼审前程序主要是在诉讼阶段的意义上使用这一术语。

从刑事诉讼的运行机制来看，现代国家的刑事诉讼程序由一系列有序、分明、衔接的诉讼阶段配合而成。一些西方国家认为审前程序是指检察官起诉后到法官开庭审判前的这一阶段。这点大致类似于我国民事诉讼的程序安排，即原告提起诉讼至法院开庭审理前的这一阶段。但域外对一些法律概念的理解很难与我国自古以来的刑事诉讼理念、价值相匹配。我国刑事诉讼阶段并不单单只分为审判程序与审前程序两部分，而是分为相对独立的立案、侦查、审查起诉、审判与执行五个阶段。由此看来，在一般意义上我国刑事诉讼审前程序可界定为刑事诉讼的启动程序、侦查与审查起诉三个诉讼阶段。本书即围绕这三大阶段展开论述。

从刑事诉讼的发展进程来看，刑事追诉活动发展到一定历史时期便诞生了刑事诉讼审前程序。回看各国刑事诉讼发展史，早期的民事诉讼与刑事诉讼制度间并没有明显的区别。在后续的发展中，随着刑事诉讼职能的不断细化，在案件进入法庭审理程序之前开始

---

① 陈光中主编：《刑事诉讼法》（第六版），北京大学出版社、高等教育出版社2016年版，第1页。

② 陈光中主编：《刑事诉讼法》（第六版），北京大学出版社、高等教育出版社2016年版，第2~3页。

渐渐出现一些专门的调查活动。为了使这些庭审前的调查活动标准化及规范化，刑事诉讼审前程序便具备了设立的条件和发展的环境。[①]我国刑事诉讼法学提出刑事诉讼审前程序的法律概念虽然只是近年来的事情但其并非偶然。随着人们对刑事诉讼客观规律的认识逐步加深，设计和完善刑事诉讼程序时的活动逐步反映了立法者及顶层制度设计对刑事诉讼制度长久以来发展的内在规律的认识。当今世界各国刑事诉讼制度的设立方式及内容多体现为多主体、多层次、多阶段的复合式刑事诉讼程序。各个国家的刑事诉讼审前程序的内容以及诉讼构造均有所不同。英美法系国家建立了审前程序中的司法审查机制，即由诉讼的裁判者对警察的强制侦查活动以及由大陪审团对检察机关的起诉活动实施制约，因此审前程序实际上是由追诉机构进行的追诉活动、犯罪嫌疑人以沉默权与律师帮助权等权利保障为基本手段的防御活动和法官的裁判活动构成的。大陆法系国家同样也建立了刑事诉讼审前程序的司法审查机制，其目的和作用在于由法官对强制侦查与秘密侦查手段进行审查。例如，德国为了限制检察官滥用不起诉权设立了强制起诉制度。而日本则建立了检察审查会制度。总之，世界各国对刑事诉讼审前程序的重视不言而喻，不仅体现在立法层面对侦查机关的监督，还体现在国家权力层面对追诉权的限制和约束。司法审查机制的实施效果对促进刑事诉讼审前程序呈现诉讼的样态并实现法治化有着助推作用。[②]

从我国的刑事司法实践与立法规范来看，我国刑事诉讼审前程序在纵向上大致可以分为刑事程序的开启、刑事侦查与审查起诉三大诉讼阶段。从我国刑事诉讼法的体系来看，第二编为“立案、侦查、提起公诉”，这与第三编“审判”并列。由此可见，我国在立法层面已经将审判阶段与审前阶段做出了清晰划分。与此同时，

---

① 宋英辉、吴宏耀：《刑事审判前程序研究》，中国政法大学出版社 2002 年版，第 8 页。

② 陈卫东主编：《刑事审前程序研究》，中国人民大学出版社 2004 年版，第 4 页。

就诉讼程序的各个阶段而言，立案、侦查、审查起诉三个阶段虽各有特点并相对独立，但这三个阶段实际上组成了整个刑事诉讼的审前程序。这些诉讼活动中不可忽略的侦查机关的立案、侦查，检察机关的审查起诉，当然还有自始至终伴随整个程序的犯罪嫌疑人的自我防范的辩护活动，都体现出刑事诉讼审前程序中权力运行与权利碰撞的交互活动。这些都构成审前程序的研究内容。

至此，对于刑事诉讼审前程序的概念，可从以下三点进行总结：

首先，刑事诉讼制度发展到一定阶段则必然会产生、设立专门的刑事诉讼审前程序。“社会对犯罪的反应不是一种本能的、专断的、盲目的反应，而是经过深思熟虑的、有规则可循的、本质上具有司法裁判性质的反应，在已经实行的犯罪与刑罚之间，实际上有一场‘诉讼’（process），这就是刑事诉讼。”①据此可以看出，刑事诉讼的一个鲜明特点就是有一个中立第三方的裁判争端解决机制，主要就体现为对于控诉方与被追诉方的争议提交给第三方裁决。因此，从主体上看，在构造中必然需要三方主体的互动，而随之产生的刑事诉讼审前程序的问题也必定离不开控方、辩方以及中立的第三方的共同参与。

其次，刑事诉讼审前程序概念的提出是基于诉讼制度发展以及权力分化制衡的结果。构造理念的产生在很大程度上是源自对权力行使的“圈地划界”。从世界范围来看，权力的不当行使始终威胁着公民的基本权利。因此，只要某领域有国家权力的介入和使用就必须同时设立相对应的权力制约机制。虽然现代刑事诉讼逐渐放弃了传统的纠问式诉讼模式，更加尊重和保护人权，但在刑事诉讼的范畴中国家权力的介入和对诉讼的影响程度仍然是广泛且巨大的。正所谓权力天然有扩张与滥用的倾向，刑事追诉权也始终带有

① ［法］卡斯东·斯特法尼、乔治·勒瓦索、贝尔纳·布洛克：《法国刑事诉讼法精义》，罗结珍译，中国政法大学出版社 1998 年版，第 1 页。

“侵占”权利空间的内在动力，这意味着国家在行使追诉权时必然要有一定的程序制约。这也使得限权制衡的理念不仅仅限于审判阶段。审判阶段固然是控诉权与辩护权对抗的典型样态，但为审判程序进行所提供“支撑”的取证等活动也充斥着两者的对抗，而且是更为本源性的对抗。因此，限权与制衡的理念也逐渐向审判前的侦查、起诉程序转移。这就为刑事诉讼审前程序的产生创造了必要条件。

最后，刑事诉讼理论的发展具有重要的导向作用。按照传统的刑事诉讼阶段理论，整个刑事诉讼过程被分为若干相对独立但紧密衔接的阶段，在各自分工负责的阶段，国家机关的工作重心往往限于自身所处阶段的工作任务。由此，侦查阶段中侦查机关往往更偏向于“抓到人、取到证”，审查起诉阶段检察机关在侦查阶段的证据基础上更倾向于“起诉定罪”。在诉讼阶段理论中，各方的权力都处于相对独立的态势，构造下的“权力—权利”互动格局缺失，长此以往不可避免会导致刑事诉讼活动的中心实质性前移。这种不平衡的工作方式严重违背了刑事诉讼规律。正因如此，诉讼制度改革要按“以审判为中心”的方向进行，改革的眼光要更着重于对刑事诉讼审前程序的架构调整，从而避免“头痛医头脚痛医脚”的沉疴。从更深层次的角度来说，以审判为中心的改革在更大程度上需要立足于审前程序的构造化。这也是从根本上实现审判中心诉讼制度改革的必由之路。

二、刑事诉讼审前程序的价值

（一）刑事诉讼审前程序的地位

首先，审判程序之完成概皆立足于审前程序。刑事诉讼审前程序在所有刑事诉讼活动中的重要性不仅表现在内容特点上，还表现在：“侦查、起诉等审前阶段，是以审判为中心的前提和基础，要实现以审判为中心，脱离了侦查、起诉等环节，审判就成了空中楼阁。”①因此，要实现审判程序对审前程序的监督和引导，让庭审在案件事实认定和证据认定方面发挥更大作用，就需要将目光转到审前程序中，紧紧围绕控、辩、裁三方面，分层次、分重点地依次展开。可以说，以审判为中心的应有之义即在于裁判权在刑事诉讼审前程序中的应用，对控方与辩方的活动实现影响与制约。

其次，审判工作的效率取决于刑事诉讼审前程序。在现代刑事诉讼中，审判程序自始至终需要以审前程序中收集的证据为根据从而作出判决。进一步而言，刑事审判承担着两项核心职能即法庭审理与裁判，所谓法庭审理就是让法庭依据审前程序收集和提交的证据材料依法对案件作出裁判。而经过庭审程序作出最终裁判的目的就在于明确案件事实，让被告人依法承担法律责任。因此，在证据裁判原则的要求下，审前程序提交的证明案件事实的证据就成了裁判的关键所在。现代刑事诉讼要求由控方承担证明被追诉人有罪的责任，控方实现有效指控的唯一依据就在于其提交的证明被追诉人有罪的证据。而要完成这项任务在很大程度上需要依赖侦查阶段的工作，通过侦查行为收集犯罪嫌疑人有罪或者无罪、罪重或者罪轻的证据。现代刑事诉讼对诉讼活动的正当性、合法性提出了越来越高的标准，这就以庭审的高质量倒逼审前程序中工作的高质量。

最后，刑事诉讼审前程序是保障被追诉人合法权益，维护其主体地位的重要阶段。在现代刑事诉讼中，已经从简单的惩罚犯罪，逐步发展为惩罚犯罪与保护权利的双重价值追求。无论是审前程序还是审判程序，被追诉人均应当享有与控方平等的诉讼地位和诉讼权利。正当程序的价值应当体现在既能有序制约权力又能通过程序为被追诉人的合法利益提供坚实、有效的程序保障。可以说，刑事诉讼发展的进程也是刑事司法文明理念得以确立的过程，在这样的

① 樊崇义：《“以审判为中心”的概念、目标和实现路径》，载《人民法院报》2015年1月14日第5版。

发展过程中最为显著的标志就是刑事诉讼审前程序中对于被追诉人权利保障机制的法治化、制度化。正如有学者指出，“随着审判阶段程序规则的完善以及权利保护的成熟，权利保护的重点已经转移到审前程序中”。[①]这也是充分认识到在刑事诉讼审前程序中，国家公权力的强大与强势。在这样的态势下，不断强化权利保障机制，实现“权利限权”的思路是一方面，但更为重要，同时也是当前缺失的一方面，就是实现“以权力制约权力”的构想。从法理的角度来说，“以权限权”并非新话题，然而在刑事诉讼审前程序中要实现这样的理念却显得更为复杂。在刑事诉讼审前程序中有侦查权、公诉裁量权、法律监督权以及消极中立的司法裁判权，那么各方权力应当承担什么样的角色与发挥怎样的功能，又牵涉着刑事诉讼目的的设置与实现。因此，构建科学合理的审前程序与诉讼构造模型，是直接关切被追诉人权利实现的一大问题。

（二）刑事诉讼审前程序的功能

正如上文所分析，科学合理的刑事诉讼审前程序是刑事诉讼良性发展的重要一环。对此，有必要在上述刑事诉讼审前程序地位的基础上，逐步深化认识刑事诉讼审前程序的功能：

一是，实体保障功能。“刑罚权的实施是以刑事程序的实践为前提的。在此意义上，可以说没有程序（法），即无实体（法），这一法的格言在刑事领域体现得最为充分。”[②]正如“徒法不足以自行”，对于违法犯罪行为实施刑罚惩罚不能仅仅只有刑事实体法的规范，这就需要刑事程序法对于主体、职权、行为以及程序的明晰。在刑事诉讼法中，明确规定了行使侦查权和起诉权的主体，同时明确了权力的分工以及相关法律义务，这就构建了刑事诉讼程序的基本框架，为刑事实体法的落实提供了保障。

---

① 陈卫东主编：《刑事审前程序研究》，中国人民大学出版社 2004 年版，第 8 页。

② ［日］土本武司：《日本刑事诉讼法要义》，黄璠舆、宋英辉译，五南图书出版有限公司 1997 年版，第 8~9 页。

二是，保障公正的裁判结果。诚如上文所述，公正裁判结果有赖于审前的证据收集工作与案件办理的质量。因此，在刑事诉讼审前程序中对案件情况、证据通过侦查程序、审查起诉程序的细致梳理，为法庭审判打下了坚实的基础。

三是，保证诉讼效率，实现程序分流。刑事诉讼活动是一系列复杂但精密的司法行为，如果缺少了细致的程序规定和分工制衡，那么这些活动将陷入冗长、无序的境况。因此，刑事诉讼法详细规定了诉讼期间、证明责任、证明标准、强制措施等规则，就是指明了刑事诉讼主体所能从事的活动范围、需要达到的标准以及展开活动的时间等。同时，通过设置不同的、前后衔接的工作程序，使得各个阶段的工作内容都有明确的分工。在这样的规则指引下，审前程序的各项工作就能有条不紊地开展，从而减少制度损耗，实现诉讼效率。另外，提高诉讼效率还可以从程序分流的角度来理解。按照刑事诉讼法的规定，在刑事诉讼审前程序中可以对案件作出一定的程序处理，如撤销案件、不起诉等以终止刑事诉讼程序，同时，设立认罪认罚从宽制度以实现案件的快速处理。这样的制度安排是应对实践中案件数量增加、司法资源紧缺的有效措施。应当说，精简刑事诉讼程序，追求诉讼效率，实现司法资源的合理配置，仅依靠审判程序从简是远远不够的。而且从实践的情况考量，刑事诉讼资源配置在更大的比重上是倾向于刑事诉讼审前程序，刑事诉讼审前程序的司法资源消耗远大于刑事审判程序的资源消耗。因此，要实现刑事诉讼整体的效率提升，必须更加着眼于刑事诉讼审前程序的精简与分流。

第二节　刑事诉讼构造理论

刑事诉讼构造理论，即是对于参与刑事诉讼的国家机关与参与人之间基于一定法律行为所形成的动态法律关系的基本格局。在对刑事诉讼审前程序构造理论展开阐述前，有必要厘清构造的内涵与实质，从而为审前程序的构造进行要素分析夯实基础。目前我国的学术研究与实践虽然对控辩关系、辩审关系有所涉及，但重点仍旧围绕制度设计本身，忽视了诉讼主体在制度中的作用与相互影响。诉讼结构的理论为解构复杂性提供了新的视角，通过分析构造中各个元素之间关系的动态变化，可以跳脱出就机制谈机制的思路，以高位阶的方式，更为清晰考察国家机关与诉讼主体在诉讼结构中的地位、角色等变化。因此，本节将重点围绕刑事诉讼构造的理论源流、实质内核与理论发展予以阐述。

一、刑事诉讼构造理论源流与发展

（一）结构主义的思潮

追溯刑事诉讼构造理论的发展渊源，应先着眼于结构主义思潮。放眼西方当代社会理论及其方法论的诸多流派与思潮，结构主义无疑是一颗耀眼的明珠。纪本崧（Rex Gibson）在考察了关于结构主义的研究理论、思想及其特点后，提出了对结构主义独到的研究理论。他认为结构主义者们所具备的相同点在于他们均以强调和注重结构的分析为最基本的原则。如果对此再加以进一步思考，则可以具体体现为五个基本的关键词：1. 整体（Wholeness）；2. 关系（relationships）；3. 消解主体（decanting the subject）；4. 自调（self-regulation）；5. 转换（transformation）。基于这五个关键词的引导，可以发现，结构主义是以事物的整体作为研究的主要内容与探讨取向。结构主义整体是揭示事物本质的根本性方法，而组成整体的部分或者其中的个体元素仅仅是用于研究整体的参考与介质。同时，个体元素或者其组成部分存在意义与价值以及其所属的稳定性，都源自整体的赋能，其具体的意义还需要参考“整体”才能够得以展现。因此，整体才是结构主体的核心和本质。在此意义上分析可以进一步得出，结构主义者并不认为机械地将构成事物的部分相加就等于事物的整体。关于关系，其本质并不仅仅存在于某个时间和某个空间中，而是始终存在于此对象与彼对象之间的参照关系中。此外，关于“转换”，在结构主义中其具体内涵就是整体与部分以及个体之间的变换。结构总是依法则而趋向变化的。法律并不是一种静态的客观存在，而是始终处于部分与整体之间以及部分与部分之间相联系、转换的动态变化中。与实证主义方法论不同的是，结构主义的关注点更多的是事件发生的背后意义而非事件自身。这种研究的方法与关注点的优越性是基于结构主义方法论与其他种类的研究方法相比较而言的。①

概而言之，结构主义论者首先重点关注事物的整体性。如有的学者所言，个体元素本身并无任何意义与价值，其本身的意义与价值产生于它所处的具体环境以及与环境之中的其他元素之间的关系。其次强调整体中部分之间的关系，也就是所谓的“共时性”特征，尤其是注重部分与整体之间关系的研究方法。②以此作为基本场域，结构主义的引入能高度契合诉讼构造的理念。当我们在探讨任何一种刑事诉讼理论时，都不该回避长久以来形成的制度背后的价值取向和结构及形式，更不能无视刑事诉讼制度得以存在的社会、政治、经济及文化背景而抽象地讨论问题。刑事诉讼构造理论是刑事诉讼法学研究的基本范畴之一，该理论的科学性、合理性将会对刑事诉讼的立法与实践产生深远的影响。将结构主义的理论引入刑事诉讼研究中，由此将刑事诉讼程序分解为三方的法律关系作为框架，同时将刑事诉讼中的主体、法律行为与法律关系抽象出

---

① 在结构主义看来，真实其实是被结构生产出来的。人们并不是先验获得某种符合与否的真实感的。我们能够获得真实，仅仅是因为我们拥有一种可信赖的结构以容纳真实。这就意味着，裁判者作为个体所作出的事实裁决是共识性的，它满足一种整体同质性的结构要求。换言之，它并不是一种经验主义（empiricism），只关注裁判者个体的、偶然的、随机的、零散的经验收集；它也不是一种“心理主义”（psychologism），仅探知特定裁判者的可观察的心理过程。它要揭示证明本身的结构，并通过这一结构揭示发现真相的过程与依据。参见［美］沃野：《结构主义及其方法论》，载《学术研究》1996 年第 12 期。

② 参见［美］霍克斯：《结构主义和符号学》，上海译文出版社 1984 年版，第 8 页；杨善解：《结构主义的方法及其哲学倾向》，载《江淮论坛》1996 年第 1 期。

来，从而上升到三方构造中予以分析。该模式无疑对妥善处理复杂的刑事诉讼问题提供了有效的分析方法，允许在诉讼过程中一部分细节的简化而强调共同的特点及发展趋势。模式的构建为我们探讨刑事诉讼的实际运行、刑事司法的价值取向以及谈论刑事司法的研究方式提供了一种可评价的话语。

（二）现代刑事诉讼构造理论的渊源与发展

现代刑事诉讼构造理论着重强调刑事诉讼目的与刑事诉讼构造之间的关系，也有学者将诉讼构造称为“诉讼模式”。1963 年帕克提出刑事诉讼模式经典的“二分论”，具有开创性的时代价值，它为探索刑事诉讼基础理论提供了“更高位阶”的视角，同时也提供了新的分析方法。在随后的刑事诉讼发展中，关于诉讼构造的探讨从未停歇，不断涌现新的学说。其中比较典型的代表有戈德斯坦的“弹劾模式”与“纠问模式”、格里菲斯的“家庭模式”与“斗争模式”、达马斯卡的“阶层论”与“同位论”以及贝洛夫的“被害人参与模式”，均对诉讼构造理论的发展具有很大的启示。目前国内外对这些理论的研究也很深入，对其内涵与分析的理论成果已经很丰富，本书对这些成果的介绍性内容于此不予赘述。[①]如果将目光锁定在国内，我国对刑事诉讼构造的研究起于 20 世纪 80 年代，随着研究不断深入，也诞生了不少经典的科研成果。例如，李心鉴博士首先将日本的刑事诉讼构造论引入国内，并进行了系统详细的阐述，以独到的控辩审三方关系作为研究框架与研究起点，对刑事诉讼展开理论分析。更有学者提出了刑事诉讼的线性结构理

---

① 较为经典的著作如李心鉴：《刑事诉讼构造论》，中国政法大学出版社 1992 年版；［美］虞平、郭志媛编译：《争鸣与思辨：刑事诉讼模式经典论文选译》，北京大学出版社 2013 年版；等等。其他对刑事诉讼构造理论探讨的文章，较为典型的有：Andrew Sanders & Richard Young, Criminal Justice 13 (1994); Abraham Goldstein, Reflections on Two Models: Inquisitorial Themes in American Criminal Procedure, 26STAN. L. REV. 1009 (1974); David J.Smith, Case Construction and the Goals of Criminal Process, 37BRIT.J.CRIMINOLOGY 319 (1997); Peter Duff, Crime Control, Due Process and "The Case for the Prosecution," 38BRIT.J.CRIMINOLOGY 611 (1998)；等等。

论，在原有的控辩审三角形构造中增添了侦查、控诉与审判之间纵向结构的理论，认为在刑事诉讼中不仅有控辩审三方的“立体型”结构，还应当关注侦、控、审之间的线性流程，从而提出了“线性构造”理论，将横向结构与纵向结构结合，从更为全面的视角探索刑事诉讼构造的基本理论。此外，也有理论提出，将利益机制融入刑事诉讼的结构中，从而在传统诉讼结构基础之上，以利益机制作为切入点对诉讼主体之间的关系提出全新的诠释视角，从过去单一的构造理论出发提倡建立多种因素混合的诉讼模式，由此实现在机制内部的相对合理平衡。①此外，还有学者合各家之言，认为横向结构与纵向结构，都是建立在以审判权为中心的基础之上的。②

综合而言，关于诉讼构造理论，针对不同的观察角度与观察对象，刑事诉讼结构可以以诉讼主体与诉讼环节为基点进行考察。诉讼主体考察主要是以控辩审三者间的法律关系作为分析框架，探讨三者之间的权利义务关系，并以理想的模式架构作为刑事诉讼构造转型的方向，即控辩审三方应当建构等腰三角形的诉讼结构。而诉讼环节考察主要是研究在各个诉讼阶段过程中，诉讼中的公权力机关主导的流水型模式，在此动态变化中形成了纵向意义上的结构。无论是纵向的诉讼结构，还是横向的诉讼结构，其架构都是以审判为中心建立的，所以在这两种结构中，审判权具有核心的、关键性的地位。控诉主体、辩护主体都是以审判权作为核心而展开具体的诉讼活动的。需要指出的是，在侦查、控诉与审判之间存在配合与制约的关系，审判权的准确行使依赖侦查权与控诉权的有效运行。这也是构造的内在要素，即刑事诉讼结构的要素之间的互动关系在内容实质上是一种诉讼法律关系。诉讼法律关系本质上也是一种权

---

① 参见龙宗智：《相对合理主义》，中国政法大学出版社 1999 年版，第 87~112 页。

② 参见陈瑞华：《刑事诉讼前沿问题》，中国人民大学出版社 2000 年版，第 220~254 页。

利义务关系，即由控诉权、辩护权、裁判权三方主体要素共同作用建立起的刑事诉讼权利义务关系。在现代刑事诉讼中，审前程序被赋予更多的程序与实体性功能，成为刑事诉讼程序中极其重要的环节。因此，在原有的基础上，亟须新的研究视角进行新的拓展与创新，不是全面的代替，而是对理论基础的补充。

（三）刑事诉讼构造理论的分析

刑事诉讼构造理论在很大程度上吸收了系统论中以整体视角观察事物的研究方法，而形成独具特色的理论体系。系统论主要是围绕整体与部分之间的联系，强调以联系的观点、以整体动态视角观察刑事诉讼的基本结构。因此，对于刑事诉讼的基本构造，无论是在审前程序的诉讼结构中还是在审判程序的结构中都应当重视各个要素之间的平衡与协调。如果过于固化探讨结构，以单一的模式分析，很难概括出刑事诉讼审前程序的特征。

构造理论应包含整个刑事诉讼阶段，审前程序自然是其中不可或缺的一环。但是从目前来看，诉讼结构理论始终是以审判环节作为研究重点，审前程序中的诉讼结构却没能成为诉讼结构基础理论的研究重点，由此使其中的顽疾与沉疴没有得到有效的解决。当前对诉讼构造的理论研究，还存在以下不足：一是结构研究过于片面。纵向结构着眼于研究刑事诉讼的基本流程，强调的是在侦查、起诉与审判间权力的互动与递进。但是，对于纵向结构的过度关注会忽视立体视角下控、辩、审之间的互动关系。而横向结构主要集中于审判环节，在研究中容易忽视诉讼阶段中侦、控、审之间的权力递进，缺乏整体性的观察角度。因此，二者都缺乏全面性、整体性，从单一的角度出发审视得出关于整体性的结论，这就难以避免出现认识偏差与错误。二是关系上的分裂状态。在横向结构与纵向结构之间，一般认为没有互相联系的空间，是两个相互独立的架构。因此在研究过程中，往往集中于一个方向。但是，实际上二者之间有着密切的联系。分裂式的研究是以静态视角进行观察，这也容易导致研究的片面性。三是在结构内部，对于个体元素偏重控辩之间的平衡关系。目前的诉讼结构理论是建立在控辩审三者关系之上的理论分析，着重强调在审判中心下控辩主体的平衡，从权利义务或者“权力—权利”的逻辑展开，认为只要能够在控辩之间达到力量配比上的平衡，就能实现二者实质意义上的平等，即要求控辩之间的“平等武装”，以保持与控方的平等对抗。①以平等对抗、控辩平衡的研究思路，认为就能够实现控辩审“等腰三角形”的理想格局。但问题在于，二者之间“权力—权利”对抗上应当如何进行具体的分配才算得上是“平等”与“均衡”？在考虑控方与辩方的资源、利益配比的同时，其他诉讼参与人如被害人的权利应当如何融入控辩双方的能力较量中？因此，单纯的控辩平衡视角不能满足整体化诉讼结构改革的实际需求。

二、多元化诉讼目的对构造理论的影响

一般而言，诉讼目的决定了刑事诉讼的构造方向，而控诉、辩护与审判三者间的互动关系也直接影响着诉讼程序的设置与证据规则的基本内容。②与此同时，刑事诉讼的价值也直接型塑着诉讼构造的基本形态。所以，在具体研究刑事诉讼构造的过程中，应当坚持以刑事诉讼目的为导向，并在价值论基础上展开对刑事诉讼完善的讨论。

（一）效率位阶的提升

公正是刑事司法的首要追求。刑事司法所建立的一系列理念与原则构成了公正审判的基石。完善的刑事诉讼制度同时具备现代性与文明性的重要衡量标准在于其能够体现程序正义，而程序正义的基本要求之一，就是构建科学合理的诉讼结构。但是，公正的内涵是多样化且高度抽象的，随着社会的发展必然会有多元化的解读。

① 谢佑平、万毅：《刑事诉讼法原则：程序正义的基石》，法律出版社 2002 年版，第 123 页。

② 李心鉴：《刑事诉讼构造论》，中国政法大学出版社 1992 年版，第 7 页。

在这其中，一个显著的体现就在于对诉讼效率的追求占据越来越重要的地位。特别是20世纪80年代之后，案件数量出现了大幅度增长，犯罪形式也越来越多样化、隐蔽化，案件情况也更复杂化。因此，如何实现有限司法资源更为高效的利用，就是一个重要且亟待解决的难题。否则，如果对每一个刑事案件都以最为完整的诉讼程序进行审判，刑事司法的运作体系则可能直接因负担过重而瘫痪。在这样的背景下，简易程序、速裁程序、认罪认罚从宽等以诉讼流程简化为标志的司法程序应运而生。通过这样的方式来实现各方利益的平衡。正因如此，诉讼效率被提高到了一个更为重要的地位。不得不说，这点变化对构造理论产生了不小的冲击。因此，如何在诉讼构造当中融入诉讼效率的考量，应该是传统构造理论予以面对的核心议题。

（二）“权力—权利”均衡

刑事诉讼构造理论的发展在一定程度上可以视为被追诉人主体地位逐渐确立的过程。在现代刑事诉讼中，完善对于被追诉人的权利保障体系被视为刑事诉讼的一个核心理念。因此，刑事诉讼构造理论为权利保障设计了一套精密的保护机制。在刑事诉讼审前程序中基于基本原则的设计，不仅要求通过国家的强制力量依法追究犯罪、维持社会秩序，并且在诉讼具体运行中，要以“斗争”作为重要的理念，保持当事人与控诉方之间的对抗状态，将国家公权力作为“斗争”假想由此设置权利与权力以及权力之间的制衡。为了维持控辩双方平衡的力量关系，从权利配置上赋予了被追诉人“武装力量”。此外，为了平衡追诉犯罪与权利保障二者的关系，不仅通过构造予以装置，同时也按照诉讼的基本规律设定了需要遵循的基本原则，典型的如控审分离原则、审判中立原则、强制起诉主义与起诉便宜主义、公开原则、无罪推定等。①

可以说，以“权力—权利”模式为研究视角，构造理论实质

① 林钰雄：《干预处分与刑事证据》，北京大学出版社2010年版，第144页。

上就是以程序的设定，通过多种方式来实现权力的弱化与权利的强化，保障两者能够形成相当的对抗，从而起到规范权力、保护权利的功能。在诉讼构造中，诉讼主体的权利、义务关系是由其地位所决定的，并且其权利、义务关系直接影响着其行动范围与行为样态，诉讼主体的权力（利）与义务构成了诉讼的静态结构。同时，诉讼主体间的关系在动态层面反映着其诉讼地位的跌涨之势，目前尊重被追诉人的主体诉讼地位也从侧面反映了权利与权力的动态运行状态。另外，主体间的交互与冲突矛盾还受制于诉讼价值观念，并且由此衍生相应的诉讼机制以维护诉讼地位的相对稳定。

（三）协商性理念的融入

现代协商性司法的产生可以追溯到20世纪70年代的刑事司法实务运作。[①]其基本的运行原理就是通过控诉方与辩护方甚至审判方之间形成良好的、充分的沟通、对话、协商，在达成一致意见的基础上形成三方都认同的实体和程序上的处理结果。基于协商与合意的基础，它突破了过去传统司法理念与价值的束缚，弱化了严格的刑事司法规范的刚性约束。在不违反基本公正原则与法律规则的前提下，这样的司法模式更多地让控辩双方通过合理表达意见、诉求的方式，在不同的利益取向之间形成一定的妥协与让步，通过合作、对话以及更多柔和的话语表达，减少双方之间的摩擦与对立、斗争的状态。在这样的诉讼理念框架下，强调更加多元化的价值理念与价值追求。[②]协商性司法理念在我国的典型制度体现如刑事和解制度、认罪认罚从宽制度等。在这里，传统的追求客观真实的诉讼目的在实质上受到了一定的削弱，这也就必然导致刑事诉讼审前程序构造的变化。对此，可以从以下两点予以理解：

---

① 参见［美］米尔吉安·R. 达马斯卡：《国际刑事司法中的协商性司法》，载徐静村主编：《刑事诉讼前沿研究》（第六卷），中国检察出版社2007年版，第422～425页。

② 马明亮：《正义的妥协——协商性司法在中国的兴起》，载《中外法学》2004年第1期。

第一，诉讼目的由实体真实转为实体真实与合意真实并立。我国一直以来在刑事诉讼中坚持实体真实的价值追求，并贯穿整个刑事诉讼阶段。从世界范围来看，发现实体真实也是各国刑事诉讼的基本目的与追求。从根本上来说，大陆法系与英美法系国家同样都具有追求实体真实的取向，差异只是体现在具体的认知上。[①]在采取“职权主义”的大陆法系国家，基于对公权力的信赖，认为通过公权力机关职权的行使能够更好地发现真相，并相信司法官员能够更加富有效率、真实可靠。而在奉行“当事人主义”的英美法系国家，坚持通过控辩对抗、在诉讼中的相互斗争，能够让实体真实逐渐显露。应该指出，以国家追诉犯罪的刑事司法模式，通过赋予检察机关或者检察官在诉讼中的客观义务，以及保证法官的中立审判，确保实体真实能够顺利实现。在庭审过程中，法官坚持直接言词、公开审理等原则，经过控辩双方的举证质证，法官以控辩双方提出的证据作为审理依据与裁判基础，通过判断形成内心确信，最终形成以事实与证据为基准的裁判结果。相比较而言，协商性司法的战场转移到庭审前，以控辩双方之间协商达成的协议为准，如果双方对于事实与证据不存在争议，则无须经过庭审的实质审理，经过双方的举证、质证之后，法官可直接以二者间的协商结果作为裁判基础。由此，对“实体真实”的追求逐渐转为“实体真实”与“合意真实”的多元走向。

也正因如此，协商性司法的理念并不把对真相的追求作为唯一出发点与落脚点，而是在大多数情况下将诉讼效率、诉讼成本以及当事人意志、裁判的可接受度作为重要的价值参考与追求。[②]协商性司法的真正落脚点在于纠纷解决，协调各方利益与诉求，力求推动诉讼以协商、协同的方式完结。此时，程序的独立价值与工具价

---

① 参见林钰雄：《干预处分与刑事证据》，北京大学出版社 2010 年版，第 6 页。

② 参见马明亮：《正义的妥协——协商性司法在中国的兴起》，载《中外法学》2004 年第 1 期。

值的作用就体现得不太明显。这是以"形式法治"为基础的正当程序理论所无法合理解释的。这样的变化也对构造的分析带来了一定的挑战。

第二，刑事诉讼审前程序构造的"契约取向"。现代刑事司法的核心思想集中体现在无罪推定和罪刑法定当中，这是刑事诉讼文明与法治的中心体现与重要价值，也是对基本正义的要求。但协商性司法却弱化了无罪推定理念与罪刑法定原则在诉讼中的作用。具体而言，无罪推定理念的基本内容是在被确定为有罪之前，被追诉人应当被推定为无罪。但在协商性司法模式下，先以被追诉人确实构成犯罪作为预设前提。同时，在协商性司法模式下，控诉方与被追诉人及其辩护人可以就具体的罪名、罪数及其具体的刑期进行协商。颠覆了传统对罪刑法定原则的理解。例如在美国辩诉交易中，可以交易罪名与罪数就是明证。

此外，协商性司法的理念对罪责刑相适应原则也产生一定程度的影响，整体上表现出轻刑化、出罪倾向。这与罪责刑相适应所要求的"罚当其罪""重其重罪、轻其轻罪"的思想相冲突，也不符合传统刑事司法的"有罪必罚"理念。在协商性司法中，被追诉人可能因为是否认罪的原因，即使是同样的罪名与罪行，认罪的被追诉人在最终量刑和程序方面可能比不认罪的被追诉人获得更多的宽宥与优待。因此，在程序与量刑上的差别也在一定程度上销蚀法律面前人人平等的原则。

尽管协商性司法对一些基本的法律原则带来不小的冲击，但从另一个角度来看，协商也是正义的一种体现。当事人之间平等协商所达成的协议能够起到化解冲突的效果，实际上这也是正义实现的一种方式，即"衡平正义"。[①]"衡平正义"是以控辩主体与法官之间，形成对话、沟通最后在综合各方利益基础之上达到协调一致而

---

① 王建源：《迈向对话的正义——协商性司法的制度逻辑及本土实践》，载《司法改革评论》2007 年第 1 期。

形成的。这样的正义模式更多的是尊重当事人的自由意志与自由选择，保障其充分的话语权。在这个过程中，公共权力与个人权利之间的合作超过了对抗，以利益博弈替代了完全的对立斗争，使得因纠纷而产生的诉讼得以在理性、平和的机制中彻底化解。这种模式在不违背公共法则与公共利益的前提下，实现了国家利益、社会利益与个人利益之间的平衡，有利于提高诉讼效率、节省司法资源，实际上也是正义的重要内涵。

三、刑事诉讼构造演化的要素

法律的变化与发展具有内在的逻辑，新变化不仅仅是对旧事物的调整与适应，同时本身也具有变化的形式。在这个过程中，受到内在规律与逻辑的影响，这种变化也体现出事物的内在需求。刑事司法制度发展的过程也遵循着一定的内在逻辑并不断趋于完善。回溯刑事诉讼制度发展历史，每次诉讼结构的迭代都是体现人类文明及法律文明在刑事司法领域不断产生影响的过程。刑事诉讼结构的迭代方式及过程也是立法与司法不断走向科学化的过程。从行政司法互不分家到强调司法的独立性；从不告不理转为主动追诉；从诉讼审理合并到分设；从有罪推定到无罪推定；从简易程序到细化各项程序等演进方式，均记录了刑事诉讼程序在民主及科学的价值理念倡导下历史发展的过程。回溯刑事诉讼结构的历史演进足迹，有以下四点启示：

第一，一个国家或者地区的历史、法律文化直接影响着刑事诉讼构造的发展。传统式诉讼结构向现代化诉讼结构的转型与发展演进，反映了历史与传统文化的影射以及民主思潮对刑事诉讼制度的深刻影响。弹劾式诉讼的产生与发展受制于当时的政治经济发展水平，在科技发展程度不高、文化落后的背景下，人们更多地依赖对神灵与自然力量的崇拜，同时强大宗族间的纽带衍生出原始族群对民主平等精神的向往。刑事诉讼结构大转变，法律制度不断完善的标志在于提出并确立了国家追诉的纠问式诉讼结构制度。当一个国家迫切需要修正诉讼过程中冗长且无益的辩论以及停止愚昧的神灵审判的诉求日益凸显时，就产生了运用更强大的国家力量来主导追诉犯罪、惩罚犯罪与控制犯罪活动的现实需要，这就为纠问式诉讼结构的孕育和产生提供了天然的土壤 。近代以来，在不断强调自由、平等、人权的价值理念推动下，刑事诉讼的结构逐渐出现了追诉主体和审判主体相独立、控诉与被告对抗平衡、尊重被追诉人主体地位与保障其诉讼权利的精神与原则，并辅以一系列的保障措施。因此，刑事诉讼结构的发展历程与特有的历史及法律制度文化密切关联，完整反映了人类法律文明的演进。

第二，刑事诉讼结构的选择反映了统治阶级的利益取向。刑事诉讼结构的不同会导致不同的刑事诉讼活动效果，因而如何建构能够维护统治的刑事诉讼结构成了统治阶级关注的重点。刑事诉讼结构在一定程度上能够体现统治阶级的利益倾向与追求，典型的如弹劾制诉讼，其反映了原始宗族在冲突解决中对简单多数的民主追求，同时也反映了国家司法制度萌芽阶段对惩罚犯罪的最佳选择。当社会发展到封建社会，统治者逐渐意识到，犯罪行为不单是对公民个人权益的侵犯，其必然对统治阶级以及国家利益和社会的公共秩序产生不利影响。由此，最初遵循的不告不理原则已不足以实现严惩犯罪的目的。所以由国家主动追诉犯罪的纠问式诉讼结构便逐渐发展开来，通过使用国家力量达到惩治犯罪的目的。在资本主义社会中，自由主义更多地提倡个人的自由权利，因此资本主义国家在设计刑事诉讼结构时会更多地考量如何平衡国家主动追诉犯罪与被告人的合法诉讼权益保障这两个因素。可以看出自此被告人在刑事诉讼活动中具有了主体地位，掌握了更多能够抗衡控诉的防御方法。所以，任何刑事诉讼结构的形成都受到特定的历史时期与历史文化的深刻影响，统治阶级的意志与利益也融入刑事诉讼结构的塑形过程当中，刑事诉讼结构由此也打上了深刻的阶级烙印。在全球化与多样化的当今世界，刑事诉讼结构也更多地体现出交互、融合的倾向，不再是过去的单一结构化特征。

第三，权利（right）对权力（power）的制约和抗衡贯穿于整个刑事诉讼构造的发展历程，同时成为发展的主要线索。以历史的眼光看待，在实行集权主义的国家，即使有着不同历史文化背景与法律文化，甚至在不同的历史时期，都不约而同地采用了纠问式的诉讼结构。其主要原因在于，集权主义模式下国家权力过度集中与强大。以集权主义思想为指导，国家权力被认为具有绝对的统治地位与支配力，因此维护统治阶级的秩序与利益就是集权主义模式下刑事诉讼的最终目的。在此基础上，国家权力成了刑事诉讼构造的核心支配与主导力量。但在资产阶级革命之后，人们对权力的认知逐渐发生转变，现代法治意识开始觉醒，认识到国家权力是由人民集体权利的让渡而产生，国家权力应当服务并保障权利的行使。受“人民主权论”的影响，刑事诉讼的结构也随之发生了变化，开始重视对刑事司法中公权力的制约。其主要方式就是通过权利对权力制约。观察从权力到权利的嬗变，我们可以得出，刑事诉讼的发展方向也是朝向权利保障，并且在具体制度与诉讼结构上也都围绕着权利保障进行建构。

第四，权利保障理念的深入发展驱动着现代刑事诉讼结构的日臻完备。以自由、平等、博爱等启蒙思想为指导，人们逐渐萌生了个人权利意识与自由观念。并且伴随着对“人”的日益重视，刑事诉讼程序的建构与发展越来越重视人文主义的关怀与权利的保障。首先是对刑事诉讼中被追诉人的权利保障，国家权力保护其正当权益不受侵害。这一思想也直接影响着中世纪以追究犯罪为核心的纠问式诉讼模式的转变。其次是从国家层面对刑事诉讼的无辜受害者进行保护。这使纠问式诉讼模式向现代化诉讼结构转型。“无罪推定”理念的确立成了刑事诉讼结构向现代化、文明化转型的重要标志。这强调被追诉人在被最终定罪之前，应当被视为无罪之人，国家应当将其作为受到国家权力保护的公民进行平等对待，这是“平等”“自由”价值在刑事诉讼中的具体体现。同时，这也能够避免在追诉犯罪过程中侵犯权利的现象发生，由此国家权力在刑事诉讼中也是权利的重要保障。除了基本权利的保障之外，通过科学、合理的诉讼程序设计，将控诉与审判相分离，保障审判中立原则，能够实现权利的更大程度的保障。

第三节　刑事诉讼审前程序构造

一、刑事诉讼审前程序构造的概念

如果以站立高地俯瞰全程的视野来看，审前程序的发展历程大致也是围绕“权力—权利”的主线展开。在弹劾式诉讼模式时期，控告诸事皆赖于个人，国家并无追诉作为。在这样的模式下，审前程序自然无从谈起。随后国家主义的意识强化，对于犯罪行为不仅仅只是对个人权利的侵害，更是单独的个人对国家的挑战。在这样的思路之下，国家权力不断向审前积极介入。换言之，国家权力积极参与审前活动是刑事诉讼审前程序的必要条件。然而，对权力概念的延伸，必定会迈入纠问式的诉讼理念中。随着刑事诉讼概念的发展，文明与程序正义的观念逐渐深入人心。在刑事诉讼审前程序中逐步由单向的权力要素过渡到“权力—权利”的平衡模式。在现代社会，文明的一种重要表现形式即体现为司法文明。司法文明，具体而言就是体现现代法治的价值追求，包括了权利保障、司法公正等内涵，以及符合司法规律与逻辑的司法制度与极高公信力的司法运作实践。①现代法治就是司法文明的一种重要体现与标志，其主要表现为在维护公平正义等方面具有底线性作用。因此，刑事诉讼审前程序中越来越多注入权利保障的因素，并且也在不断探索权利与权力两者平衡高效的最优模式。以上就是刑事诉讼审前结构的理论起源。

① 陈界融：《司法文明四辨》，载《现代法学》2004 年第 2 期。

刑事诉讼审前构造理论的发展应当以“权利”范式作为研究基石。[①]“权利”之所以是诉讼结构的研究基石，是因为：第一，法的主体性主要表现在权利之上而非义务。第二，权利相比于义务能更加如实地反映出法的价值属性。第三，从历史的角度来看，法律文化从基于义务本位逐渐向基于权利本位演变。新的理论模式的提出都要对过往的理论与研究方法进行回顾、审视批判与重新建构。以权利为本位的研究方法，是我们以现代法治理念进行审视批判现有的理论与研究方法的重要手段，并且在这个过程中，能够不断地探索发现，形成新的认知、开拓新的视野，达到正本清源的效果。从权利本位角度对权力与权利的二元结构进行分析，可以得出权力本位的荒谬，从而将权力与权利的二元结构搭建在更为平等的舞台上，也能够更公正地解决私权和公权，个人与社会、国家之间的矛盾。同时，以权利为本位，意味着权利在二元结构中的主导地位，权力应当依附于权利、服务于权利并保障权利得到顺利行使，权利可以有制约权力的作用。

综上所述，如果承接上文对刑事诉讼构造以及审前程序的分析，刑事诉讼审前程序构造的概念就可以界定为：在动态平衡诉讼观指导下的，为实现刑事诉讼目的，而对于进入审判程序之前的诉讼阶段中的权力与权利进行控、辩、裁三方架构的系统性、互动性的制度安排。这就要求刑事诉讼审前程序必须进行诉讼化改造，形成控、辩、审三方分立的基本结构。如果辩护方的权利不能得到有效保障，检察机关的法律监督与审判不能有效规范侦查权运行，则审前程序就会是一种“线性”结构、流水线式的操作模式，那么

---

① “范式”是包括规律、理论、标准、方法等在内的一整套信念，是某一学科领域的世界观，它决定着某一时期的科学家观察世界、研究世界的方式。基石范畴是某一学术领域或学科中根本观点和基本方法的集中体现，因而它是一种理论体系区别于其他理论体系的标记。法学要建构独立的理论体系，必须提炼出自己的基石范畴。参见张文显、于宁：《当代中国法哲学研究范式的转换——从阶级斗争范式到权利本位范式》，载《中国法学》2001 年第 1 期。

审前程序的诉讼化改造也就无从谈起。因此，在对审前程序进行构造研究时，应当对于审前程序有一个独立的认识视角，对其要有一个相对独立的界定。

二、刑事诉讼审前程序的构造模型论纲

第一，运用三角体的结构特征，实行刑事诉讼全流程立体式的司法监控，并据此构建相应的诉讼制度，着力解决有效监督侦查权与检控权规范运行的问题。三角体结构不仅限于审判程序的建构，同时适用于审前程序的设计。具体而言，审前程序的三角构造是在当前的控辩对立的基础之上，形成一个中立的决断主体。由此三点连线，控、辩、裁三方鼎立，形成相互关联又极具稳定性的三角形状。通过树立这样的三角结构，中立的裁决方可以对审前阶段中侦查权以及起诉权的运行进行更为客观、中立的司法控制，以权力对权力形成有效制约，破除过去审前阶段侦查与起诉封闭化的行政审查模式，防止在封闭空间下权力的滥用与脱缰，从而更好地保障当事人的诉讼权利。

确立了审前程序诉讼化改造的思路后，首先要面对的问题就是由谁来实现司法控制。目前我国宪法规定，司法机关包括法院与检察院，也只有这两家机构才有进行司法控制的正当属性。二者如何择其一，有观点认为，由检察机关担任司法控制的机关符合我国的司法传统与现状；也有观点认为，应当与目前国际上审前司法审查的模式相接轨，由法官行使审前的裁断权。结合当前的司法改革，可以认为应当以保障司法改革的顺利性与逐渐性为前提，司法控制模式的建构也应当契合我国当前的刑事司法体制改革的具体实践。在坚持检察机关与法院同是司法机关的基础上，通过扩大检察机关法律监督权，来部分实现对侦查权运行的司法制约。但对于检察机关的自行侦查与起诉等涉及实体处分的权力，应当由法院对其实行法律控制。总体上，应当逐步转变当前审前阶段过于封闭、行政化的诉讼模式，不断增强司法权对其的控制。

第二，运用“斜三角”的诉讼结构，保证各个诉讼主体权利义务的对称性，以适应刑事诉讼模式的选择。以三角体结构为基础，构建一种“斜三角”的诉讼结构模型，在这个诉讼结构下，各个诉讼主体有与其诉讼权利相对等的诉讼义务，由此实现惩罚犯罪与人权保障的平衡。避免由正三角形的结构模型所产生的结论唯一性的理论缺陷，也由此在当事人主义与职权主义之间寻求中间平衡点，避免诉讼模式选择的困境。在刑事诉讼中，控辩双方的权利（力）与义务分配应当是具有合理性的，各个诉讼主体所享受的权利（力）应当以其承担的义务大小作为衡量，有更多的权利（力）意味着需要承担更多的义务，需要承担更多的义务则意味着需要赋予其更多的权利（力），权利（力）与义务或者职责具有对等性。例如，侦、控方通常需要承担证明被追诉人有罪的责任，同时也需要收集能够证明被追诉人罪重、罪轻或者无罪的证据，而相对方即被追诉人则无须承担证明自己有罪的责任。因此，在权利（力）资源分配上也存在一定的倾斜，侦、控方以积极行使权力为主，被追诉方则以消极防御性权利为主。赋予侦控主体更为积极的权利（力）有其必要性，侦控方在刑事诉讼中承担着主要的证明责任，有必要在权利配备上赋予其进行主动证明的权利；而辩方由于没有自证其罪的责任，所以只需要在侦控方的调查结果基础上进行相应的抗辩。由此，实现诉讼过程的构造模型。

三、刑事诉讼审前程序构造的要素

正如上文关于构造之实质的阐述，在刑事诉讼审前构造中仍然延续着“权力—权利”的范式。因此对于刑事诉讼审前程序构造进行要素分析可以从以下几个方面认识：

第一，权力与权利之间的互动。刑事诉讼审前程序构造中权力与权利的协同主要涉及控诉机关的权力与被追诉人的权利进行互动。在审前程序当中，侦查起诉机关的主要任务就是调查、收集、固定与案件事实有关的证据材料，其行动目的主要在于控制犯罪，维护公共秩序的稳定，也正是在这样的思想指引下，在办案的过程中很容易出现侵犯被追诉人合法权益的现象，比如刑讯逼供等违反诉讼程序的取证行为、超期羁押、收集物证过程中违背程序的基本规定等。由于被追诉人的天然弱势地位，就需要对权利的保障有一定程度的倾斜，尤其是辩护权的保障。现代刑事诉讼机制运作的内在要求是实现控辩双方的权益平等，保证多种诉讼权能能够科学、合理地分工并达到相互制约的效果，这也是正当程序的基本要求。控诉权，是现代刑事诉讼的重要组成元素，也是构成刑事诉讼整体的必要条件之一；辩护权，其产生有赖于控诉权的产生，同时又具有自身的独立属性。控诉权与辩护权共同作为刑事诉讼的重要组成元素，是裁判权得以出现以及最终实现的前提，同时也是司法公正与司法文明最终实现的重要保证。在对这两项基本的元素进行组合时，应当考虑二者在权能上的对抗性，同时也要看到二者对诉讼整体的不可或缺性。所以如前文所言，需要在价值目标上实现惩罚犯罪与防止无辜者被定罪之间的协调。在诉讼格局中，控诉权与辩护权之间的激烈对抗与此消彼长之势，可以避免审判者的判断过于片面甚至出现错误，确保裁判结果尽量不偏离客观事实，保证诉讼结果的客观、公正。

同时，权力与权利的互动也体现在认罪协商方面，典型体现为辩诉交易制度，以及我国的认罪认罚从宽制度。在协商的样态下，除了激烈对抗之外，权力与权利的互动模式还存在沟通、对话、协商与妥协等方式。在充分尊重对方表达意见权利的基础上，权力主体通过提出一定的交换条件，进行利益衡量，并且进行商品买卖式的“讨价还价”，以良好的合作氛围消解了过去国家权力与个人权利之间的对立关系。但不同于私法领域的完全个人意思自治，对私人事务具有完全的处分自由与权利，公法领域的契约理念是建立在遵循法治程序的框架之下的自由。因此在保证权力主体与权利主体的良性互动之外，还需要以基本的法治秩序为基本准则。

第二，权力与权力之间的互动。在刑事诉讼中，提起公诉、审查起诉以及侦查取证行为中所蕴含的侦查权与公诉权以及法律监督权之间的博弈也是一种互动关系，正如刑事诉讼法所指明的“分工负责、互相配合、互相制约”的关系。因此，权力与权力之间的相互作用既有制衡又有协调。在我国刑事诉讼运行机制中，以公安机关为主要的侦查主体是调查案件事实与证据的核心，侦查阶段也是收集证据的关键环节。在收集犯罪事实与证据的过程中，受到肩负之职责催促，侦查主体很容易走向以证据获取作为唯一意图的方向，从而忽略程序的正当性以及收集证据手段的合法性，以至于无法兼顾人权保障这一基本刑事诉讼目的。检察机关有法律监督的职能，对侦查主体的侦查行为合法性有监督与制约的义务，可以通过法律监督权的行使督促侦查机关收集证据应当同时注意证据能力与证明力双重属性，确保对侦查权规范运行起到实质的监督作用。在以审判为中心理念的指导下，检察机关的法律监督职能应偏向侦查阶段，尤需要重视调查取证手段的合法性问题。因此，在取证手段与方式上，法律监督权与侦查权形成了一种制约与被制约的互动关系，保证进入审判阶段的证据能够具备证据资格，达到诉讼证明的标准。“以审判为中心”理念也要求，在法庭阶段实现权利的充分保障。在刑事诉讼审前阶段，检察机关在承担控诉职能的同时，还有一定的判断权能。此时，法律监督就承载着部分人权保障的义务，从而在权力之间的互动关系上就提供了重要的理论支点。

换言之，审前程序中对证据的收集、固定、审查等都是为实现顺利起诉。在整个审查起诉阶段，主要是由检察机关经由事实与证据、法律适用形成了自由心证，确认是否达到起诉的证明标准，前期的证据收集也是服务于检察官能够提出客观公正的法律意见。反过来，检察官就应当积极介入调查活动中，判断侦查机关是否已经收集到足够的证据，是否能达到事实清楚、证据充分的程度。与此同时，可以对侦查机关的侦查活动进行必要的指导，提供关键证据之所在，并及时指出、纠正违法取证行为。

第三，权利与权利之间的互动。在刑事诉讼中构建审前程序时，应整体性地将被害人的因素纳入考量范围。被害人与被追诉人之间不仅有纠纷的对立关系，也存在协作的可能与因素。事实上，两者之间也确有协同的基础。就权利属性而言，被追诉人与被害人同属于私权利主体，追诉请求权与辩护权也同属于私权领域，在权利的共同属性方面就拓宽了二者进行和平沟通的范围。以追诉请求权为例，被害人有处分决定的权利，可以请求控诉方予以严惩，也能决定与被追诉人之间达成和解或者请求对其从宽处罚；被追诉人出于对自身行为的忏悔、为了获得从宽的机会，通常也会寻求得到被害人的谅解，通过赔礼道歉、退赃退赔等方式与被害人之间达成和解协议，从而修复个体之间被破坏的社会关系。

从刑事司法实践来看，很多刑事案件中被追诉人与被害人都有一定的社会联系，并且犯罪的发生可能也有被害人的过错因素，双方就存在共同商谈的空间。在第三方主体的调解下，被追诉人与被害人能够平复各自的情绪，更为理性地为司法机关提供全面可靠的证据。通过和平的对话机制，能够有利于权利与权利之间的互动，修补破损的社会关系，推动被追诉人正确认识自己的犯罪行为，帮助其顺利地回归社会。另外，也能更好地为被害人提供物质与精神上的补偿，彻底地化解由犯罪行为引发的社会矛盾，节约司法成本。

第二章　刑事诉讼审前程序构造的理论奠基

刑事诉讼审前程序构造是侦控、辩护以及裁判三方之间互动制衡的样态。在刑事诉讼审前程序中贯彻构造的理念，实质上是为了实现司法公正。在追求公正的过程中，应当始终坚持程序公正与实体公正、惩罚犯罪与保障人权的动态并重。因此，本章将在遵循动态平衡诉讼观的指导下，围绕刑事诉讼目的和刑事诉讼审前程序构造的两大核心内容展开论述。

第一节　刑事诉讼目的思辨

刑事诉讼审前程序构造所要追求的不应限于单一诉讼目的，而是需要综合考量公正、效率等多种因素。正因如此，对于刑事诉讼审前程序构造需要有动态平衡的把握。从一般意义而言，动态是事情变化发展的过程，平衡一般是指对立的两个方面、相关的几个方面在数量或质量上均等或大致均等。[①]动态平衡诉讼观从过程与状态两个层面描述了在刑事诉讼审前程序中如何实现刑事诉讼目的的现实进路。对于动态平衡诉讼观的把握，是厘清刑事诉讼审前构造中各方法律关系与法律行为的基础。在刑事诉讼审前程序中，如果缺少动态与平衡的观念，则很容易迷失观察的敏锐性，陷入单一模式的泥潭，而难以实现构造的目的。因此，本节将重点围绕动态平

① 陈光中：《动态平衡诉讼观之我见》，载《中国检察官》2018 年第 13 期。

衡诉讼观，对刑事诉讼的目的与刑事诉讼审前程序的构造做以下分析。

一、刑事诉讼目的论纲

何谓“目的”？从文义解释的角度，“目的”是人以自己的观念或者想法为基础，通过个体的具体行动为自己设定的期望达到的目标或者结果。“目的”的制定与达到需要建立在客观世界的基础之上，并且，需要通过主体活动，运用某种方法或者手段对客体加以改造完成，因此，目的的实现并不完全是主观的，而是从主观到客观的一个过程。从哲学意义上来说，所谓目的“并非指代某种不可抗力的趋势，不是指由自然原因引发的自然结果，而是通过主体意识控制，并实施某种客观活动或者行为所指向的对象”。[①]据此，“目的”包含以下四层含义：一是，目的是人所具有的主观观念；二是，目的是人主观期望达到的效果或者目标，并非客观存在的现实；三是，目的是以人的主观价值选择与追求为基础，通过思考加工形成的意识结果；四是，目的不会自然达到，而是必须通过人的客观努力以及实践活动，才得以实现。

刑事诉讼目的作为刑事诉讼基础理论之一，对刑事立法与司法活动起着关键性、纲领性的引导作用。刑事诉讼以刑事诉讼构造为基础规范，通过刑事诉讼目的得以实现。因此，从这一意义上来说，刑事诉讼的审前构造应当以诉讼目的研究为基础，注重诉讼中的动态平衡，通过诉讼目的与诉讼构造之间的关系探讨，以探索符合我国刑事诉讼目的前提的刑事诉讼审前程序构造。[②]诉讼目的与诉讼构造可以概括为目标与方法、手段的关系，一般来说有两个方面：一是方法的创制、适用与完善，都服务于目标的实现，以目标作为终极追求；二是科学、合理的方法、手段是目标得以制定和实

① 夏甄陶：《关于目的的哲学》，上海人民出版社 1982 年版，第 227 页。

② 参见宋英辉：《刑事诉讼原理导读》，法律出版社 2003 年版，第 148～150 页。

现的现实要求，是通往目标的基础和现实依托。因此，目标在很大程度上又是方法或者手段的产物，目标有赖于方法，受到方法与手段的制约。如果没有科学的方法或者合理的手段，或者缺乏方法适用的现实条件与可行性，则目标不可能达成。刑事诉讼的目的与构造的关系，也是如此。以刑事诉讼的历史发展为鉴，刑事诉讼构造的改革、变动不仅要以实现诉讼目的为最终目标，同时也要寻求恰当的诉讼构造作为方法，并且考虑诉讼构造的现实条件与可行性。

诉讼构造中各项要素的相互作用、充分配合一方面能使其功能得以最大限度发挥，另一方面才能保证犯罪控制、权利保障等目的的有效实现。如果单纯为了实现某一项诉讼目的，而忽视甚至违背诉讼构造的基本规律，任意改变构造中的要素或者不恰当地变更要素之间的关系，不仅无法充分发挥构造的整体功能，而且也会抑制其他要素的作用发挥，最终不利于诉讼目的的实现。因此，就刑事诉讼的目的与构造的关系而言，应当避免以下两个方面的错误认识：第一，“只见树木不见森林”，即片面追求诉讼构造的独立价值、稳定结构，忽视诉讼目的的内容。或者单纯以某项目的为核心，设立单一类型诉讼构造。历史上的“纠问式”或“弹劾式”模式即是典型。第二，“只见森林不见树木”，即片面追求诉讼目的的实现而脱离诉讼构造的内在规律。例如，美国司法改革历史上推行的“正当程序革命”，过于强调了权利保障目的，导致了一系列问题，不得不在后期予以修正。这其中，“毒树之果”的例外规则即是典型。以上两种错误认识都可能走向歧途，从根本上说，将会影响到诉讼目的的实现。

根据刑事诉讼目的的具体内容可以将其分为直接目的与终极目的两个层面，直接目的即微观目的，是以冲突解决、犯罪控制与人权保障等为基本内容；终极目的也即宏观目的，包括依法治国的基本理念与价值，如公正、秩序、自由与安全等。其中“公正”是主体间对利益分配形成较为统一的认同感和客观状态，强调主体间的平等；“秩序”是对既定规则的遵守与维护，强调主体间和谐共处的关系；“自由”从法律意义上解释，就是个人的合法权利得到极大尊重，不受外力的非法侵害；“安全”从法治角度上看，是指社会主体的人身、财产权利的保障以及利益格局的稳固、社会稳定发展的状态得以延续。同时，上述的理念与价值都不是孤立的存在，而是彼此互相联系、互相制约与促进的关系。这也是需要动态平衡把握的根本内因。

二、动态平衡诉讼理念之思辨[①]

国家在设置刑事诉讼程序时必然会在其中引入若干的需求目的，并试图通过刑事诉讼的方式来实现。刑事诉讼目的并非其单一的元素组成，而是由多种价值共同构成的系统体系。在系统内部，各个价值矛盾而统一地共存。我国刑事诉讼目的理论发展正在逐步向多样性、多元化迈进。由最初“惩罚犯罪”的一元目的发展到现在具备多元性、层次性与动态性的多重目的，体现了社会价值观的变化发展，也是刑事司法文明理念不断进步丰富的过程。因此，在刑事诉讼中秉持“动态平衡”的诉讼观无疑是审前程序构造理论的指导思想。在动态平衡诉讼观的指导下，应当做到以下几个方面的平衡：

（一）程序公正与实体公正的平衡

关于司法公正的理解，一般分为程序与实体两个方面。程序与实体的公正具有丰富的内涵。[②] 从二者的关系来看，对实体和程序各有侧重，并由此衍生出不同的公正理论。[③]但事实上，实体与程

① 本标题项下内容参考了陈光中教授的相关学术思想，例如：陈光中主编：《刑事诉讼法》（第六版），北京大学出版社、高等教育出版社 2016 年版；陈光中：《动态平衡诉讼观之我见》，载《中国检察官》2018 年第 13 期。

② 参见陈光中主编：《刑事诉讼法》（第六版），北京大学出版社、高等教育出版社 2016 年版，第 13 页。

③ 大体可以归属于“结果本位的司法公正理论”和“程序本位的司法公正理论”。参见姚莉：《司法公正要素分析》，载《法学研究》2003 年第 5 期。

序之间是相互依存、相互促进的关系，共同构成了刑事诉讼关于公正的全部内容。首先，程序公正能够保障实体公正的顺利实现。如果严格依照刑事诉讼法的程序规定，那么就能保证最后的实体结果绝大多数符合公正的要求。实践中，冤假错案的出现大多是程序不公正导致的。其次，程序公正具有自身独立的作用，如在司法活动中，程序本身规范性、科学性以及运行中对权利的保障，蕴含着其所独有的民主、法治的价值理念，这都是程序本身公正价值的体现，也是社会公正内涵的重要组成。程序上与实体上的公正并非完全静态，而是在诉讼过程中相互促进，在动态中保持并重，并在动态中得到扩充与发展。

（二）惩罚犯罪与保障权利的平衡

惩罚犯罪即对实施危害社会之人进行惩罚，其具有冲突解决、秩序维护等方面的价值。[①]保障权利关系到公正价值的实现。惩罚犯罪与保障权利是刑事诉讼法的一体两面，不可偏废。一方面，实现惩罚犯罪的法律功能以及维护社会秩序的实践功能无疑是刑事诉讼的一个重要内容。但另一方面，在追诉犯罪的过程中，应当严格遵守法定程序，实现权利保障的诉讼功能。刑事诉讼法明确了尊重和保障人权，需要特别强调的是，保障权利应当重点保障犯罪嫌疑人、被告人的权利，兼顾被害人利益的保护。因此，在程序设计与具体运行的过程中，应当保证二者的有机结合，平衡统一。需要进一步说明的是，惩罚犯罪与保障权利的平衡在很大程度上也是实体公正与程序公正的实践影射，两者之间存在一种交互交叉的关系。从刑事司法实践来看，惩罚犯罪自然体现了实体公正的要求，对实施了社会危害行为的罪犯依法惩治。但惩罚犯罪并非通过无序、恣意的程序为之，而是经过立案、侦查、起诉以至于审判各环节程序之后才依法做出判决的，这显然又是程序公正的表现。同样，保障

① 正如《刑事诉讼法》第1条所言之“保证刑法的正确实施，惩罚犯罪，保护人民，保障国家安全和社会公共安全，维护社会主义社会秩序”。

权利首先是程序公正的要求，但保障权利不仅是辩护权等诉讼权利，更有人身、财产等实体权利，因此，保障权利也落实了实体公正的要求。从这个意义上说，不论是实体公正、程序公正，还是惩罚犯罪、保障权利，都不能孤立分析，必须置于一个有机体中统筹协调。

（三）客观真实与法律真实的结合

真相，是对过去已经发生的客观事实的还原。真相关乎公正。因此，无论司法理论还是司法实践都在力求真相最大限度实现。真相在刑事诉讼中的话语表达，应当是客观真实与法律真实的有机统一。

第一，关于客观真实。刑事诉讼中的客观真实，要求办案人员事实认定与证据收集应当做到最大限度地与已经发生的事实相吻合。关于通过司法程序能否实现客观真实，仍存在一定争议。但是以辩证唯物主义认识论为理论指导，结合实践办案经验来看，在一定条件下，客观真实是可以实现的。①客观事实不随人的意志发生转变与迁移，具有稳定性与客观性。尤其是在一些轻微、简单的刑事案件中，办案人员通过现代的科技手段，如技术侦查措施、调取监控视频以及DNA鉴定等方式，为办案人员的主观认识与客观事实之间搭建了桥梁，可以完全实现主观认识与客观事实的重合。当然，这也并不意味着客观真实在所有的案件中都能实现，在有的案件中，办案人员通过诉讼证明可能无法还原所有的案件内容与细节，只能做到对案件情况的相对认识。因此，除了能够达到客观真实的案件，更多的是通过标准的设定，如通过证据标准的构建推导出的法律上认定的事实。对客观真实的坚持与追求，不仅是实践问题，更是认识问题、立场问题。只有秉持客观真实的理念，在办案过程中尽力找寻客观真相，保证“事实认定与客观真相相符合”，

① 陈光中、李章仙：《论庭审模式与查明案件事实真相》，载《法学杂志》2017年第6期。

才能更好地避免冤假错案的发生。

第二，客观真实与法律真实的结合。法律真实是在客观真实的基础上提出的，意指在诉讼过程中办案人员对证据的收集与案件事实的认定，应当达到法律规定的标准与程度。法律真实的提出，主要有以下几点理由：一是要求诉讼本身独立价值的实现。如前所述，诉讼有其独立价值，如民主法治、权利保障、司法效率等，尽管从根本上而言，以上诉讼价值与发现真相具有同向性与一致性，但也存在一定的冲突。因此，法律真实在很大程度上起着平衡上述价值与实质真实之间的关系。二是刑事司法实践的需要。实践中许多案件的事实并非一目了然、清晰可辨，甚至很多案件办案人员付出大量艰辛的工作仍然难以应对。为了能够解决客观真实带来的难题，就产生了法律真实的适用空间。在刑事诉讼中，我们应当首先坚持客观真实的价值目标，这不仅是现代法治文明的要求，也是实体公正的具体要求，更是查办案件的首要原则与标杆。同时，在涉及定罪量刑主要事实、关键证据之外的细节问题、情况中，可以适当运用法律真实，以其作为证明之补充为宜。

（四）控辩对抗与控辩协商相结合

在刑事诉讼中，等腰三角形的构造样态是一种理想的结构模型。但无论是从制度设计还是司法实践中，控诉方均掌握着更为强大的权力。因此，对辩护方的权利保障是平衡控辩关系的关键因素。传统的刑事诉讼构造一直着眼于实现控辩之间的平等武装、平等对抗。随着刑事诉讼的发展，在过去对抗制模式的基础上，逐渐衍生出恢复性司法、协商性司法的理念，如美国的辩诉交易制度，吸收了控辩之间“合作”元素。在刑事司法改革的浪潮中，中国也吸收借鉴了协商性司法的合理部分，实行并推广了认罪认罚从宽制度。由此，诉讼主体间的结构也悄然发生着适应性变化，除控辩对抗与冲突外，协商因素也成了诉讼构造研究的重要内容。

（五）公正与效率的平衡

在刑事诉讼中，公正价值占据着主导与核心的地位。但在坚持司法公正的同时，诉讼效率也同样关乎公平正义的实现。效率本身属于经济学范畴，诉讼法领域的“效率”概念借助了经济学“投入—产出”的分析逻辑，是指在诉讼中司法投入与所得之间的比例。为了实现效益的最大化，应当做到以最少的司法资源取得最多的司法效益。具体可以表现为，通过推进诉讼流程、简化诉讼程序来提高诉讼效率等，以此减少案件量的积压，使被追诉人及早摆脱诉累，被害人更早获得物质上的补偿与精神上的慰藉。因此，在公正、准确地查明犯罪事实的同时，司法权力与资源配置上也应当考虑效率因素，保证诉讼高质量、高效率地完成。随着每年刑事案件量的快速提升，对提高诉讼效率的要求也越来越高，如我国速裁程序的建立以及认罪认罚从宽制度就是明证。诉讼效率是实现公正的前提条件之一，也是维护公正的内在要义。

然而，公正与效率也存在一定程度上的价值冲突。对案件事实、证据的全面调查、审理，对权利“无微不至”的保障，必然会带来程序的拖沓从而折损效率价值的实现。反之，如果过度追求诉讼效率，程序的简化也可能损害权利的行使，影响公正的实现。因此，在面对诉讼公正与效率间的冲突时，必须进行适当的平衡与取舍。“公正优先、兼顾效率”长期以来都是我国刑事司法的理念，不能为追求效率而放弃追求真相的实现。如果在案件中单纯追求效率，可能会增加错案的发生概率，从而也引发更多的上诉、申诉案件，反而加重了国家赔偿和纠正的负担，得不偿失。

总结来看，这里的“动态”不仅包括了诉讼价值、诉讼主体以及诉讼目的之间的关系，同时也启示着我们，现代刑事诉讼的价值取向正逐步走向多元化、平衡化。由此观之，我国当前的刑事司法改革以及现阶段的刑事司法活动，大体符合“动态”的价值取向，但同时仍有待进一步的改革。例如，关于控辩关系，目前控辩之间的不平衡因素仍然较多，典型的如我国目前刑事辩护的缺位与不足造成被追诉一方的对抗力量羸弱。同时，公检法机关权力不平衡，“以审判为中心”贯彻不到位，尤其是在刑事诉讼审前程序中，诉讼阶段的割裂性质仍然明显，审前程序中的目的要素失衡问题突出。

三、刑事诉讼审前程序构造的平衡

理念，是一种抽象意义上的概括，是人们通过深入的理性思考所总结出的精神追求与思想观念或者哲学信仰。刑事诉讼中平衡理念也是对刑事诉讼的精神、实质与关系的深刻反映与理性总结，各元素价值间的协调，从而实现总体上的统一与和谐。因此，在总结分析审前程序中各元素之间的平衡关系时，对于平衡理念的构筑还应当遵循以下思路：一是公正是基础；二是保证在动态过程中维持各元素价值的相互协调。

第一，公正是基础。前述关于公正的概念与相关内涵的阐释已经明确，公正具有实体与程序两个层面的含义，也有学者称之为实质正义与形式正义。实质正义是从实体结果的准确性、法律适用的正确性等方面展开，重点在于维护被追诉人的合法权益与国家司法权威的树立；形式正义则是以程序的正当性为基础，注重被追诉人程序性权利的保障。两种意义上的公正从不同侧面揭示了公正的内涵，但如果向任何一方倾斜都可能导致另一方丧失公正的保障。因此，在确立公正基础时，应当兼顾程序与实体的公正，并应当在刑事诉讼全程中将公正作为实体规范与程序机制设置的价值评断与平衡标准。在具体施行的过程中，司法工作人员也应当以公正作为办案的底线与准则，从而保证刑事诉讼目的最终实现。

第二，保证在动态过程中维持各元素价值的相互协调。总体而言，应当保证诉讼中的各项价值能够充分协调，保持相对平衡。如惩罚犯罪与人权保障之间的协调，应当在公正底线的基础上，做到最大限度地兼顾与融合，实现利益保障的多元化。但协调并不意味着平均发力、平均分配，而是在价值选择中根据特定的情况有所偏重、有所取舍。价值目标的设定受到不同历史条件与背景的制约，在秩序混乱的社会环境中，就应当偏重惩罚犯罪，兼顾权利保障；

而在社会秩序较为稳定的时期，就应当更加重视权利保障。

此外，在各项价值目标调和与取舍的过程中，不能忽视应当以法律规定为前提。司法活动的展开应当在法治轨道上运行，诉讼的理念、原则属于上位概念，法律的具体规定属于下位概念。具体的运用规则应当是以上位概念为指导，执行、遵循下位概念的内容。实务工作者应当首先遵循法律中规定的冲突解决机制，而非盲目地自行对价值判断，这不符合法治的基本要求。

第二节　刑事诉讼审前程序构造的理念与原则

一、无罪推定理念

贝卡利亚曾经用契约论的观点对无罪推定进行了经典阐释：在法官最后判决之前，不能认定一个人是有罪的，只要没有对他侵犯了公共保护之契约下最后结论，就不能取消对他的保护。①现代意义上将无罪推定作为立法原则最早可追溯至法国《人权宣言》，②无罪推定的理念也在国际公约中广泛存在。③我国澳门地区也有关于无罪推定的规定。④关于无罪推定的内涵，应当认识到，不得强迫自证其罪原则与无罪推定是唇齿相依的关系，这项原则在刑事诉讼的各阶段都有适用的必要性。在刑事诉讼审前程序中，追诉方不得

① ［意］贝卡利亚：《犯罪与刑罚》，黄风译，中国大百科全书出版社 1993 年版，第 31 页。

② 法国《人权宣言》第 9 条规定：任何人在其未经判罪前均应被假定为无罪，如果非拘禁不可，法律应规定对他采取的严厉措施。

③ 例如：《世界人权宣言》第 3 条、第 9 条、第 11 条；《联合国公民权利和政治权利国际公约》第 14 条；《联合国非拘禁措施最低限度标准规则（东京规则）》第 1 条第 5 款、第 6 条第 2 款、第 7 条。

④ “澳门特别行政区基本法”第 29 条：澳门居民在被指控犯罪时，享有尽早接受法院审判的权利，在法院判罪之前均假定无罪。“澳门刑事诉讼法典”第 49 条：应在不抵触各种辩护保障下尽早审判疑犯，在有罪判决确定前推定疑犯无罪。

强迫被追诉人提供对自己不利的供述。为了保障这一项原则能够得以落实，现代刑事司法发展出两项基本规则：沉默权与自白任意性规则。通过基本规则在实践中的运用，可以在一定程度上避免强迫自证其罪现象的发生，是重要的程序保障措施。但随着刑事司法的不断发展，沉默权与自白任意性规则的内涵得到了扩充。在某些方面，不得强迫自证其罪不能完全覆盖关于沉默权与自白任意性规则的全部内容。[①]对此，应当指出，我国的《宪法》和《刑事诉讼法》尚未确立无罪推定原则。

首先，权利保障理念有所不足。《刑事诉讼法》第 12 条虽然吸收了无罪推定的基本精神，但这只是强调了法院的定罪权。这同诉讼全程中贯彻权利保障以及确认被追诉人无罪的诉讼地位相比，仍然存在一定的差距。

其次，证明标准存在不合理。一是，对于定罪的标准应当指明对于关键定罪事实的结论唯一性。二是，现行刑事诉讼法对于“存疑有利于被告人”的原则并未贯彻。存疑有利于被告人作为无罪推定的重要组成，其包含了“疑罪从无”与“罪重罪轻存疑时从轻”两个方面的内容。具体而言，“疑罪从无”要求如果根据现有证据无法认定被告人无罪，也无法排除被追诉人有罪之嫌疑时，应当作出无罪之判决；“罪重罪轻存疑时从轻”要求根据控方提出的证据，能够证明被追诉人实施了犯罪行为，但无法确定其罪重或罪轻时，应当作出罪轻的判决。但目前我国关于“存疑有利于被指控人”原则的规定并不明确。一是对于“证据不足”案件的无罪判决并不等同视为“确实无罪”的无罪判决。我国《刑事诉讼法》规定了“存疑无罪判决”，但对于此类无罪判决，如果在判决生效后，出现了“新的证据”能够证明原被告人有罪的，可以在不撤销原判的情况下提起新的诉讼。对于判决生效后新发现证据的情形，按照刑事诉讼原理应当按照审判监督程序予以改判，但在此

① 杨宇冠：《论不强迫自证其罪原则》，载《中国法学》2003 年第 1 期。

却规定了一种跨越诉讼机理的方式——不撤销原判的同时提起新的诉讼，这不仅是对一事不再理原则的挑战，也违反了无罪推定原则的精神。二是，对于证据不足的"疑案"，实践中依然存在"疑罪从轻"的现象。我国在未来的刑事司法理论与实践中，应当明确规定并彻底贯彻无罪推定原则，这既符合国际刑事司法的立法实践趋势，同时也能够保障我国的人权司法保障迈上新的台阶。①

二、获得辩护及法律援助原则②

获得法律帮助的权利是权利保障的核心内容之一。在刑事诉讼审前程序中，获得法律帮助最重要的就在于及时得到刑事辩护法律援助。该制度作为法治文明的一个标志，其重大意义有以下几个方面：

第一，是保障辩护基本权利，实现控辩平等对抗的客观要求。我国宪法明文规定了"被告人有权获得辩护"，刑事诉讼法也予以具体落实。③在刑事诉讼中，强大的国家机器不论在权力、手段还是物质条件上都占据优势地位，犯罪嫌疑人、被告人明显处在弱势的一方，其往往由于法律知识的欠缺和人身自由受限制不知如何辩护，也难以维护自身的合法权益。因此，相对弱小的被追诉人应当具备一定的制度保障，否则刑事诉讼程序就成为单方追诉的活动，权利保障即无从谈起。刑事辩护法律援助制度即是保障犯罪嫌疑人、被告人有效行使辩护权的一种重要制度保障。刑事辩护法律援助制度通过对法律资源再分配，保障弱势群体的权利，提升被追诉人的辩护能力，从而确保刑事诉讼中控辩两方地位平等对抗，保证

① 陈光中、张佳华、肖沛权：《论无罪推定原则及其在中国的适用》，载《法学杂志》2013 年第 10 期。

② 该标题项下内容引用了陈光中、张益南：《推进刑事辩护法律援助全覆盖问题之探讨》，载《法学杂志》2018 年第 3 期。

③ 《宪法》第 130 条规定："……被告人有权获得辩护。"《刑事诉讼法》第 11 条规定："……被告人有权获得辩护，人民法院有义务保证被告人获得辩护。"

刑事诉讼程序正当化。

第二，是法律面前人人平等，实现社会公平正义的现实要求。在刑事诉讼中，如果因为经济困难或者其他客观因素限制而无法得到辩护服务就会造成实质上的不平等，“法律面前人人平等”就成了一句空话。因此，对被追诉人辩护权的保障，实现个人在法律面前权利享有的平等，现实中在很大程度上需要依靠刑事辩护法律援助制度予以落实。这同时也是社会公平正义的应有之义。公正是人类社会所追求的首要价值目标，司法公正则在社会公正中占有十分重要的地位，它是维护社会正义的最后一道屏障，是体现社会正义的窗口，是司法机关的灵魂和生命线。①正因如此，完善的刑事辩护法律援助制度是社会走向文明、法治的一个重要标志。只有实现法律面前人人平等，体现社会公平正义，才能避免社会冲突与动荡，最大限度地减少不和谐因素，实现社会和谐稳定。

第三，是顺应世界人权保障潮流的需求。在世界范围内，刑事辩护法律援助在刑事司法中具有重要的地位。刑事辩护法律援助制度不仅是世界大多数国家普遍采用的一种司法救济手段，而且其国际化趋势越来越明显，联合国和许多区域性组织在其制定的国际公约或区域性条款中都明确了刑事辩护法律援助的要求。《世界人权宣言》中载有“公开审讯并享有为被控刑事犯罪的任何人进行辩护所必需的所有保证以及其他最低限度的保证”的原则。《公民权利和政治权利国际公约》第 14 条第 3 项（丁）规定：“被控犯有刑事罪行的每个人，应当有权出席受审并亲自替自己辩护或经由他自己所选择的法律援助进行辩护；如果他没有法律援助，要通知他享有这种权利；在司法利益有此需要的案件中，为他指定法律援助，而在他没有足够能力偿付法律援助的案件中，不要他自己付费。”该条明确将“获得法律援助”列为国际社会普遍接受的刑事

① 陈光中主编：《刑事诉讼法》（第六版），北京大学出版社、高等教育出版社 2016 年版，第 12 页。

审判“最低限度的保障”。另外其他一些重要国际公约也都有类似的规定，足以体现刑事辩护法律援助的重要地位。①

三、刑事强制措施比例原则

比例原则是我国公法体系中的一项重要原则，是平衡公私关系的重要准则，在现代法治国家具有重要的作用。在刑事诉讼审前程序中，刑事强制措施对于人身自由的“杀伤力”最大，稍有不慎便极可能侵害合法权益。因此，在刑事强制措施体系中贯彻比例原则具有现实的必要性。对于比例原则在刑事强制措施中的应用，我们可以从以下几个方面理解：

第一，关于比例原则的内涵。比例原则旨在通过对国家权力的限制与规范行使，以公民权利保障为基线，调整国家权力与私人利益、手段与目的之间分配的合理关系。其重点强调在实施行为过程中，公权力的克制与谦抑。这项原则的基础要义就是保持权力与权利的大致平等与平衡。具体而言，就是通过这项原则达到公权与私权之间的适度平衡。德国公法学理论最早开始系统研究比例原则，从部门法如警察法、行政法中对比例原则的关注，到逐渐将这一原则上升为宪法上进行合宪性审查的重要手段。其内涵主要是，公权力主体在实施某项行为时，应当兼顾行为目的与被实施者的权益保护，尽量降低由这一行为对被实施者所带来的负面影响，在行为目的与权益保护之间应当有所平衡，并且适当、适度。

因此，具体而言，这项原则包括了必要原则、适度原则以及均

① 例如：联合国《囚犯待遇最低限度标准规则》规定，应允许未经审判的囚犯因为其辩护的缘故接受法律顾问的探视。《保护所有遭受任何形式拘留或监禁的人的原则》规定，被拘留者有权按照法律规定为自己辩护或得到律师的帮助。《关于律师作用的基本原则》规定，任何没有律师的人在司法利益需要情况下均有权获得按犯罪性质指派给他的一名有经验和能力的律师以便得到有效的法律协助，如果他无足够经济能力为此种服务支付费用，可不交费。参见网址：http://www.un.org/zh/，最后访问时间：2017 年 11 月 1 日。

衡原则三重含义，即（1）狭义的必要原则。公权力机关在实施公法上的行为时，如果有多项手段都能实现行为之目的，则应当选择对相对人侵害最少的手段，降低由这项行为对相对人权利的侵害，这是从法律效果角度的考虑。（2）适度原则。该原则强调，公法上的行为或者手段与目的之间具有关联，行为的实施应当符合目的的要求，从而保证手段与欲达到的目的之间有恰当的比例协调。（3）均衡原则。这是对手段正当性的判断标准，即手段的合理性应当建立在目的可能实现的效益大于对相对人权利的侵害基础之上。以上三个原则分别以手段限度、目的与价值三个层面作为分析向导，判断国家权力运行是否符合比例原则，应当以上述三个原则作为指引，只要不符合其中任意一个原则，都可认为没有达到比例原则的要求。

第二，刑事强制措施的比例理念。比例原则是规范国家权力与个人权利之间的重要原则，旨在达到权力与权利间的均衡。总结比例原则的内涵，可以看到，其基本理念在于保证权力干预必须保持适度、合理，不能为达到目的过分损害个人利益，同时也防止国家权力的消极运行无法对个人权利实施周全保护。这就要求国家权力有所为而有所不为，强调国家权力应当以维护社会秩序、自由平等、保障公民合法权益等为出发点，积极作为。但也应当注意执法时保持手段必要、适当和均衡。比例原则是目的与手段的规范，也为公权力运行提供了基本的分析框架。从根本意义上说，比例原则是以实质正义为目的，限权（力）思想的一种体现，而限权（力）的根本目的在于实现公民的人身、财产等宪法性权利的安全与自由。

在刑事诉讼审前程序中，如何判断强制措施的应用是否超过了合适的比例，除了设定较为明确、具有可操作性的规范外，还需要有中立第三方作为决定者。这是现代刑事诉讼互相制衡理念的要求。从实践来看，在刑事诉讼审前程序中，最有效的行为往往具有严厉性，可以大为提高办案效率，同时也最能达到侦查目的。但问题在于，如果由侦查部门自行掌握使用超出合理比例的裁量权，则可能会导致严重的判断失衡，这是由其职能地位决定的。这点恰在实践中有所印证。常年来，我国刑事诉讼审前羁押率保持在高位运行，近年来虽有所降低，但仍难以符合“以羁押为例外”的要求。这不仅有“社会危险性”评价标准模糊的规范缺陷原因，更为深层次的缘由在于比例原则始终难以落实落细。究其本源在于自行判断选择所采取措施的天然弊端。控诉机关为查办案件，往往更愿意采取便捷、高效的羁押性措施，而本能上即容易忽视权利保障的要求。因此，在刑事诉讼审前程序中有必要将三方构造模式引入强制措施适用机制中，以具体落实比例原则的要求。

四、侦查行为的司法控制原则

正如孟德斯鸠所指出的，一切权力都天然有滥用的倾向。不受制约的权力是最危险的。刑事司法权力体系中，侦查权作为最可能侵害公民权利的一种公权力，应当受到严格的规范。而现阶段对侦查权进行约束的最佳方式，就是从权力体系内部进行适当的划分，形成相互制约、相互监督的机制。具体而言，对于侦查权可以再次划分为决定权与执行权，二者由不同主体掌握。侦查机关只作为享有执行权的机关，必须在其他有决定权的机关批准同意、颁发令状后，才能具体执行扣押、搜查、拘留等强制措施。令状制度之精要也在于强调在侦查行为进行的过程中引入第三方的审查，对侦查权的运行进行适度的抑制，使其不至于僭越程序的束缚。

对我国现行侦查阶段的司法控制模式进行检视，有以下几个明显的缺点：第一，侦查环节过于封闭。在侦查环节，除采取逮捕措施之外的其他限制或剥夺人身自由的强制措施，以及限制财产、干涉隐私及住宅等权利的强制侦查行为、技术侦查行为等，都是由侦查机关自我决定自我执行，缺少中立第三方对合法性、必要性与关联性等进行审查与监控，更多的是自我控权。这样的自控型模式很难有实质作用，导致侦查权处于脱缰状态。[①]第二，侦查监督体系的效果不彰。按照目前刑事诉讼的架构编排，在刑事诉讼审前程序中对于侦查权运行的制约仅存在检察机关的法律监督。就实效而言，检察机关法律监督虽然具备一定的客观中立地位，但由于兼具了控诉职能，要求检察机关既保持客观中立的审查义务，同时最大限度地追究犯罪、惩罚犯罪。二者在价值追求上存在相互对立的一面，职能冲突导致其有效性值得怀疑。另外，监督的法律后果缺乏刚性。按照目前刑事诉讼法的规定，检察机关的法律监督仍然是一种弹性的监督，同时给了侦查机关过多的补正机会。因此，这种监督的有效性从现实表明是十分有限的。第三，权利保障机制欠缺。人民法院对侦查权的监督主要体现为审判阶段对侦查程序的审查。但是在刑事诉讼审前程序中，从实践来看应该更急切需要中立司法权的介入与审查。然而司法审查的缺位导致权利保障在审前程序中存在一定的不足。第四，批捕环节听审程序缺失。检察机关在审查批准逮捕环节以书面审查为主，虽然现在明确了辩护律师提出要求的应当听取其意见，但就整个程序而言，仍然是以侦查机关移送的书面材料为主。整个批捕程序不具有司法审查性质，不符合最低限度的司法保障要求。[②]

因此，有必要立足我国实践，深入剖析检察监督权与司法判断权的异同，论证检察令状与司法令状控权模式的合理要素，同时借鉴域外侦查控权的合理因素，以此设计对侦查权的治理模式。

---

① 侦查机关在采取诸如数十天的拘留、取保候审、监视居住及搜查、扣押等刑事强制性措施时不受司法权的限制。这也违背了诉讼的经典格局即控辩双方对抗、第三者居中裁判的三角格局。这使得侦查成为控方依据国家赋予的职权与维护个人利益的辩方的强者越强、弱者越弱的不平等对抗活动。同时，缺少中立的第三者，要实现控辩双方的自主平衡是困难的，尤其控方获得了国家的授权，使对抗被赋予了个人与国家对抗的色彩，平衡就只能以牺牲辩方的利益为代价。

② 孙长永：《比较法视野中的刑事强制措施》，载《法学研究》2005 年第 1 期。

五、公诉权的程序制约原则

检察裁量权是司法机关裁量权的重要组成，“自由裁量”意味着检察机关对采取之行动有自由选择的权力。其中，作为检察裁量权的一种，起诉裁量权是检察机关对已经达到起诉条件的刑事案件，依照法律的规定和具体情况对是否提起公诉的选择和决定的权力。[①]起诉裁量权发端于起诉便宜主义，是起诉便宜主义的核心内容。虽然起诉裁量并非公诉权的应然组成部分，但随着近年来“诉讼爆炸”的问题凸显，出于诉讼效率的提高与刑罚轻刑化趋势考虑，赋予检察机关或者检察官自由裁量的权力已经成为一种世界潮流。这也能通过检察裁量权的运用，实现刑罚的个别化。[②]对此，可以从以下几个方面认识。

首先，有利于保障被追诉人的合法权益。起诉裁量权包含对不起诉享有决定权。检察机关或者检察官可以通过不起诉裁量权的行使，使得被追诉人早日摆脱诉讼程序“压身”的困扰，对于在押的被追诉人而言可以尽早重获人身自由，避免诉讼程序的不必要拖延致其人身权利继续受到损害，符合权利保障的基本理念。

其次，起诉裁量也受到一定程度的程序性制约。为了防止检察机关的不起诉决定损害被害人的利益，《刑事诉讼法》规定了被害人可以对不起诉决定提出异议的权利。此外，在有被害人的案件中，不起诉决定一般附有向被害人赔礼道歉、赔偿损失等补偿机制，保证不起诉决定是建立在被追诉人充分认罪悔过的基础上的。由此，既为被害人提供了一系列的救济措施，消除了被害人的抵触情绪，同时也符合被追诉人的利益期待，最大限度化解冲突，尽量减少由犯罪行为带来的不利益，维护国家的法治秩序。

---

① 周长军：《检察起诉裁量权的国际发展趋势与中国改革》，载《东方法学》2009年第3期。

② 区别仅在于英美法系和大陆法系国家检察起诉裁量权的权限范围，以及受到的制约有所不同。

再次，节约司法资源。随着检察机关案多人少的矛盾突出，办案人员加班加点成为常态，亟须解决案件积压与人力不足之间的矛盾。因此，通过完善诉讼程序，对不起诉制度进行适当改革，实现审前环节的程序分流，达到司法资源的优化配置的目的。对于没有提起公诉必要的案件，及时终止程序，以程序分流的形式实现提高诉讼效率。

最后，应当在起诉裁量权行使中引入比例原则。在检察机关起诉的目的与手段之间，充分考虑被追诉人的具体情况，以教育感化为前提，酌定裁量被追诉人犯罪性质、对社会的危害和被追诉人的认罪情况等，尽量在法律的框架内推行认罪认罚从宽，实现对被追诉人的最小限度伤害。但从酌定不起诉的实践来看，仍存在起诉裁量权失控之情形，因此有必要在刑事诉讼审前程序中实现对公诉权的构造制约。

第三节　刑事诉讼审前程序构造的经济学、政治学支撑与方法论证成

一、刑事诉讼审前程序构造的经济学考察

正义的第二种含义——也许是最普遍的含义——是效率。①毋庸置疑，诉讼效率是现代刑事诉讼追求的基本价值之一。因此，在刑事诉讼审前程序诉讼构造化的过程中，树立权利本位的同时，需要注意对效率因素的关注，这一点在侦查程序中尤为突出。对于刑事诉讼中的效率问题，本书拟以经济学原理做基础性的论证。

在经济学领域对法律的分析讲求效率的最大化。对科斯定理以

① ［美］查理德·A. 波斯纳：《法律的经济分析》，蒋兆康译，中国大百科全书出版社 1997 年版，第 31 页。

及相关法经济学理论进行总结归纳得出，所有法律制度的建立与司法活动的运行，都是以资源的合理配置为重心。因此，以经济学理论的视角分析、指导法律制度与法律活动具有现实合理性与可行性。[①]如同在公正与效率的平衡问题上，可以用“蛋糕理论”进行分析：“效率”代表蛋糕的尺寸，“公正”就是分割蛋糕的方式方法，法律所追求的，既要保证蛋糕公平地分割，也要保证蛋糕尺寸越大越好。法律制度的设计就是以最小的资源消耗实现最大限度的公正价值。[②]

从经济学角度分析犯罪行为发生的原因，在于假设行为人是理性经济人在对犯罪的好坏利弊进行衡量后，认为其犯罪所得的收益多于由于可能的刑罚措施所带来的亏损，权衡后的所得之利益即为其犯罪动力。其中，利益就是行为人通过犯罪行为达到的物质与精神上的满足，由此付出的成本包括犯罪行为带来的刑事惩罚、实施犯罪付出的时间与费用等。对于行为人而言，只要收益大于成本，就能产生犯罪的动机。刑罚的成本分析是法经济学的重要内容，为了有效遏制犯罪，就应当加重刑事惩罚从而提升犯罪的成本。[③]

刑事法领域的经济学分析，均建立在“成本—收益”的框架之上，以利益、亏损等概括与阐释刑事司法领域的主体行为模式与主体间关系，分析刑事法律制度与司法活动的合理性与发展趋势，并提出更具有实用性的解决之道。刑事诉讼审前程序构造的一个重要内容，就是主体间结构的调整与权力配置。以经济学理论作为分析工具，可以从多元视角、多重层面更为深入地研究审前程序构造的合理路径。对于刑事诉讼审前程序中的经济学因素考察可以有如下几个视角：

---

① 在交易成本不为零的情况下，交易成本最低的法律是最好的法律。这就是科斯定理的基本含义。参见钱弘道：《法律的经济分析》，清华大学出版社 2006 年版，第 49 页。

② 钱弘道：《法律的经济分析》，清华大学出版社 2006 年版，第 52 页。

③ 钱弘道：《法律的经济分析》，清华大学出版社 2006 年版，第 19 页。

第一，刑事诉讼审前程序应当贯彻无罪推定理念。无罪推定理念所隐含的经济学逻辑即与错误定罪相比，错误开释是一个更好的选择。其原因可以解释为，国家公权力机关在收集证据惩治犯罪问题上具有规模经济的效应，因为其有着非常丰富的调查手段与司法资源，由此可以控制个案中的成本。相对而言，被追诉人则处于更为弱势的地位，不仅人身自由和各项权利受到限制，而且实践中缺少律师的帮助，大多只能依靠国家提供的法律援助。尽管难以分辨错误定罪与错误释放哪一种成本会更高，但错误定罪从心理上而言，确实更容易让人陷入绝望与无助。在人们的感受中，错误定罪直接侵害了无辜者的人身自由甚至剥夺了其生命，随即可能引发无辜者及其亲属的申诉、信访、上访以及媒体报道等，引发社会舆论的关注，对公权力机关的司法权威有较大的负面影响，其后果是严重的、明显的。从这个角度来说，在经济学成本领域便至少有两个方面的损耗：一是个体层面，被错误定罪的个人及其亲友往往耗费极大时间、精力、金钱乃至生命才可能得以平反、纠正错案。这无疑大大提升了办理个案的成本。二是国家层面，错误定罪，不仅意味着该案前期的工作白费，徒增大量“沉没成本”，而且为其平反也带来大量司法投入以及国家赔偿。同时还要重新就原案件查获“真凶”而“重定”程序。就此而言，一个错案几乎是一般案件的三倍投入，此项成本不可谓不大。但错误释放了有罪之人，至少难以造成直观的消极后果，其结果相对不是那么明显，只要在发现后，司法机关及时采取补救措施即可挽回。①

第二，刑事强制措施的个体化适用。既然犯罪是一种选择，那么同选择其他职业一样，犯罪也存在一些职业门槛。比如，暴力犯罪的主体一般要具备较好的体能，而职务犯罪的主体则必须拥有某种能提供便利的职务。对那些无法跨越犯罪职业门槛的人而言，刑罚基本是多余的；而对付那些勉强跨越职业门槛的罪犯，则无须严

---

① 冯玉军主编：《法经济学》，中国人民大学出版社 2013 年版，第 294 页。

厉的惩罚——他们作案成功率很低，并且作案后被抓获的概率很高。[①]因此，在刑事诉讼审前程序中，例如取保候审的条件设定、社会危险性的考量或者刑事强制措施的实施，应当有一个比例思维，针对不同主体的不同条件，对其采取不同的措施。这也是更符合经济效益的现实路径。毕竟，羁押性强制措施的成本投入并不低。

第三，公诉审查的构造机制。从经济学的角度而言，诉讼机制是有成本的，日本学者棚赖孝雄称之为“生产正义的成本”，合理的诉讼和程序应尽可能减少法律实施过程中对经济资源的耗费，节约司法活动成本。而如何把那些细微的案件排除于诉讼程序之外呢？[②]这就需要对检察官起诉裁量权进行分析。检察官与法官一样，都属于司法系统的一部分。因此，在行使刑事起诉裁量权时同样能有自己的利益追求。检察官的基本职责是侦控犯罪，维护社会秩序，其自利追求也是与履行职能相结合的。为降低指控风险和提高侦控效率，检察官经过利益权衡，与被告方就指控内容进行协商交易。另外，出于自利动机，检察官还可能会滥用起诉裁量权。[③]因此，在刑事诉讼审前程序中，为了实现实质意义上的控辩平等，应当将检察官定位为当事人，与被追诉人处于同等地位，这样才能实现二者与法官之间的等距离，保持控辩平衡、法官中立的诉讼模式，为实现公正添砖加瓦。[④]

同时，法官的角色理性不应仅限于审判程序中，还应在审前程序中有所体现。其中比较重要的一点就是对一些具有重大影响的追诉行为进行司法审查，这也是实现诉讼均衡的需要。在刑事诉讼审

---

① 冯玉军主编：《法经济学》，中国人民大学出版社 2013 年版，第 302 页。

② 冯玉军主编：《法经济学》，中国人民大学出版社 2013 年版，第 311 页。

③ 王海军：《刑事审判模式的经济分析》，中国政法大学出版社 2013 年版，第 125 页。

④ 王海军：《刑事审判模式的经济分析》，中国政法大学出版社 2013 年版，第 180 页。

前程序中，出于侦查和控诉犯罪行为的需要，必要时会采取一些可能威胁被追诉人人身权利的强制措施。如不加以合理控制，将可能造成控辩失衡的局面。因此，对于刑事诉讼审前程序中的拘留、搜查、扣押、逮捕等强制措施，应当设置适当的司法审查机制，由法官对其必要性和合理性进行监督。当然，为适应打击犯罪的需要，对于紧急情况下的强制措施，也可以采取事后补充审查的方式。因此，司法审查制度，既是法官客观中立原则在审前程序中的具体贯彻，也是对侦控程序进行当事人主义改造的必然要求。①

司法改革的目的，是使制度产生最大效率，实现权力与权利之间的利益流动与合理配置。当前，刑事诉讼审前程序结构中存在非平衡的状态，阻碍了司法改革目标的顺利实现，影响了中国法治的健康发展。如果在刑事诉讼审前程序中，对于任何一方的利益过于淡薄抑或过于偏重，都会在实质上破坏均衡，从而使得整个刑事诉讼制度难以产生最优的效率模式。这也在侧面证成了刑事诉讼审前程序构造的经济学基础，就是一个综合权衡三方利益需求的过程，从而对各方的法律利益产生一个最优解。

二、刑事诉讼审前程序构造的政治学基础

英国著名哲学家罗素曾经指出："在社会科学上权力是基本的概念，犹如在物理学上能是基本的概念一样。"②诉讼构造的核心在于"人"，由于刑事司法领域涉及权力主体（立法、行政、司法机关）对权力的应用和运作，因此以权力作为分析线索应当是恰当的。同时，权力并非单一的维度，一旦关涉"权力"，必定需要"权利"的保障与实现，二者始终处于相互关联、相互影响的关系，共同构成了一对对立统一、矛盾又互补的"二元"结构。一

① 王海军：《刑事审判模式的经济分析》，中国政法大学出版社 2013 年版，第 184 页。

② ［英］罗素：《权力论》，吴友三译，商务印书馆 1991 年版，第 4 页。

方面，国家权力可能侵害到个人权利；另一方面，国家权力是个人权利保障的最有力后盾。所以，如何认识、把握国家权力这一主动因，如何定位国家权力与个人权利这两个向度之间的关系，一直是政治、法律领域，甚至社会科学领域不得不直面的核心问题。①同时，这也是刑事诉讼审前程序中需要着重考量的因素。

刑事诉讼构造的转型必须基于明确的诉讼价值观。古往今来，一切形态的刑事诉讼制度中都蕴含着两种基本的价值追求：安全与自由。② 刑事诉讼是解决国家内部最严重的社会冲突的技术性法律装置。由于刑事诉讼都面临控制犯罪与保障权利的价值冲突与抉择，因此，各国刑事诉讼立法与司法活动无不彰显着该国特定的政治意识形态色彩。从这个意义上说，我国刑事诉讼结构的转型也必然伴随着诉讼价值观的调整。就刑事诉讼审前程序而言，控辩双方的权力（利）配置大体相等，有相同的诉讼地位与诉讼权利，控辩双方能够充分参与到诉讼中，均享有充分的表达意见的机会，共同对裁判结果形成积极影响。正如达马仕卡所说：在英美诉讼中，无论是民事还是刑事，所有这些审前准备活动都牢牢控制在当事人而不是某一独立调查机构手中。即使原告或被告恰好是一位象征性地服务于公共利益的官员（警察或检察官），他的预备活动也不可避免地受到对竞赛式审判的预期的影响，并因此带上派性色彩……③

不论是大陆法系的职权主义诉讼还是英美法系的当事人主义系统，其诉讼结构都是一种由控辩审三种职能组合而成的，奉行着平等武装的理念。但是，从理论上讲，“平等武装”也应是审判前程序的追求。事实上，审判前阶段的平等武装是审判阶段平等武装的

① 万毅：《底限正义论》，中国人民公安大学出版社 2006 年版，第 86 页。

② 周长军：《制度与逻辑——刑事诉讼机制的转型分析》，中国方正出版社 2005 年版，第 5 页。

③ ［美］米尔吉安·R. 达马仕卡：《司法和国家权力的多种面孔——比较视野中的法律程序》，郑戈译，中国政法大学出版社 2004 年版，第 185 页。

必要基础，如果审判前双方之间的力量严重失衡，那么审判阶段是无法做到平等对抗的，或者所谓的平等对抗也是虚伪的，因为对被告人侵权的事实早已在审判前发生，且很可能由此导致辩方在审判阶段承受不利的裁判结果。质言之，应当将“平等武装”一词广泛适用于描述控辩双方之间对等的诉讼权利义务关系。这无疑也是契合当下司法改革的潮流与趋势的。党的十八届四中全会通过的《中共中央关于全面推进依法治国若干重大问题的决定》提出的质证、认证、作证在法庭，即是充分发挥司法权中立裁决的功能。这就意味着，只有控、辩平等且充分对抗才能提供客观的裁判环境与前提。由此可推导出刑事诉讼审前程序诉讼构造的现实意义。

三、刑事诉讼审前程序构造的方法论证成

（一）系统论的证成

系统论是从整体到内部，对结构、行为特点、运动规律、遵循的基本原则等元素间的基本关系、元素构成对系统的影响以及系统本身进行功能性分析与数据化阐述的理论。系统论的指导思想就是以整体系统作为研究工具，将研究对象作为系统或者置于系统内部，从整体上把握、分析系统内部各要素、系统之间的关系变化。同时从根本上阐释某一系统生态的抽象、具象形态与变动，从而以系统的、宏观的视角更为清晰地掌握整体。系统论强调事物内部与事物之间的联系，即系统与元素的关系、元素之间的关系以及外部环境对系统的影响，认为系统具有整体性、关联性、动态性等特点，是马克思主义辩证唯物论的生动体现。①

从系统论的角度来证成刑事诉讼审前程序构造，首先应当对系统论的整体性、层次性与动态性三个基本特性着手把握。关于整体性，即组成系统整体的各元素间相互联系、相互制约、相互作用的

① 顾新华：《简述“新三论”与“老三论”的关系》，载《经济理论与经济管理》1987 年第 2 期。

过程。从宏观上看，系统是一种普遍现象，作为一个有机的整体，各要素的变化，要素之间配合联动，构成了并影响着整体功能的发挥。因此，系统也是由各元素组成的矛盾统一的整体。要素之间的合理搭配与协调一致，可以达到“1+1>2”，从量变到质变的飞跃效果。反之，各要素之间的大小、结构、配比等都会直接减损系统整体的功效。关于层次性，即系统由一个个的元素组成，在个体元素内部，还有更小的元素，在小元素之间构成了系统下的子系统，由此层层推进，如同物理学上“分子—原子—电子”的构成方式。因此，系统有层次之分。关于动态性，即系统并非完全静止，内部各元素以及子系统都存在于动态变化中。因此，可能会出现有序状态转向无序状态，继而又回归有序状态的螺旋式运动模式。在研究系统时，应当注意其运动的规律与发展演化过程，并遵循其规律，构建更为稳定的科学的动态组成。① 以系统论的方法见之于刑事诉讼审前程序，整体、层次、动态的属性都要求对刑事诉讼审前程序中解构、优化，从而达到系统的最优化。

系统的最优化是强调系统本身与系统内部的关系达到最佳状态，这是系统论分析方法要求实现的基本目的。最优化的具体范式就是以动态性作为基本立场，结合系统间以及系统内部各要素的变化，调整系统与要素间的关系，使其能够调整至协调统一的状态，从而实现系统在整体上功能的最大发挥。以系统论为理论依据，要求我们在建构分析刑事诉讼审前构造时，应当注意以下几个问题：第一，不仅应关注程序设置，更应关注程序内部各主体间的动态关系，把握由主体权力、权利的变化带来的结构调整，准确分析由此带来的客观影响。第二，建构刑事诉讼审前程序构造时，特别是引进国外的程序时，一定要注意使程序良性运作的制度环境。因为任何程序都是在一定的制度环境下发挥作用的，程序本身与它所处的制度环境共同决定程序功能的发挥。第三，在进行制度设计与程序

① 彭海青：《刑事诉讼程序设置研究》，中国法制出版社 2005 年版，第 60 页。

安排时，应当围绕刑事诉讼的基本目的展开。简言之，构造是为实现目的服务，并在目的指引下建构与运作的。这就需要对刑事诉讼审前程序构造分析时，充分把握多元目的、价值之间的平衡与位阶，合理融入权力（利）主体的制度设计中。第四，对现有的刑事诉讼体制与结构，结合司法实践的变迁进行适当的完善，以保证刑事诉讼体系始终保持在一个相对高效、科学的运行状态。

（二）法教义学的阐释

法教义学可以说是法律规范层面的系统理论。法教义学对刑事诉讼审前程序的阐释视角可以从以下几个方面展开：首先，对法律条文本身进行规范化的合理解释，从而理顺其背后所蕴含的机理，妥善安置司法实践中所遭遇的困境。由此观之，所谓教义之核心首要在于规范之明晰。其次，除了对法律文本的文义解读，还需通过对条文的分析，领悟立法的目的与价值所在。因为司法活动并非单纯、机械地适用法条，更是发现和解释立法目的与价值的过程。但与此同时，不能对抽象的目的与价值展开过度解读，应当将重点放在对规则体系的理解上。规则的重要性来源于规则文义本身，对规则文义本身的重视是实现法秩序的重要途径。尽管法规范外的因素也可以作为分析的考量，但都应当围绕规则本身展开，法律规则才是裁判结论形成的“立身之本”。法律解释技术也应当成为法律规则的注解。简而言之，法教义学的核心观点是“认真对待法律文本”。①

例如，以教义学的视角来考量刑事诉讼审前程序中的强制措施的应用，可以从规范文本自身提出自我完善的思路。我国宪法规定：中华人民共和国公民的人身自由不受侵犯。这就表明了对于刑事诉讼审前程序中需要遵守权利保障的思路。那么对此条文目的性解释可以推导出，实现“合法”地搜查、扣押与羁押，也就必然

① 雷磊：《什么是我们所认同的法教义学》，载《光明日报》2014 年 8 月 13 日第 16 版。

需要将相关的令状文书作为判断依据。那么对于令状文书的授权、程序、颁发主体、权利救济程序等，就需要依靠审前程序的构造予以解决。这也就为刑事诉讼审前程序构造理论做出了正当性与合宪性的支撑。同时，应当指出，宪法并未表明“逮捕”是一种行为或者是一种状态，这可以为逮捕羁押制度提供论证路径。也就是说，对于规范的解读可以将此处的逮捕视为一种行为，即一种短暂限制人身自由的紧急措施。而羁押，作为一种更为严厉的措施，自然应当接受更为严格的审查机制，应当在刑事诉讼审前程序构造下进行。这也就是后文将对逮捕、羁押进行两分令状机制的探讨，此处暂不赘述。

第三章　我国刑事诉讼审前程序构造分析

对于刑事诉讼审前程序构造的分析应当全局考量刑事诉讼目的论、价值论以及刑事诉讼规范等各方面的因素。对于刑事诉讼审前程序的观察应始终秉持宏观与微观相结合的视角，如此方能把握构造变迁的脉络。当然，我国刑事诉讼审前程序构造的变化最直观的表现就是刑事诉讼立法的改变。在刑事诉讼立法发展过程中，刑事诉讼审前程序中逐步实现了诉讼构造的合理化。对此，本章将围绕立法的发展与变化，以规范分析的教义学视角来阐述。

第一节　我国刑事诉讼审前程序构造的基本特点

本节的探讨将遵循从目的到规范的研析路线，揭示刑事诉讼目的与构造理论发展的主旋律。但就立法规范的分析而言，我国现行的刑事诉讼审前制度仍然存在一些不足与缺陷。

一、控辩关系的立法演进

“控、辩、审”三方的主体地位、法定权限以及相互关系，是刑事诉讼构造的核心内容。在刑事诉讼审前程序中，除了要求法官能够居中裁决外，更为重要的是处于控诉地位的侦控机关与作为辩护主体的被追诉人及其辩护人之间的大致对等的关系。国家权力相对于个人权利而言具有明显的优势地位，因而如何增强辩护方的构造地位，提高与侦控机关的对抗能力，从而实现控辩之间的实质平等关系，是我国刑事司法改革的重点和难点，也是改革的趋向。

1996年，我国刑事诉讼法在修改的过程中，借鉴了英美法系对抗制诉讼模式的合理因素，在传统的职权主义模式中增加了控辩平等对抗的相关规定。例如，明确了控方应当承担证明被追诉人有罪的责任，律师可以在侦查阶段介入刑事诉讼。在随后出台的相关证据规定中，也将以非法方法获取的言词证据排除在了证据体系之外等。这些规定，都有力推动控辩关系趋于平等。具体来说，在刑事诉讼审前程序中维护侦辩的大致平等具有以下几个方面的规范。

第一，在调查取证中控辩双方大致平等对抗。依照刑事诉讼法的规定，律师可以以辩护人的身份介入侦查程序，也就认可了侦查阶段辩护律师的调查取证权。但问题在于，辩护律师在审前阶段的申请调查取证权的面向主体是公安机关与检察院：在发现侦查机关收集到对被追诉人有利的证据而未提交时，此时申请对象为公安机关；如果辩护律师在调取证据上存在困难时，申请的对象是检察院。由此，在调查取证权方面，侦控机关具有相当大的裁量空间。然而，由于侦控主体并非中立第三方，在行使决定权时难免具有倾向性。虽然辩护律师还可以自行调查取证，但在辩护律师的诉讼权利保障方面，已出现了松动。

第二，在申请变更强制措施中控辩双方的抗衡。侦查机关享有对被追诉人限制、剥夺人身自由的权力。在实践中，大量案件中的被追诉人被采取了羁押性的强制措施。为了保证刑事强制措施的正确实施，制约侦查权力，我国刑事诉讼法赋予了辩护人可以申请变更强制措施的权利，在法定的条件下侦查机关有变更强制措施的义务。从“权利—义务”的对应关系来看，平等对抗的因子也逐步增加。

第三，辩护权对侦控权的制约抗衡。由于现行规范对于侦控机关在审前程序中采用的是自我约束、自我监督的模式，为了避免权力难以得到有效制约的情况，刑事诉讼法赋予了被追诉人及其辩护律师可以进行申诉、控告的权利，并且在提交申诉、进行控告之后，侦控机关应当回复处理结果。以上对辩护方一系列救济措施的完善，可以加强权利保障力度，形成了一种“反向制约”的形态。

尽管上述内容是立法上的重大进步，但控辩双方不平等、不协调的张力仍然存在。首先，被追诉人在被讯问时不享有律师在场权，同时也没有沉默权。这两项权利相当于在被追诉人与侦控机关之间设置了一堵墙，前者是为被追诉人在关键环节提供法律咨询，同时也可以对侦控机关的讯问行为形成有效的监督。后者是保障被追诉人自愿“开口说话”的权利，而非强迫其供述相关事实。相反，我国在刑事诉讼中要求被追诉人负有主动交代案件事实的义务，权力与权利的天平天然地倒向了控诉一方。这就导致审前阶段中被追诉人在强大的公权力面前，处于被动消极的境地。因此，被追诉人部分诉讼权利的缺失，将会影响到其与侦控机关的权力平衡而处于更为弱势的地位。

其次，侦查权的“行政化”。公安机关同时具有行政与刑事司法的二元属性，并且在审前阶段，由于缺乏有效的制约手段，同一主体在兼具两种不同属性的权力时难免出现权力混同与权力“模仿”的现象。也就是说，司法权的属性要求权力运行公开透明，并有完善的外部制约机制。但行政权却具有封闭性、强制性的特点，当公安机关在行使刑事司法权力时，受到行政模式的影响，使得刑事侦查权运行的“封闭”特征凸显，缺少诉讼框架下限权（力）、护权（利）的实践氛围。司法实践也证明，被追诉人及其辩护人在审前阶段的诉讼权利行使极易受到侦查权的干扰。

再次，辩护主体的救济权有限，难以形成对侦控方的有力对抗。虽然刑事诉讼法中规定了若干救济措施，但其实际效果并不显著。从主体上看，检察机关作为受理方，其本身的倾向性容易导致申请不通过、救济不成功。从处理方式而言，法律规范属于事后救济，事前监督缺乏。一般而言，救济诉求是在被追诉人及其辩护人权利受损的情况下，才去寻求检察机关的干预，而非事前介入，难以形成更为有力的监督。同时，救济效果有限。在提出救济申请后，检察机关如果审查发现确实存在侵权行为的，采用的是“通知”其纠正违法行为，并且对于尚未构成犯罪的违法行为，没有进一步的惩戒措施，即使侵权行为屡犯不止也难以得到根本上的去除。

最后，以权（利）限权（力）的功能受限。以权（利）作为权力—权利抗衡形态中的对立一方，除了维护本方的合法权益之外，还有一项附随的功能，即对权力行使形成有力的监督。但事实上，辩护权在“自身难保”的情况下，无法达到监督之目的。而且，侦查过程往往带有秘密性、封闭性，辩护方除非被通知，否则几乎无法知晓案件的进展情况，更谈不上对侦查行为的监督了。特别是在一些特殊的侦查措施，如技术侦查措施、羁押性强制措施的适用等方面，可能直接关涉公民宪法性权利，但在现行诉讼框架内很难获得更多的救济途径，也无从进行监督。

从立法上看，我国刑事诉讼法在保障辩护律师审前程序中的参与权上已经取得了较大的进步，在权利保障方面已有实质的提升。但现行仍未达到保持控辩平衡的标准。比如，法律规定过于原则化导致适用上存在歧义；关于权利救济措施缺乏“刚性”。再如，未将沉默权制度作为讯问时的基本制度，被追诉人自证其罪的风险较大；辩护律师的调查取证权，尤其是申请调查取证权的功能性难以得到充分发挥，实践当中常被“束之高阁”等。由此观之，在形成真正意义上的控辩平衡、控辩平等的关系上，亟待以诉讼构造理论为依托，进一步对侦查阶段的辩护制度加以改革完善，形成平等主体间的职能对抗，这是走向实质正义的程序性要求。但二者职能的实现，依赖主体地位的平衡以及权利的完善机制，任何一方的强大或者弱小都可能直接影响到诉讼格局的重大调整与变化，以致诉讼结构的失衡。[①]不仅如此，控辩双方不均衡的法律关系，也将使法院的审判中立地位受到影响，在裁决案件时，极容易受到强势、

① 陈瑞华：《刑事审判原理论》，北京大学出版社 2003 年版，第 227 页。

优势一方的潜在影响，而容易忽视另一方的意见表达。由此，三角构造走向了两方格局，发现真实就会更加困难。

二、侦诉职能交叉

按照刑事诉讼法的规定，在刑事诉讼审前程序中，有关机关行使职权应当按照分工负责、互相配合、互相制约的原则来进行。但在一定程度上由于目前“流水线”的办案模式，刑事司法实践中容易演变成“配合有余而制约不足”。这一点在刑事诉讼审前程序中体现得较为明显。从实践的角度来观察，公安机关存在破案率、起诉率与被不起诉率，检察机关存在批捕率、有罪判决率与无罪判决率等现实因素的制约，很容易导致在办案过程中公检两家倾向于配合为主，考评机制虽然对于夯实办案质量有一定的作用，但在更大的范围内导致客观中立地位的损毁，破坏审查机制，这在很大程度上使得审查起诉环节成为侦查环节的加强阶段，有虚置审核功能的倾向。而且，按照刑事诉讼法的规定，检察机关在审查起诉环节，一般是按照公安机关移送的证据材料予以审查，如果缺少某些证据材料，往往只能通知公安机关补交移送。对于公安机关未能补交或者不予补交的情形，法律上除了退回补充侦查或自行侦查之外，没有其他的有效制约手段。这也体现了公安机关在刑事诉讼审前程序中的强势地位。另外，在现实情况中，由于只有公安机关具备强大的侦查力量、系统的侦查设备与人员配备，因此执行强制措施以及开展侦查活动，在很大程度上都需要依赖公安机关的配合。上述种种因素都导致了在审前程序中对于公安机关的依赖，从而在很大程度上导致了侦查中心的困局。

三、审查机制在审前程序中的缺位

在我国刑事司法实践中，按照诉讼阶段的权力配置以及“分工负责、互相配合、互相制约”的基本原则，公检法三机关在刑事诉讼审前程序中呈现出“分段包干”的现象，而审查机制在审前阶段基本是空缺的。暂且不说分工负责制导致法院的司法判断权在审前程序中不恰当退出与失位，单就检察机关而言，其法律监督的发挥空间在审前程序中也极为有限。从刑事诉讼法的规定来看，在刑事诉讼审前程序中，除了审查批准逮捕的程序介入了检察机关的外部审查之外，其余如：逮捕后的羁押执行、变更、解除，采取监视居住、取保候审等限制人身自由的刑事强制措施，限制财产权的强制侦查行为，干涉隐私以及住宅权的技术侦查措施等一系列的侦查行为与侦查手段，都没有受到外部的审查与审核。同时，检察机关在审前程序中的相关裁量权，例如：不起诉裁量、对涉案财物的处理以及对办案期限的调整，也都是自我决定的模式，较少受到外部权力的制约。

我国《刑事诉讼法》第 98 条规定："犯罪嫌疑人、被告人被羁押的案件，不能在本法规定的侦查羁押、审查起诉、一审、二审期限内办结的，对犯罪嫌疑人、被告人应当予以释放；需要继续查证、审理的，对犯罪嫌疑人、被告人可以取保候审或者监视居住。"若细析之，这其中有两大缺陷：一是只有"犯罪嫌疑人、被告人被羁押的案件"才有办案期限的限制。也就是说只有被追诉人处于羁押状态，那么对于追诉机关的案件办理才有办案时间规定。如果被追诉人没有被采取羁押性的强制措施，而是采取取保候审或者监视居住的非羁押性强制措施则即以措施时限为办案时限。二是刑事诉讼的办案期限没有独立性，实则是附随于强制措施的期限。按照一般法理而言，期限的独立性典型体现在期限计算的起点与终点的确定性。而办案期限的起算点在被追诉人被采取强制措施之时，同时办案期限的终点在强制措施法定期限终结之时。办案期限的一头一尾都附随于强制措施的期限。

这样的期限制度在刑事诉讼审前程序中会带来人身自由被剥夺状态的不确定性。任何法定事由的程序回溯，所带来的法律后果就是被追诉人羁押期限的延长。以审查起诉程序为例，普通刑事案件在审查起诉阶段如果具有补充侦查的情形，那么退回一次则附带增加了2个月15日的羁押期限——补充侦查1个月，再增加1个月审查起诉期限，重大、复杂的案件延长15日。这也是实践中以法定程序事由来“借时间”的做法禁而不绝的诱因所在。

基于上述分析，对于被追诉人而言，期限的延长、中止以及回溯实则都是对人身自由的处分。对此，应当赋予被追诉人以申诉与救济的权利，将期限的争议交由中立的司法机关予以审查、裁决方才符合正当程序的要求。而这点在实务中几乎处于空白与缺位的状态。这也直接影响到诉讼结构的科学设置。

第二节　权力属性视角下审前程序构造的分析①

在刑事诉讼审前程序中，各方权力犬牙交错。虽然侦查权的程序性控制已是通识，但是在构建刑事诉讼审前程序的构造中，如何摆正法律监督权的位置是理论的一个焦点与难点问题。多年来，学界对于检察机关的法律监督权在刑事诉讼审前程序中的角色定位进行了长期的探讨。一般认为，检察机关在诉讼过程中的控诉地位与其法律监督职能不符，会体现出强烈的控诉倾向，从而不适宜行使批捕权。但另一方面，检察机关作为法律监督机关本身应当具有客观公正的立场。于是“客观公正”与“控诉倾向”在文本与实践之间便有了无法调和的冲突。对此，应当强调指出：法律监督是限于两方主体之间不平等关系的监管与督促，是一种提出建议的权力，其本身是对实体处分权进行监督的权力，而不是“实行”的权力。同时，羁押是对人身自由最大限度的处分，对羁押的批准是对人身自由进行实体处分的表现。因而，这样的处分不能由法律监督权进行，只能由司法裁决处分。但是，在审判中心诉讼制度改革的浪潮下，检察监督权也不能完全在侦查构造中缺位。对于临时性

① 本标题项下内容引用了张益南：《羁押性强制措施诉讼构造新论》，中国政法大学2016年硕士学位论文，有删节、修改。

的人身自由处分措施以及强制性侦查行为的审查应该充分利用检察机关的监督权限为之。因此跳出法律文本的樊篱，在权力属性的视野下对我国刑事诉讼审前程序进行法理的思辨才更具有正本清源的意义。

一、法律监督无权实体处分

（一）法律监督权属性初探

检察机关的法律监督对实现法治、维护法律统一有重要作用。但是行使法律监督权是否就当然地能够对人身自由进行实体处分，也就是对羁押进行审查、批准？因此，有必要从语义和历史两方面对法律监督权有一个初步的界定。

第一，“法律监督”的文本解释。综合诸多学者的考究，对“监督”一词的语义理解先可以分别探讨“监”与“督”的内在含义，而后归纳统一理解。在字面意义上，“监”代表着监视、察看、临下的意思。[①]其中的监视与察看之意并不难理解，而其“临下”的解释就清楚地表明了“监”的双方关系的不平等性，亦即察看一方在事实地位上高于被察看的一方。而监督的另一半之“督”，意味着督导、督促、纠正，也就是“督”的内涵是在“监”的基础上发现了不法、不合规矩的行为，从而要求改正的意思。这里必须强调一点，即“要求改正”绝非自行为之、去从事该行为，其实质上更是一种提出建议、要求的行为。就“监”与“督”两者的字面意义而言，一般可以理解为：先有察看的行为，而后方能

① 《说文》中曰：“监，临下也。”参见（清）张玉书等编：《康熙字典》，王引之等校，上海古籍出版社1996年版，第803页。

发现问题从而要求纠正。[①]也就是说，“监”为“督”之前提与根据，而“督”为“监”之实现与追求，两者不可分离。由两者共同组构而成的“法律监督权”即是以观察纠正权为内涵与本质的法律权力。在英文语境下，“监督”一词也是由“super”和“vision”两个部分合构而成的“supervision”。这两个部分跟中文的语义有异曲同工之处。其“super”的“超级的、上等的”正好表示地位上的不平等性，而“vision”的“视觉、视野”也表达出察看的意思。综合来说，“supervision”在构词法意义上加以直译，即为居上方察看督导，与汉词同义表达了地位不平等的双方监视、察看的意思。

我国现行语境中对于检察机关的定位是“法律监督机关”，其权能是行使“法律监督权”。上文剖析了“监督”的书面语义，那么在语义上的“法律监督”如何理解？可以说，“法律监督”的概念是我国所独创的。[②] 虽然我国检察机关的法律监督地位是移植了苏联的体制安排，但是，在苏联的法律体系中也只是规定了检察机关的“一般监督职权”。虽然其在法律中通行惯用“监督”之语义，但并未将“法律”与“监督”连用，更无“法律监督”的概念。[③] 而在我国现行语境内对于“法律监督”的概念也并不明晰，主要有“一般监督说”“立法、执法、司法监督说”以及“诉讼监

---

① 在文明国家的社会生活中，监督成为人们有意识、有目的的社会活动，监督之总目的，被解释为提示督促、防止差错、纠正错误、治理国事和保持秩序。如《周礼·地官·乡师》称，通过监察，“遂治之”，汉郑玄注：“治，谓监督其事”；又如《诗·大雅·皇矣》：“监视四方，求民之莫。”《后汉书·荀彧传》中关于监督的记述更带有目的性：“古之遣将，上设监督之重，下建副二之任，所以尊严国命而鲜过者也。”参见汤唯、孙季萍：《法律监督论纲》，北京大学出版社 2001 年版，第 3 页。

② 在西方法律中，并不存在“法律监督”的概念。在《布莱克法律词典》《牛津法律指南》《元照英美法词典》《布莱克维尔政治学百科全书》等大型法律辞典书中，都没有“法律监督”的词条。

③ 张智辉：《检察权研究》，中国检察出版社 2007 年版，第 59 页。

督说”。[①]

第二，法律监督僭越实体处分的历史沿革。从历史的角度进行考量，我国古代设立监督者的角色定位，并行使司法处分权限的历史源远流长。在中国，秦朝首创监督职权的设置。[②]其在中央创设的御史大夫司监察制度中的御史便掌握着法律监督的权能。由于在中国古代行政权与司法权并未实现分离，在刑事诉讼构架中控诉职能与审判职能也并未两分，在这样的前提下，御史制度中的监督权和司法处分权自然就合归于同一主体。从这个角度来说，我国法律监督权行使实体处分权的传统也是自古有之的。

在新中国初创社会主义法律体系时，对于检察机关的配置以及检察理论都是以苏联为蓝本，将其作为专门的监督机关。[③]同样，批捕权限的设置也移植了苏联的规定，赋予了其在刑事诉讼中批准逮捕的权限。肇始于 1954 年的《逮捕拘留条例》中便设定了检察机关行使批捕权的规定。[④]随后，这样的职权设置在 1979 年、1996 年以及现行的刑事诉讼立法中得以延续。同时，国家对于检察机关行使批捕权的设定更是通过根本大法而明确规定。

由此可以得出，将检察机关定位为法律监督机关并行使批准逮捕羁押权限不仅在历史上源远流长，更直接地源于新中国时期的历

① 但在探讨的刑事诉讼审前羁押性强制措施诉讼构造的角度下，本书暂且将检察机关对侦查活动行使的法律监督权限于对逮捕的审查与批准层面进行探讨。

② 秦开帝制，在建设国家政权机关问题上，采取了“不袭上古、各行其职、分掌其责、互相制约”的原则。秦统一中国后，运用法律对各级机关和官吏制度实行了重大改革，在中央设立御史大夫司监察，负责察百官的失仪与违法，同时兼任审判长。御史制度中御史的职权兼有当今司法与监督的双重权能。中国封建时代的御史应该是最早明确行使法律监督权的主体。参见张晋藩主编：《中国法制史纲》，中国政法大学出版社 1985 年版，第 72 页。

③ 苏联检察制度中检察机关享有一般监督权、对刑事案件和民事案件法院审判的监督权、对侦查活动的监督权、对民警机关的监督权、对监所的监督权以及对在刑事案件中的检举公诉权。新中国对这些职权基本进行了移植。

④ 1954 年《逮捕拘留条例》第 3 条第 2 款规定：公安机关要求逮捕人犯的时候，由人民检察院批准。

史条件与时代因素。因此，要探讨检察机关能否行使批捕权如果单从检察机关的诉讼地位、追诉倾向等诉讼格局方面而言则略显无力。对此，仍然需要从根基方面进行探讨，去深刻剖析法律监督权的内涵、本质与行使的方式，这样方能厘清法律监督无权实体处分的立论。

（二）法律监督无权实体处分的四重论证

从国家权力安排上来讲，赋予检察机关职权的同时就决定了检察机关的职能与宪法地位。因此，可以简单地理解为，正是宪法赋予的法律监督职权决定了检察机关本身的性质不能为实体之处分。所以，法律监督权的属性界定应时刻与实体处分权限保持泾渭分明的立场。具体来说：

第一，规范权力的考量。在我国宏观的权力构架视野下，以依法治国方略为基点，可以大致将监督权限定位为：为保障法律的统一与正确实施，国家和社会对立法权、行政权以及司法权运行过程中的监视，并且需要对其运行过程中存在的不合法的行为进行督促以及对其合法行为的鼓励、支持的总称。这样监督的方式典型地表现为对各权力主体发布的决定、命令的合法性进行监督，其目的在于维护法律的正确、统一的创制与实施。①另外，法律监督权的内涵，即检察机关所负有的在法律实施过程中的监督责任，而其监督的对象就是对实体权利进行处分的各种法律行为的正确性。国家设立监督权的意义就在于监督权在实质上是一种建议和提请的权力，因此监督权限的设立对于其他权力的行使不至于产生妨害或导致大包大揽以架空其他权力。

如此大致粗略的界定，我们可以揭示出：法律监督在两方的监督关系中虽然具有自上而下的权威性，但必须认识到这样的监督是一种事后评判，而且这种监督不能直接干涉具体的立法、司法、行

① 洪浩：《检察权论》，武汉大学出版社2001年版，第110页。

政行为，而应当只是对其行为的合法性进行评判。[①] 从本质上看，法律监督权的性质就是两个主体之间的监督者对被监督者所行使的权力的一种制衡。这种权力实质上就是对于被监督者的不合法行为通过监视发现并督促其予以纠正而并不能越俎代庖自行去行使后者的权力。所以，对于法律监督权的界定必须时刻抓住主线：法律监督权在内涵上必须刨除进行实体处分的权力，在外延上也必须限定为检察、督促有关机关和人员自行纠正违法行为。而对于被监督者而言，出于对权力的尊重，被监督者应当对监督者的意见予以重视，并对自身原行为予以重新审查。但是，在此必须进一步强调：如果被监督者拒不纠正，法律监督机关只能提请有权机关去追究被监督者的责任，而始终不能超越权限自行为实体行为。由此及彼，在审前的羁押性强制措施的实施过程中，检察机关行使的法律监督权也同样具有如此的属性。具体来说，就是对于对人身自由进行处分的法律行为的监督：该行为是否合理行使、对于不合理行使的提出意见、该行为的法律实施者应当接受意见并作出纠正。

第二，实现方式的考量。法律监督的方式，从通常意义上说指监督者为了保障监督权能的正常运行，保证监督任务得以完成而在监督的过程中所采用的方式、方法。方式的应用应当符合目的的要求，而监督的基本目标具体来说就是了解被监督者的行为和活动，并对该行为作出是否符合法律规定的判断，在此基础上对不合法行为予以督促、建议改正。所以，法律监督的方式即监督主体对于被监督者的行为除采取抗议、建议、控告等措施外，还可以将违法的命令、决定予以撤销，对违法人给予纪律及刑事处分等。一般而言，法律监督方式总归有以下几类：一是，为监督而进行的前提性工作，也就是为了进行监督掌握被监督对象行使权力的情况。通常有检查、询问、接受控告、接受信访等活动。二是，进行监督的过程性工作，也就是通过之前的调查等准备活动，在对被监督者行使

① 洪浩：《检察权论》，武汉大学出版社 2001 年版，第 130 页、第 134 页。

权力了解情况的基础上，对其行为是否符合法律、规定进行判断与评价。这个过程中需要监督者的目光在“行为与法律规定之间来回流转”。三是，实现监督效果的评价性工作，这就是在评价效果的基础上进行一定处理，即对于合法、合规行为予以支持，同时对于不合法行为就要督促其纠正，或提请有权处理机关要求其纠正、惩戒、处分。①

通过上述的分析与界定可以认为实现监督目的的各种方式中其核心要义在于通过对实体处分所产生的法律效果的认可与否定，同时提出要求的权力。这可以折射出两点内容：一是，监督权本身具有客观中立的要求，只有客观中立了解被监督者的法律行为、法律后果以及法律规范依据，才能准确判断出其行为的合法合规性。二是，监督应当实现同实体处分的两分态势，即监督者对被监督者法律行为的检查、讯问、评价或者督促整改等诸多方式，都不能代替被监督者来从事实体处分。基于上述对于监督权的分析，可以认为在刑事诉讼审前程序中，检察机关的法律监督权可以在一定程度上承担起侦查权与辩护权之上的中立第三方地位。这也是下文所要论述的双重令状制度的构想，此处暂不赘述。同时，也应当指出，检察机关行使的法律监督权并不是一个终极性的权力，尤其在审前羁押性强制措施的实施过程中。在对人身自由进行处分的过程中，法律监督的权能应当限于建议和启动程序。具体来说，也就是对违法限制或剥夺人身自由的行为进行监督并建议其予以纠正，但这并非一种终局或实体的处理结果。在诉讼的进程中，如此情形是否能够得以纠正，其最终的实体处分权力仍然要由其他有权机关决定并予以处理。

第三，法律文本的考量。正如上文指出的，从刑事诉讼审前程序中国家权力安排上来讲，赋予检察机关权力的同时就决定了检察机关的职能与宪法地位。我国宪法明确了检察机关的监督者定位，

① 汤唯、孙季萍：《法律监督论纲》，北京大学出版社 2001 年版，第 75 页。

所以正是宪法赋予的法律监督职权决定了其所行使之权力为法律监督权。就具体的法律规定而言，在刑事司法领域，正如现行《刑事诉讼法》第 93 条规定检察机关进行监督的方式是“建议……”以及对其他机关的义务性规定为“将处理情况通知……”。对于检察机关所为之法律监督，《人民检察院刑事诉讼规则》也予以设专章规定。如若单就文本规定而言，可以发现法律对监督的方式有明确而详细的规定：“审查”“移送”“核实”“要求说明理由”“调查核实”“告知”“通知”等不含实体处分的法律行为。从上述规范来看，刑事诉讼法及相关司法解释对于法律监督行使的界定与实体处分之间仍然是做了一定的区分。在法律监督的行使过程中体现了法律监督权行使的单向性，是监督者对被监督者的监督与制约。在这个过程中，法律行为的更正与修改仍然需要由做出该行为的机关来执行，这同直接的实体处分存在根本的不同。从这点来说，法律监督权在刑事诉讼审前程序构造中需要体现作为与限制两个方面。一方面是对于侦查权、调查权需要有更大的作为，以监督者的身份将权力运行限于程序的框架之内。另一方面，正如上文所述，法律监督存在单向性的特质，因此，在实体处分的法律范畴内单向性的权力运行模式自然无法形成构造格局以及权利保障的运行机制。而且，在我国语境中确实也存在这样的一个现实困境：在刑事诉讼审前阶段，所有强制性处分被追诉方权益的刑事司法措施都是由具有追诉倾向的机关作出的。很显然，这与诉讼化内在要求相去甚远。因此，在诉讼构造的理念下，仍然需要研讨刑事诉讼审前程序中程序处分与实体处分、人身自由处分与财产权利处分之间的内涵与分野，从而厘定法律监督权的行使空间。

第四，国际公约的考量。诸多国际公约都明确指出在对人身自由权利等进行处分的过程中都需要有一个中立的第三方进行裁判。[①]而检察机关承担的法律监督职权本身不能进行处分。联合国对于检察官作用的相关公约也明确指出了检察官之职责应与司法职能严格分开，并将其职责限于公诉与监督之列。联合国《关于检察官作用的准则》规定了检察官在刑事诉讼中的职责是提起公诉、监督调查的合法性和监督法院判决的执行，同时，该准则第10条规定："检察官的职责应与司法职能严格分开。"这样的诉讼构造投射到刑事诉讼羁押性强制措施体系中就是限制、剥夺人身自由的刑事强制措施需要由不具有追诉倾向的裁判者行使，这是贯彻控审分离原则所要求的。而从法律监督权的本身内涵来看，法律监督行使的范围是在监督者和被监督者之间进行的，这个过程并不能形成三方的构造。所以法律监督的双方性并不适宜在构造中为处分行为。

二、司法权的裁判属性分析

司法权的内涵与特征向来是一个历久弥新的议题。在司法权属性的探讨中，始终要恪守司法权力的消极性、中立性、独立性、参与性、权威性以及终局性等性质特征。但是，关于特征的探讨仍然需要深入其本源属性来界定。司法权的特征来源于其判断的属性，而判断的根基应当是立足于实体处分的范畴。在实体处分的范畴内，"判断"才是存在的基本价值。否则，司法判断的属性就难以同法律监督的判断有所区别。法律监督无权实体处分，但在对羁押进行审查批准的过程中，检察机关行使的并非司法裁判性质的权

① 正如世界刑法学协会第十五届代表大会关于刑事诉讼中的人权问题的决议第5项规定：审前羁押必须根据法官命令才能实施。联合国《关于司法机关独立的基本原则》第2条规定："司法机关应不偏不倚、以事实为根据并依法律规定来裁决其所受理的案件，而不应有任何约束，也不应为任何直接间接不当影响、怂恿、压力、威胁或干涉所左右，不论其来自何方或出于何种理由。"所有这些规定都包含着要求裁判者独立与中立的理念。

能，而羁押是对人身自由的一种实质处分。也就是说，虽然检察机关的法律定性为司法机关，但是其在这个过程中行使的是法律监督权而并非司法裁决，同时审前羁押是对人身自由的实体处分。如此，方能导出检察机关的法律监督并无权为批准逮捕这一实体处分措施。

我国的检察机关在本质上还是被定位为司法机关。[①]但是这并不是必然就能够得出其法律行为的性质就是司法裁判性质的行为。国家机关的性质与该国家机关行使的权力的性质并不是一种等同的关系。应该说，国家机关的性质不应由该机关行使权力的属性来决定，而应由该机关所行使的基本职权来决定，由其在国家权力安排体系中所处的位置来决定。这主要就是源于并不是所有国家都严格实行权力间的纯粹分立，也没有哪个国家机关仅行使一种性质的全部权力。因此法律监督权的属性既不是由检察机关的法律性质决定，也不能仅仅从其部分特征上进行简单类比。

也就是说，检察机关的法律定位同检察机关所行使的监督职权并不存在直接关联。这点在国家机关的职权结构中并不罕见，如人民法院虽然是国家的司法机关，但其行使的如执行、立案等职权也并非司法权。同样，对于法律监督权的行使而言，仍然需要紧紧围绕监督权的内在核心要素，也就是上文所述无涉实体处分的“临下督察”之权。从刑事诉讼审前程序的角度而言，在现行刑事司法实践中，检察机关在羁押性强制措施的审查、批准过程中行使的仍然是法律监督职权，也就是通过审查、批准逮捕来监督侦查活动的合法性。所以，在这个过程中，检察机关的法律性质并未改变，其所为之权仍是监督而非判断，亦即通过监督以保障权力运行的规范性。同样，在侦查程序中，法律监督权也可以实现“以权限权”

---

① 我国《宪法》明确定位了全国人民代表大会是“权力机关”，国务院是“行政机关”。虽然宪法文本并未明确指出检察机关和人民法院为我国的司法机关，但是从基本的体系解释，也即从体例安排来看——检察院和法院被一起规定在第七节，因此，我国的检察机关在本质上还是被定位为司法机关。

的目的，也就是在三方构造主体中，通过受理辩护方的提出意见、申诉、控告等方式来对侦查权的运行予以监督，同时，对侦查机关的说明、反馈等方式审查监控权力运行机制。通过这样的模式，以实现权利保障与权力制约的功能。当然，在此仍然需要强调指出，虽然监督权为主体的限权模式在构造形式上同司法判断有一定的相同性，但其内在运行机制与核心权能方面仍然同司法权主体的诉讼构造有着根本的不同。

大致而言，司法权的本质是一种判断，也就是对于双方争议的事实以及法律适用的争议进行判断裁决的权力。[①]而所谓裁决，可以进一步定义为一种处分权或者具有能够进行实体处分意义的权力。也即是，裁判作为一种诉讼职能的内涵是第三方对冲突双方不同意见的考量与裁决。羁押是对人身自由这一实体状态进行实体处分的法律措施，因此应当要由法院进行裁判。对此，应当始终坚持在正确定位羁押的基础上，以权力正确划分为前提，从而构建羁押性强制措施的诉讼构造。可以说，司法权介入居中裁判对侦查权进行控制、保障被追诉方的合法权利以及平衡控辩双方的力量，以此维系羁押性强制措施诉讼构造都具有重大的意义。概而言之，这就要求司法权对羁押性强制措施的是否采用以及行使是否符合法律规定进行审查，同时要在一个中立的顶点位置对控辩双方的法律意见进行判断。也就是说，侦查机关在侦查过程中，收集到充分的证据并认为为了保障诉讼的顺利进行而需要予以羁押的，向检察机关提出提请批准羁押申请。检察机关对此申请先行予以审查，对于符合证据标准、法律标准且确有羁押必要的则向法院提出启动羁押审查的建议，由法院开庭审理并通知辩护人、被告人参与，并在这样一个诉讼构造中当庭裁判是否需要羁押。对此，下文将予以详细阐

① 虽然司法权的内涵向来是一个历久弥新的论题，不仅在宏观构架中的司法权难以有精确的定义，甚至就是在刑事司法领域刑事司法裁判权也有各方观点。因此，本书取其核心大致做如此表达。

述，此不赘述。

三、司法、司法机关的中国式解读

（一）权力机制的基本分析

防止权力滥用的最佳路径就是以权力制约权力，实现权力的监督与制衡。其首要任务就是对权力进行分离，并且在权力主体之间建立互相牵制的关系。具体到刑事诉讼审前程序中，就是将侦查权的决定权能与执行权能分立，分属于不同主体互相牵制。侦查机关的强制性侦查行为，需要向掌握决定权的司法机关申请得到司法令状后，才可以具体实施，使得侦查权的运行不至于僭越程序的束缚。就我国实际情况而言，对侦查阶段的控权如果全部交由法院并不具有现实可行性。由法院作为司法审查的决定主体，对强制侦查行为进行司法控制的做法，就意味着国家权力体系的调整，或者新的审查机构或者部门的建立，这将会对我国当前的司法体制以及权力结构产生较大的影响。①而且，目前的审判机制及配套制度无法实现法官独立。如若贸然引进，那么法官不中立则将导致更为严重的后果。因此在短期之内，实行全局性改革的条件有欠成熟。② 本书认为，可以具体分析侦查行为的强制属性，划分不同类别的侦查行为，从而建立一种具有双层审查机制的司法令状制度。

从检察院的角度而言，一方面，检察院在中国作为法律监督机关的宪法定位不能全然抛弃。我国检察机关仍然具有相对的独立性，检察院多年来一直是审查批捕机关且担负着侦查监督的责任，这样的司法实践所积累的法律经验是值得加以利用的。中国检察机关的侦查监督权同样体现“以权限权”的理念，其可以为令状制度提供有益的补充。

---

① 客观地分析，目前的司法实践并未体现出进行这一改革的迫切需要，而且法院目前的司法环境、法院系统内部自身的法治化进程尚未完成，法官的法律素养与人格操守以及对此的调控机制均无法与法治国家的现存状况进行简单的对接。

② 但伟、姜涛：《侦查监督制度研究》，载《中国法学》2003 年第 2 期。

另一方面，检察官的客观义务有明确的立法根基，符合我国的司法实践，并且在我国理论界与实务部门也有较高的认同感。一是，检察机关多年以来在刑事司法实践中已经积累了一套行之有效的监督“经验法则”。特别是监察体制改革后，检察机关更注重法律监督方式的创新与改进，从而能够更有实效地监督侦查权的规范行使。另外，从法院的角度来看，如果贸然将如此庞大的工程全然交付，在现行制度下，无疑是向其施加了过大的压力。与其不切实际地冒进，不如守正创新检察监督模式。通过加强检察机关的司法审查义务，保证其享有“带牙齿”的侦查监督，可以更好地补充现阶段的缺陷。二是，从权利属性的角度分析，检察机关的侦查监督与被追诉人的权利保障之间并非对立冲突的关系，强化检察机关的司法审查可以遏制侦查权的滥用，其主要目的也在于对权利的保障，因此二者能够在诉讼中共生共存。

综上，建立符合国情的双层令状制度应有两个层次：一是以检察机关为主体的检察令状制度，由检察机关对侦查机关的强制性侦查行为进行审查，确定是否可以实施并签发令状，侦查机关必须在获得检察令状之后才可以执行强制性的侦查行为。当然，侦查机关在紧急状况下也可以不经检察机关批准采取临时性的强制性侦查措施，但在紧急状况消失后，应当立即报请检察机关审查并补充令状。如果经审查认为采取的强制性侦查措施不当的，侦查机关应当立即解除。二是由法院签发的司法令状制度。一般而言，对于时间较短的强制性侦查行为，例如搜查、查封、扣押等可以由检察机关通过令状制度进行审查。但涉及可能长期限制人身自由和其他宪法性权利的侦查措施，例如逮捕后羁押等，就应当坚持由法院行使决定权，如上措施必须经过法院签发令状的方式批准，实行严格意义上的司法保留。

（二）双重令状制度运行的若干思路

侦查阶段的司法审查制度，笔者认为可以通过上述的“双重令状制度”予以实现。法院决定是否批准采取严重的强制性侦查行为，同时在厘清检察监督权属性的基础上，引入检察令状制度与司法令状制度共同配合，强化对侦查活动的事中约束，并明确违反诉讼程序的侦查行为可能产生的消极后果。一方面，就羁押措施而言，侦查机关在侦查过程中，收集到充分的证据并认为为了保障诉讼的顺利进行而需要予以羁押的，向检察机关提出批准羁押申请。检察机关对此申请先行予以审查，对于符合证据标准、法律标准且确有羁押必要的则向法院提出启动羁押审查的建议，由法院开庭审理羁押性强制措施是否采用以及符合法律规定。同时，法院应当通知辩护人、被告人参与，并在这样一个诉讼构造中当庭裁判是否需要羁押。另一方面，对侦查机关办案人员进行专业的培训，并强化检察机关对侦查权行使的内部控制，由此弥补法院事前、事中审查可能存在的缺漏。

第三节　刑事诉讼审前程序诉讼构造纲要

刑事诉讼审前程序的诉讼化改造契合了当前我国以审判为中心的改革发展需要。审查程序的诉讼化要求将审判阶段的标准引入审前程序当中，由法院提前介入审前程序中进行裁决，建立完备的司法审查机制，对审前的侦查行为进行司法控制，实现刑事审判与审前相统一的司法标准。

一、刑事诉讼现代化对审前构造的基本要求

以犯罪控制与权利保障，兼具程序公正与实体公正以及司法效率的价值考量为基础，我国刑事诉讼审前程序中的诉讼化应当首先围绕对被追诉人以及其他诉讼参与人的宪法性权利如人身、财产以及隐私等基础性权利保障进行合理化建构。因此，在审前阶段，涉及被追诉人及其他诉讼参与人包括社会公众的人身自由、财产权利等限制与剥夺强制性侦查行为、手段或者审查起诉的程序性判断，都应当通过司法审查的形式进行控制。但具体是适用侦控系统的

“准诉讼化”模式，还是实行控审系统的“诉讼化”模式，可以根据对人身与财产的限制程度以及影响大小具体判断，同时兼顾犯罪控制与诉讼效率等因素的现实考虑。

二、国家公权力的运行与规范

刑事司法运行机制的国家公权力，主要是指侦、控、审三机关的权能，国家公权力的运行与规范主要强调的是公、检、法三机关的相互关系。而研讨的重点应当建立在对刑事司法制度的重新审视之上，明确司法的自身定位，即审判才是司法的重心所在。目前，我国刑事司法改革的重要内容，就是对过去侦、控、审三机关职能进行反思，重新定位刑事司法体系中权力运行的基本逻辑。司法制度的本身目的与价值，在于通过诉讼达到定分止争、秩序维持与实现社会公平正义，而实现途径就是通过三方在场的审判方式。在审判之前的一系列调查、控诉活动，都是为审判正常运行而服务的，这是刑事诉讼的基本司法功能。因此，应当纠正当前在司法实务中存在的错误认识，即刑事诉讼的主要目的就是惩罚犯罪，维护统治阶级的秩序与利益。在我国的刑事司法改革进程中，应当理性认识刑事诉讼的司法功能，保证司法功能与司法价值的全面实现。

三、辩护权的强化与程序保障①

（一）刑事辩护法律援助的困境

从刑事诉讼审前程序的发展历程来看，辩护的权利一直是诉讼构造中弱小的一极。从实践来看，要提高辩护权在刑事诉讼审前程序中的作用与空间，在很大程度上需要依靠刑事辩护法律援助的推进。但就我国刑事辩护法律援助的实践来看，不仅存在覆盖范围小、辩护质量差等诸多难题，而且我国刑事辩护法律援助的质量不

① 本标题项下内容引用了陈光中、张益南：《推进刑事辩护法律援助全覆盖问题之探讨》，载《法学杂志》2018 年第 3 期。

高，其中一个最重要的原因就在于我国长期以来法律援助的财政投入不足。诚然，近年来我国每年法律援助的经费总额在不断增长：2011 年法律援助经费总额约为 12.77 亿元，增幅为 24.9%；2012 年法律援助经费总额约为 14.03 亿元，增幅为 9.9%；2013 年法律援助经费总额约为 16.29 亿元，增幅为 16.1%；2014 年法律援助经费总额约为 17 亿元，增幅为 4.6%。[①]但这样的增幅仍无法满足法律援助服务的需求。同法治发达国家和地区相比，我国在法律援助方面的财政投入所占的比例相当低。据学者统计，这些国家和地区，法律援助经费在财政支出中所占的比例一般在 1%~0.1%，而我国法律援助经费仅占财政收入的 0.0011%~0.0122%。这一比例仅仅是日本的十分之一，丹麦的五十分之一，英国、荷兰等国家的百分之一。[②]

（二）我国刑事法律援助的沿革

现代意义的刑事法律援助制度起源于西方，我国的刑事辩护法律援助制度初见于清末修律时期，继承发展于民国时期。[③]

中华人民共和国成立后，刑事辩护法律援助制度重新创建并在曲折中发展。1954 年《宪法》规定了“被告人有权获得辩护”，同年颁布的《人民法院组织法》第 7 条规定：……人民法院认为必要的时候，也可以指定辩护人为他辩护。该规定落实了宪法规定，形成了我国刑事辩护法律援助制度的雏形。随后，1956 年司法部颁布的《律师收费暂行办法》等文件进一步明确了法律援助

① 参见中国法律援助网：http://www.chinalegalaid.gov.cn/China_legalaid/node_40884.htm，最后访问时间：2017 年 11 月 1 日。

② 同时，我国法律援助的资金投入还存在办案经费与管理经费分配不合理、刑事法律援助经费与民事法律援助经费分配不合理的问题。参见陈永生：《刑事法律援助的中国问题与域外经验》，载《比较法研究》2014 年第 1 期。

③ 参见吴宏耀、种松志主编：《中国刑事诉讼法典百年》（上册），中国政法大学出版社 2012 年版，第 10 页、第 77 页、第 175 页、第 299 页、第 396 页。

减免费用的具体案件范围。[①] 1979 年我国制定的第一部《刑事诉讼法》中第 27 条明确规定了指定辩护，确认了新中国成立以来刑事辩护法律援助实践的发展成果。[②] 1996 年我国对《刑事诉讼法》做了重大修改，首次在立法中正式使用“法律援助”的称谓，并扩大了刑事辩护法律援助的范围。[③]随后，2003 年制定了《法律援助条例》，这标志着我国系统的法律援助制度正式建立。

2012 年修订的《刑事诉讼法》对法律援助制度做了完善，并成为现行刑事辩护法律援助制度的主体内容。相较于 1996 年刑事诉讼法的规定，2012 年刑事诉讼法对刑事辩护法律援助制度所做的修改主要表现在以下四个方面：第一，案件适用范围有所扩大。2012 年《刑事诉讼法》在原有规定的“盲聋哑人、未成年人、可能被判处死刑的人”这三种情况的基础上，再扩大规定了“尚未完全丧失辨认或控制自己行为能力的精神病人、可能被判处无期徒刑的案件”两类案件。这样可以将实践中更多需要法律援助的对象纳入法定援助的范围。第二，适用程序提前到侦查阶段。按照 1996 年《刑事诉讼法》的规定，被告人获得法律援助只在审判阶段才能实现，这使得被告人在审前的基本权利保障无从谈起。针对

---

① 1956 年《律师收费暂行办法》第 5 条：律师给予机关、企业、团体以法律帮助的，可根据顾问处与机关、企业、团体所订立的契约收取费用。第 6 条：有下列情形之一者，律师应免费给予法律帮助：（一）关于因生产事故致受损伤请求赔偿的案件；（二）关于请求赡养费或抚育费的案件；（三）关于请求抚恤金的案件；（四）关于当事人请求法律帮助给予口头解答的事件，但关于对具体涉讼案件提供口头意见的除外；（五）经证明当事人确属经济困难，无力负担的。

② 1979 年《刑事诉讼法》第 27 条：公诉人出庭公诉的案件，被告人没有委托辩护人的，人民法院可以为他指定辩护人。被告人是聋、哑或者未成年人而没有委托辩护人的，人民法院应当为他指定辩护人。

③ 其中第 34 条明确规定：公诉人出庭公诉的案件，被告人因经济困难或者其他原因没有委托辩护人的，人民法院可以指定承担法律援助义务的律师为其提供辩护。被告人是盲、聋、哑或者未成年人而没有委托辩护人的，人民法院应当指定承担法律援助义务的律师为其提供辩护。被告人可能被判处死刑而没有委托辩护人的，人民法院应当指定承担法律援助义务的律师为其提供辩护。

这点，2012 年刑事诉讼法在获得法律援助的主体上添加了“犯罪嫌疑人”，并在指定辩护的主体上对应添加“公安机关、人民检察院”。这样在侦查阶段与审查起诉阶段就可以提供法律援助，对犯罪嫌疑人、被告人的权利保障在程序上更为周全。第三，调整了法律援助的方式。原来规定的法律援助方式是人民法院直接指定，2012 年刑事诉讼法更改为“人民法院、人民检察院和公安机关应当通知法律援助机构指派律师为其提供辩护”的方式来提供法律援助。这就使得对指定辩护的认定条件更加准确以及规范。第四，增加规定犯罪嫌疑人、被告人的申请权。犯罪嫌疑人、被告人因经济困难或者其他原因没有委托辩护人的，本人及其近亲属可以向法律援助机构提出申请。对符合法律援助条件的，法律援助机构应当指派律师提供辩护。2013 年 2 月，为贯彻实施修改后刑事诉讼法有关法律援助的规定，加强和规范刑事法律援助工作，最高人民法院、最高人民检察院、公安部、司法部对 2005 年印发的《关于刑事诉讼法律援助工作的规定》进行了修改，并对刑事诉讼法规定的法律援助工作进行了具体的程序规定，加强了实践中法律援助的可操作性。至此，我国的法律援助制度已经获得了阶段性的成就，但是还不能满足司法实践与社会民众的需求。

（三）党的十八大后刑事辩护法律援助的新发展

中国共产党第十八次全国代表大会提出要“全面推进依法治国……进一步深化司法体制改革”。党的十八届四中全会作出的《中共中央关于全面推进依法治国若干重大问题的决定》进一步具体提出“完善法律援助制度，扩大法律援助范围，健全司法救助体系”。为了贯彻党的十八届四中全会的精神，刑事辩护法律援助制度在以下两个节点上得到了进一步的发展与完善：

1.《关于完善法律援助制度的意见》（以下简称“两办意见”）的新发展

2015 年 6 月，中共中央办公厅、国务院办公厅印发了“两办意见”。“两办意见”明确地提出其宗旨是以人为本，促进社会公平正义以及推进改革创新，并在全局部署上从“扩大法律援助范围、提高法律援助质量、提高法律援助保障能力、加强组织领导”四个方面着手来完善和发展法律援助制度。同时，“两办意见”提出了14点具体要求，从刑事辩护法律援助的角度来看，有以下几点值得特别注意：

首先，进一步扩大法律援助范围，实现法律援助咨询服务全覆盖。第一，建立法律援助值班律师制度，法律援助机构在法院、看守所派驻法律援助值班律师。同时，“两办意见”提出要实现法律援助咨询服务全覆盖，即通过多种形式大力推广法律咨询服务与法院、看守所的值班律师法律帮助相结合来实现法律咨询服务的全覆盖。虽然值班律师法律帮助不具备刑事辩护法律援助的职能，但对加强权利保障也有一定的现实意义。第二，健全法律援助参与刑事案件速裁程序试点工作机制。由于速裁程序对效率的重视而极有可能发生侵害人权的做法，因此对其加强法律援助是对人权保障的重视。第三，建立法律援助参与刑事和解、死刑复核案件办理工作机制，依法为更多的刑事诉讼当事人提供法律援助。目前，我国法律法规并未规定死刑复核阶段的法律援助，这次“两办意见”提出要扩大到死刑复核程序具有填补空白的意义。

其次，进一步完善法律援助的评价标准体系。目前，我国对于法律援助质量的评价体系没有建立。对此，“两办意见”提出一是推进法律援助标准化建设；二是加强法律援助质量管理。总的来说，其思路即是从事先的规范审查、资质准入、指派机制到事中的执业规范、质量监督再到事后的投诉反馈、标准评价体系以及实行办案质量与办案补贴挂钩的差别案件补贴制度。

最后，提高法律援助的保障能力。科学合理的保障机制是法律援助能够有效运行的基础，对此“两办意见”提出了两方面的构想：一方面是经费保障，即中央财政要引导地方特别是中西部地区加大对法律援助经费的投入力度。省级财政要为法律援助提供经费支持，市、县级财政将法律援助经费全部纳入同级财政预算，同时提高办案补贴标准，拓宽资金来源渠道。另一方面是人员保障，即进一步实行法律援助部分人员的专门化、职业化，专门法律援助与兼职法律援助队伍相结合。

“两办意见”对相关部门贯彻实施刑事法律援助具有重要指导意义。为此，应该把意见的精神转化为相关规章制度、法律解释和立法修改内容，才能真正落到实处。2017 年 2 月 27 日司法部、财政部印发了《关于律师开展法律援助工作的意见》以具体推进法律援助工作。2017 年 8 月 29 日最高人民法院、最高人民检察院、公安部、国家安全部、司法部联合出台《关于开展法律援助值班律师工作的意见》，专门就值班律师制度加以具体规定。根据其规定，没有辩护人的犯罪嫌疑人、刑事被告人应当由值班律师提供法律帮助。对于值班律师的职权，第 2 条予以了明确规定。法律援助值班律师应当依法履行下列工作职责：（一）解答法律咨询。（二）引导和帮助犯罪嫌疑人、刑事被告人及其近亲属申请法律援助，转交申请材料。（三）在认罪认罚从宽制度改革试点中，为自愿认罪认罚的犯罪嫌疑人、刑事被告人提供法律咨询、程序选择、申请变更强制措施等法律帮助，对检察机关定罪量刑建议提出意见，犯罪嫌疑人签署认罪认罚具结书应当有值班律师在场。（四）对刑讯逼供、非法取证情形代理申诉、控告。（五）承办法律援助机构交办的其他任务。法律援助值班律师不提供出庭辩护服务。符合法律援助条件的犯罪嫌疑人、刑事被告人，可以依申请或通知由法律援助机构为其指派律师提供辩护。根据上述规定，值班律师的具体职责就是为犯罪嫌疑人、刑事被告人提供法律咨询、程序选择、申请变更强制措施等法律帮助以及在认罪认罚案件中对检察机关定罪量刑建议提供咨询并在场见证犯罪嫌疑人签署认罪认罚具结书。客观而言，通过值班律师制度来进一步完善法律援助制度，对被追诉人的权利保障确实起到了一定的作用，但是值班律师不同于辩护律师，其不享有阅卷、取证以及出庭辩护等核心的辩护职权。可见，值班律师法律帮助与刑事辩护法律援助具有性质上的不同，法律帮助对被追诉人权利保障的力度是比较有限的。

2.《关于开展刑事案件律师辩护全覆盖试点工作的办法》（以下简称“试点办法”）的新突破

第一，扩大了案件的适用范围。我国刑事诉讼法规定了四种指定辩护情形，“试点办法”突破了过去范围过窄的限制，根据其第2条的规定对现行刑事诉讼法规定的应当指定辩护的范围有所扩大，即将指定辩护扩大到了所有按照普通程序审理的刑事案件。[①]同时按照“试点办法”规定，在审判阶段适用简易程序、速裁程序，都可以得到法律帮助，并且针对不同的程序适用不同的援助方式。这样普通程序的法律辩护加上简易程序、速裁程序的法律帮助，从而实现审判阶段对所有刑事案件的法律援助全覆盖。就法律援助而言，这是权利保障的新发展，具有突破性的意义。

第二，细化了法律援助机构与法院之间的衔接程序。提高律师辩护积极性离不开司法机关的支持，辩审关系的和谐、渠道的畅通对辩护律师更好地履行辩护职责有重要作用。首先，在“试点办法”中第3条到第6条对法律援助机构与法院之间的衔接从通知程序、时间要求、文书记载事项到移送、拒绝援助辩护的法律后果等都进行了细化的规定。值得一提的是，对辩护意见的效力问题过去缺少法律明确规定，导致司法实践中存在辩护意见得不到法官尊重的现象，此次“试点办法”第18条规定，对于不采纳律师辩护意见的应当予以针对性的分析说理。这就在技术规范层面强化了辩护意见的作用，保证律师的辩护价值得以充分体现。其次，完善权利救济机制。对于律师投诉，从受理部门、受理程序及处理结果等方面进行了更为细致的规定，这就使得在实践中的可操作性更强。

第三，完善了对援助律师的权利保障。“试点办法”明确规定

① 其他适用普通程序审理的一审案件、二审案件、按照审判监督程序审理的案件，被告人没有委托辩护人的，人民法院应当通知法律援助机构指派律师为其提供辩护。适用简易程序、速裁程序审理的案件，被告人没有辩护人的，人民法院应当通知法律援助机构派驻的值班律师为其提供法律帮助。

了律师执业的相关管理。[①]而且在有的问题上，“试点办法”对权利保障作了更为细化的规定。如辩护律师提出阅卷要求的，人民法院应当当时安排辩护律师阅卷，无法当时安排的，应当向辩护律师说明原因并在无法阅卷的事由消除后三个工作日以内安排阅卷，不得限制辩护律师合理的阅卷次数和时间。另外，“试点办法”还明确了权利救济的途径，完善了律师权利救济机制，有助于权利的顺利实现。以上这些规定使得律师的权利保障得到了加强，提高了律师辩护的积极性，有助于律师辩护职能的充分发挥。

第四，加强对全覆盖援助的保障措施建设。首先，“试点办法”专门提出经费问题的处理意见：“有条件的地方可以开展政府购买法律援助服务”“探索实行由法律援助受援人分担部分法律援助费用”。其次，设立律师奖惩机制，“试点办法”提出推荐优秀刑事辩护律师公开选拔为立法工作者、法官、检察官，建立律师开展刑事辩护业务激励机制，充分调动律师参与刑事辩护工作的积极性。最后，对律师的职业素养方面提出了具体的要求，由司法行政机关与律师协会共同承担对律师执业的指导监督，人民法院享有建议权，促使法律援助律师依法履行职责。

总的来说，“试点办法”推进为更多的犯罪嫌疑人、被告人提供辩护，同时从衔接程序、律师权利以及保障措施方面同步进行了完善，这对加强我国人权司法保障具有较大的进步意义。

（四）进一步加强刑事辩护法律援助的探讨

“两办意见”对完善我国法律援助制度提出了指导性的要求，随后颁布的“试点办法”对审判程序刑事辩护法律援助范围的扩大有了新突破。但是总体来说，目前刑事辩护法律援助尚没有达到应有的广度和深度，同保证司法公正、满足人民需求还有相当的距离。因此，为完善我国刑事辩护法律援助制度，努力实现刑事辩护

---

① 人民法院应当依法保障辩护律师的知情权、申请权、申诉权，以及会见、阅卷、收集证据和发问、质证、辩护等方面的执业权利。

法律援助全覆盖，推进刑事司法的公平正义，笔者认为需要着重解决以下几方面问题：

1. 加快推进刑事辩护法律援助的全覆盖

我国的刑事法律辩护率一直是处于“总量少、比例低”的状态，在“试点办法”实施以前，我国的刑事辩护率仅在20%～30%。“试点办法”将辩护推进至全部适用普通程序审理的案件，在一定程度上提高了辩护率，但就人权刑事司法保障的力度而言仍是不足的。因为，在全部刑事案件中，适用简易程序审理的案件大约占有三分之二，对于这些案件，仅仅是提供“法律帮助”而不是刑事辩护，这是十分值得研究的问题。我们认为，适用简易程序的案件也有必要提供刑事辩护法律援助，其理由如下：

根据我国《刑事诉讼法》第208条的规定，基层人民法院管辖的案件，符合下列条件的，可以适用简易程序审判：（一）案件事实清楚、证据充分的；（二）被告人承认自己所犯罪行，对指控的犯罪事实没有异议的；（三）被告人对适用简易程序没有异议的。由该条规定，可见：其一，对适用简易程序的案件虽限于基层人民法院管辖，但是其适用的刑期最高可达可能判处有期徒刑15年（在数罪并罚情况下可达20年）。对于可能判处如此严重刑罚的案件，就算被告人认罪且同意适用简易程序，仍然需要审慎对待，有必要对其提供辩护法律援助。其二，简易程序的适用需满足“案件事实清楚、证据确实充分”的条件，但这个标准在审查起诉阶段和审判阶段分别由检察院与法院掌控，在犯罪嫌疑人、被告人不享有阅卷权的情况下，其本身对此证明标准无法把握。只有在辩护律师的介入下才能协助他做出正确的判断。其三，虽然“被告人承认自己所犯罪行”，但对于检察院起诉的罪名是否正确以及如何量刑，如果犯罪嫌疑人、被告人没有具有专业知识的辩护律师提供帮助，是难以准确加以评判的，因而无法取得最大限度从宽处罚的效果。另外，根据《刑事诉讼法》第210条规定：适用简易程序审理公诉案件，人民检察院应当派员出席法庭。据此，从控辩平等的角度而言，简易程序的案件也必须有辩护人出庭。

再就认罪认罚从宽制度的改革情况来看，根据“两院三部”印发的《关于在部分地区开展刑事案件认罪认罚从宽制度试点工作的办法》的规定，对于认罪认罚的案件基本上是适用简易程序审理的。①也就是说，在认罪认罚案件中除了少量案件有聘请的辩护律师以外，大部分的案件是没有刑事辩护法律援助的。对于认罪认罚案件，即便有值班律师的帮助，对维护被追诉人的合法权益也是难以满足的。在司法实践中一般是检察机关在审查起诉阶段根据案情提出量刑建议，并与犯罪嫌疑人进行量刑协商。犯罪嫌疑人往往缺乏相应的法律知识，难以判断量刑协商的合理性，如果律师的援助不到位将直接导致其权益受损。而值班律师只负责提供法律咨询，其既没有阅卷等重要辩护职权，更不能直接代表犯罪嫌疑人、被告人同检察官、法官来协商。因而，这种阶段化、碎片化的法律帮助不仅效果欠佳，而且往往导致值班律师角色的“见证人”化。所谓“见证人”化，就是指在认罪协商程序中，值班律师的功能较为消极被动而没有起到关键性的帮助作用，更多的是在签署认罪认罚具结书时起见证作用。因此，在认罪认罚案件中，必须以辩护人取代值班律师，切实做到维护犯罪嫌疑人、被告人的合法权益。

尽管从应然角度而言，对于刑事辩护的法律援助应当全部适用于简易程序审理的案件中。但是，刑事辩护法律援助的发展要与社会政治经济发展条件相适应，因此从中国现实出发，刑事辩护法律援助的推进可以采取“两步走”的方式：第一步，在下次刑事诉

---

① 《关于在部分地区开展刑事案件认罪认罚从宽制度试点工作的办法》第 16 条：对于基层人民法院管辖的可能判处三年有期徒刑以下刑罚的案件，事实清楚、证据充分，当事人对适用法律没有争议，被告人认罪认罚并同意适用速裁程序的，可以适用速裁程序，由审判员独任审判，送达期限不受刑事诉讼法规定的限制，不进行法庭调查、法庭辩论，当庭宣判，但在判决宣告前应当听取被告人的最后陈述。第 18 条：对于基层人民法院管辖的可能判处三年有期徒刑以上刑罚的案件，被告人认罪认罚的，可以依法适用简易程序审判，在判决宣告前应当听取被告人的最后陈述，一般应当当庭宣判。

讼法的修改过程中建议规定，对于可能判处 3 年有期徒刑以上刑罚的案件，应当对其提供刑事辩护法律援助。从刑法理论来说，一般认为将法定最低刑为 3 年以上有期徒刑的犯罪视为重罪，其他犯罪视为轻罪。①作为重罪来说，应该有辩护律师的介入。考虑到部分落后贫困地区以此为标准具有实际困难，我们也可以对这些地区的标准放宽为 5 年有期徒刑以上。第二步，在未来条件成熟时再进一步推广至可能判处有期徒刑以上刑罚的案件，从而建立全覆盖的刑事辩护法律援助体系，全面提升人权保障的水平。

在现阶段规定“可能判处 3 年有期徒刑以上刑罚的案件应当提供刑事辩护法律援助”尽管跨度比较大，但其实现并非可望而不可即。有关统计数据表明，我国刑事案件判处 3 年有期徒刑以下的占 80%左右。②而在约 20%的比例中，还有一部分是自行委托辩护人，实际上需要予以提供刑事辩护法律援助的仅有百分之十几。同时，浙江省在 2015 年就已经推行“基层人民法院审理的一审刑事案件，被告人经济困难且可能被判处 3 年以上有期徒刑”的案件可以为其提供刑事辩护的法律援助。③可以预见我国在三五年以后，

---

① 张明楷：《刑法学》，法律出版社 2011 年版，第 94 页。

② 据统计，2012 年，全国法院判处 3 年有期徒刑以下刑罚 900021 人，占生效判决人数的 76.65%；2013 年 934011 人，占 80.61%；2014 年 980004 人，占 82.73%。参见刘洪庆、魏婧：《全国法院判处三年有期徒刑及拘役以下刑罚人数逐年递增》，http://news.china.com.cn/txt/2015-11/02/content_36958074.htm，最后访问时间：2017 年 12 月 23 日。

③ 浙江省高级人民法院、浙江省人民检察院、浙江省公安厅、浙江省司法厅颁布的《关于加强和规范刑事法律援助工作的意见》第五点：具有下列情形之一，犯罪嫌疑人、被告人没有委托辩护人，本人又提出法律援助申请的，人民法院、人民检察院可以商请法律援助机构指派律师为其提供辩护：（一）有证据证明犯罪嫌疑人、被告人认知能力较差的；（二）共同犯罪案件中，其他犯罪嫌疑人、被告人已委托辩护人的；（三）案件有重大社会影响或者社会公众高度关注的；（四）犯罪嫌疑人、被告人作无罪辩解或其行为可能不构成犯罪的；（五）人民法院认为起诉意见和移送的案件证据材料可能影响正确定罪量刑的；（六）基层人民法院审理的一审刑事案件，被告人经济困难且可能被判处 3 年以上有期徒刑的；（七）中级人民法院审理的一审刑事案件；（八）人民检察院抗诉的案件；（九）其他需要商请法律援助机构指派律师提供辩护的情形。

国家的财政实力不断增强、律师队伍逐年壮大，更足以承担这样的改革重任。党的十九大报告指出：从现在到 2020 年，是全面建成小康社会决胜期。在此期间要更加注意满足人民的需求，从司法的角度来说，一个重要的内容就是更加注重满足被追诉人享有辩护权的需求。

从外国经验来看，可能判处 3 年以上有期徒刑是世界法治国家和地区提供辩护法律援助的最低标准。比如，在美国，公民享受免费刑事法律援助的标准通常放得很宽，任何人只要出不起律师费都可得到刑事法律援助。①加拿大也有类似规定：如果被告人没有经济能力聘请律师的话，通常都会得到免费的法律援助。②德国的法律规定，一般对最低刑为 1 年或 1 年以上自由刑的重罪案件必须有辩护人参加诉讼为其提供法律援助。③在日本，其指定法律援助的刑罚起点为“最高刑期超过 3 年的惩役或监禁的案件”。④韩国规定了法院依职权选任辩护人的情况，其中即有“属于以辩护为公审前提之必要条件的案件，即死刑、无期或者最低刑期 3 年以上惩役或监禁的案件”。⑤回观我国民国时期，北洋政府和南京政府就已经

---

① 宫晓冰：《美国法律援助制度简介》，载《中国司法》2005 年第 10 期。

② 宋英辉、孙长永等：《外国刑事诉讼法》，北京大学出版社 2011 年版，第 162 页。

③ 德国《刑事诉讼法》第 140 条规定：1. 符合下列情形的，须有辩护人参加诉讼：……（2）犯罪嫌疑人被指控重罪的；……参见《世界各国刑事诉讼法》编辑委员会：《世界各国刑事诉讼法》（欧洲卷·上），中国检察出版社 2016 年版，第 282 页。而对于犯罪嫌疑人被指控重罪的情形，按其刑法理论可以认为是一年有期徒刑。参见［德］克劳思-罗科信：《刑事诉讼法》，吴丽琪译，法律出版社 2003 年版，第 175 页。

④ 《日本刑事诉讼法》第 289 条：在审理相当于死刑、无期惩役或无期监禁以及最高刑期超过 3 年的惩役或监禁的案件时，如果没有辩护人到场，不得开庭。在没有辩护人到场不得开庭的场合，辩护人不到或者没有辩护人时，审判长应当依职权选任辩护人。参见《世界各国刑事诉讼法》编辑委员会：《世界各国刑事诉讼法》（亚洲卷），中国检察出版社 2016 年版，第 343 页。

⑤ 宋英辉、孙长永等：《外国刑事诉讼法》，北京大学出版社 2011 年版，第 162 页。

规定对于可能判处3年、5年有期徒刑的案件应当为其指定辩护法律援助。[①]现今我国台湾地区则规定“最轻本刑为3年以上有期徒刑……于审判中未经选人辩护人者，审判长应指定公设辩护人为其辩护”。[②]由此可见世界上法治国家或地区的刑事法律援助以可能判处3年有期徒刑作为最低标准，如果我们不做这样的规定，就滞后于刑事辩护法律援助的国际通例。

最后，需要明确指出，可能判处3年有期徒刑刑罚的标准是对于一般的被追诉主体而言的，但对于现行刑事诉讼法规定的特殊主体，即“未成年人；盲、聋、哑人；尚未完全丧失辨认或者控制自己行为能力的精神病人”不受可能判处刑罚的刑期限制。而且，在上述主体之外，还应该增加“犯罪嫌疑人、被告人年龄在75岁以上”的情形，这也符合中国法律文化体恤老幼的传统。

2. 加强刑事辩护法律援助的资金保障

如前所述，法律援助作为一种国家责任，应当由国家财政拨款。我国《法律援助条例》第3条也明确规定“法律援助是政府的责任”。因此，解决法律援助的经费问题，主要是依靠国家的财政支持。如果财政支持不到位，法律援助的质量就难以保障。尽管对法律援助的投入需要同国家的经济发展水平相适应，但其资金投入的额度仍然有一个浮动的空间，这就取决于国家对法律援助本身意义的考量。就当前情况而言，我国对法律援助特别是刑事辩护法律援助的重视程度不够，对其财政支持的力度不足。对于法律援助的财政支持既需要量力而行，又应当尽力而行。法律援助是对贫苦人的帮助，政府要以脱贫、扶贫的决心予以支持。具体而言，除了省级以下的地方财政要加大投入外，中央财政对于边远贫困的地区也要有一定的直接经费投入，从而较大幅度提高法律援助投入经费

① 吴宏耀、种松志主编：《中国刑事诉讼法典百年》（上册），中国政法大学出版社2012年版，第175页、第396页。

② 吴宏耀、种松志主编：《中国刑事诉讼法典百年》（下册），中国政法大学出版社2012年版，第893页。

占财政收入的比例，并确保专款专用提高经费使用效益，只有这样，法律援助的质量才能得到物质上的可靠保证。

另外，对于上述文件提到的“探索实行由法律援助受援人分担部分法律援助费用”方式等来缓解法律援助的资金不足问题，这种方式效果有限，而且并非长久之计，受援人提供的少额资金并不能真正有效缓解资金短缺的现状。归根结底，仍然需要国家的全额承担来取代这种当事人分担的方式。

3. 刑事辩护法律援助模式的创新

当前，刑事辩护法律援助的模式主要是社会律师承担法律援助的模式。对此应当根据现实的需要，在社会律师主导的模式中创新公设辩护人模式，兼采政府购买服务的模式，以有利于实现刑事辩护法律援助的全覆盖及其质量的提高。首先，加强公设律师法律援助制度建设。公设律师法律援助模式是指由国家设立在编机构，以国家公职人员形式吸收全职或兼职律师为公设辩护人，专门负责为贫困以及特殊群体的犯罪嫌疑人、被告人提供辩护的法律援助模式。就我国而言，即是在司法行政机关设立“公设辩护人”的机构，并入一般公务员体系，享受固定的工资标准与人事待遇，专职从事法律援助工作。从域外经验来看，公设律师模式的应用较为广泛。目前，采取这种模式的主要有美国、瑞典、丹麦、加拿大的爱德华王子岛、纽芬兰省等。[①]这样的模式有效地克服了现行援助提供模式的不足，是国家承担刑事辩护法律援助义务最直接的体现，也是对需求者较有成效的帮助。我们要在以社会律师援助模式为主的基础上，扩大公设律师模式以发挥其更大的作用。目前，我国一些经济发达地区也在探索这种模式，如上海浦东。但我们认为在经济落后或边远地区，具有更强烈的需求。在我国边远落后地区，辩护律师数量比较少，对于刑事辩护法律援助全覆盖的实现有相当大的困难。因此，在这些地区更迫切需要推行公设辩护人制度，国家

---

① 宫晓冰：《外国法律援助制度简介》，中国检察出版社 2003 年版，第 269 页。

的财政补贴也应当向边远的贫困地区适当倾斜，以保证刑事辩护法律援助的全覆盖以及援助的高质量。

其次，在有条件的地区可以尝试政府购买法律援助服务的模式。所谓政府购买法律援助服务即由法律援助机构同律师事务所签订承包合同，订明该法律援助管理机构向该律师事务所每年提供的经费数额和该律师事务所每年应提供法律援助的有关内容。在该模式中，各级政府和政府有关部门是购买法律服务的主体，把法律服务列入政府集中采购目录，制定政府购买法律服务指导性目录，明确政府购买法律服务的种类、性质和内容，并试点推广。这种模式一般是在政府对法律援助工作的财政支持力度比较大，律师资源比较丰富的地区实施比较顺畅，比如广东、上海等经济发达地区此种模式运作良好。如果法律援助机构的管理方式和监管手段规范，采取这种模式的案件其法律援助服务质量能有很好的保障。

4. 完善刑事辩护法律援助的质量监督体系

法律援助的质量监督体系是促进法律援助有效进行的重要手段。目前，我国对于刑事辩护法律援助工作的质量监督体系尚未建立导致工作的无制约化。①因此，为了保证法律援助的质量，必须建立和完善对法律援助质量和效果的管控、监督和评价体系，具体来说可以从事前审查、事中控制、事后评价三个方面进行：

第一是关于事前审查，主要是审查律师的资质和准入。在这方面外国比较典型的是荷兰，其对于法律援助的准入设定了严格的条件，以此保证援助律师队伍的质量。②对此我国也可以加以借鉴，

---

① 主要表现为：律师在办理法律援助案件的过程中缺乏积极性，导致法律援助服务虚置化。例如在法律援助过程中存在不积极阅卷、不会见犯罪嫌疑人、被告人等缺乏职业操守的行为，导致庭审过程中的意见不成熟、质证不充分、辩护不到位等现象的发生。

② 荷兰设定了严格的准入条件，要求律师从法学院毕业并通过律师资格考试后，经过三年的实习期方可登记入册办理法律援助案件，并且规定律师每年必须参加专业培训，在获得 20 个学分后才可以继续办理法律援助的案件。刘帅克：《法国、荷兰法律援助制度改革情况及启示》，载《中国司法》2014 年第 11 期。

主要有三项内容：(1) 针对特殊的案件，需要特定范围的律师来提供援助，同时根据案件不同类别组建法律援助专业服务团队，对于不同专长的律师安排承担不同类型的案件服务；(2) 加强对法律援助律师的培训，并设立结业考试，提高律师办案能力；(3) 考核后的合理退出机制，制定法律援助考核指标后，对于不能达到标准或者违纪的律师及时清理出援助律师队伍。

第二是关于事中控制。从域外经验来看，事中的评价，首先，强调当事人的评价体系，当事人对法律援助的及时性、实效性进行评价。[①]其次，不少国家和地区都设立法律援助监督员制度，监督员不仅具有通过各种方式来进行监督的职责，而且具有针对违纪律师进行处分惩处的权力，以此来保证法律援助制度的质量。[②]最后，设立质量标准体系并由独立的同行评估制度，例如英国即采用这样的做法。结合吸收外国有益经验，我国的改革可以有以下几个方面的思路：(1) 在法律援助机构内设立监督员制度。监督员可以通过了解案件进展、出庭旁听案件审理情况等方式对律师援助情况进行监督。(2) 援助律师的工作汇报机制。对于援助的进展以及具体的情况需要有定期的汇报机制。同时，畅通受援人的意见反馈渠道，对于受援人提出的意见或者投诉有及时的回复以及处理情况。(3) 建立外部的监督体系，强化司法机关的监督作用。人民检察院、人民法院在案件办理过程中发现辩护律师有违法或者违反职业道德、执业纪律的行为，应当及时向司法行政机关、律师协会提出建议，并移交相关证据材料。

第三是关于事后评价。主要有：(1) 援助质量的评价体系。

---

① 例如加拿大安大略省的做法即是如此。

② 我国香港地区法律援助署成立了一个专门的监察外派个案委员会，由署长担任主席，负责监察接办个案的律师的表现。荷兰《法律援助法》第八章规定，法律援助监督员可以根据法律规定提请对某一特定律师行为的调查，对违纪的律师提请纪律委员会采取以下措施：暂时吊销该律师的注册，最长时间为 1 年；取消该律师的注册。参见网址：http://www.66law.cn/domainblog/100271.aspx，最后访问时间：2017 年 10 月 26 日。

一是法律援助机构根据援助律师提交诉讼过程中的各种文书材料、汇报材料进行评价；二是受援人的评价机制，即由受援人在援助工作结束后，通过问卷调查的方式，列明法律援助过程的效果评价及满意程度，以此来作为法律援助工作评判的标准。（2）将评估结果分为不同的档次，并据此实行办案质量不同等级的差额补贴。同时，每年度可以对优秀法律援助律师给予奖励，并对办案质量差的律师给予相应的惩戒，以此来提高援助律师的工作责任心，保证援助质量。

应当说，通过以上的措施才能在整个刑事诉讼架构和职业环境中强化刑事法律援助的重要性，真正实现有效辩护，实现三方构造中有力的一极。

第四章 刑事管辖制度的构造分析

刑事诉讼中的管辖，是指国家专门机关依法在受理案件方面的职权范围上的分工。依据我国刑事诉讼法的规定，我国的刑事管辖制度是指公安机关、人民检察院和人民法院等依照法律规定立案受理刑事案件以及人民法院系统内审判第一审刑事案件的分工制度。[①]我国的刑事诉讼管辖制度由立案管辖和审判管辖两大部分构成。立案管辖是刑事诉讼审前程序中第一步的案件分工，而审判管辖虽然是法院系统内部的案件审判分工，但按照我国刑事诉讼法的规定，也适用于审查起诉与案件侦查的管辖分工。因此，在刑事诉讼审前程序构造理论的分析中，也需要对我国的管辖制度予以进一步审视。

然而，就法律体系而言，我国刑事诉讼管辖制度的法定功能没有得到有效发挥，指示性、引导性与评价性不足。[②]对此，本章将遵循从规范到实践，由实践至理论的研讨路径予以阐述论证。在刑

---

① 陈光中主编：《刑事诉讼法》（第六版），北京大学出版社、高等教育出版社2016年版，第115页。

② 指示性不足，即我国刑事诉讼法对于职能管辖的规定，在明确管辖权主体权限划分时，并没有充分考虑案件的性质、收集证据的实际状况及管辖权主体在刑事诉讼中的职权承担情况。引导性不足，即对管辖的规定比较原则。刑事诉讼法并没有全面设定管辖争议的解决程序，对解决管辖争议没有时间及程序的规定，导致实践中管辖争议解决的拖延。评价性不足，即没有将违反管辖的规定与违反公开审判、回避制度置于同等地位，作为二审法院发回重审的理由，而是将其作为属于“其他违反法律规定的诉讼程序，可能影响公正审判的”情形。也就是，如果违反管辖规定，只要不影响公正审判，并不一定导致法律后果。参见陈卫东主编：《刑事诉讼制度论》，中国法制出版社2011年版，第5~7页。

事诉讼管辖领域应当树立的诉讼结构是：审判权恪守消极中立，置于三角架构的顶端，于追诉与被追诉双方在管辖问题上形成诉讼构造——公诉方的起诉管辖与被告人的管辖异议权形成对抗。具体而言，在立案管辖方面，对自诉制度予以扬弃，废除“公诉转自诉”制度；同时，将自诉并入公诉程序由侦查机关侦查，但保留个人对某些案件范围内的程序启动权，变立案管辖为侦查管辖，并辅之以侦查管辖的内容和形式的完善，以此构建侦查管辖制度。在审判管辖方面，引入被告人管辖异议权，如果当事人对检察院的起诉管辖有异议，可在实体审理之前就管辖问题向法院提出，控辩双方陈述意见，法院居中裁判，从而恢复应有的三角结构。

第一节　自诉制度的扬弃与重构

对于侦查管辖模式，应当在一定的范围内借鉴吸收现行管辖制度中合理的安排，厘清权力的属性，构建一个诉讼化的构造。刑事案件发生后，首先应当判断是否属于当事人控告才能启动程序的范围，如果属于应当给予当事人充分的程序启动权。而程序一旦启动就应当开启侦查。在侦查程序结束后，由侦查机关将案件移交至检察机关。因此，取消“公诉转自诉”并将自诉并入公诉，但赋予当事人程序启动权，以构建侦查管辖制度。

一、自诉制度的规范分析

自诉制度是指刑事案件不需要经过公安机关或者人民检察院立案侦查，不通过人民检察院提起公诉，而由人民法院对当事人提起的诉讼直接立案和审判。[①]就自诉制度设立初衷而言，其概皆为被害人提供更为周全的权利救济渠道，使其得以在国家救济之外借由

① 陈光中主编：《刑事诉讼法》（第六版），北京大学出版社、高等教育出版社2016年版，第120页。

自己的力量维护自身的合法权益。因此，1996年对刑事诉讼法进行修改时，针对原来实践中出现的问题，对自诉制度进行了大幅度的改革，例如扩大适用范围、完善审判程序等，以此提高自诉制度的独立性与适用范围周延性。应当指出，在当时的法律环境下，对自诉制度的完善起到了较为积极的效果，对于被害人的权利保障也有一定的作用。但是，结合时代发展背景来看，自诉制度本身存在一些难以克服的制度性障碍。对于自诉制度非经一番根本性的变革，实难为被害人以周全之救济。

第一，告诉才处理的案件。刑事诉讼法对于这类案件是比照刑法的规定，将其划定为自诉权的专属范畴，而且在程序上设定为：如果没有告诉或者撤回告诉的，刑事诉讼程序即告终止。应当说，考虑到这几类犯罪的严重性较低，同时这几类犯罪多发生在亲朋好友等比较熟悉的社会关系主体之间，将其设定为由被害人掌握绝对主动权的自诉案件类型，在客观上具有一定的合理性。但是，这样的立法初衷在实践中受到了相当的质疑，在当下已经难以适应社会的新情况新发展：一是，侮辱、诽谤的边界不明确。在关于侮辱、诽谤的自诉范畴中，法律设定了一个保留例外，即“严重危害社会秩序和国家利益”除外。然而，对于何为“严重危害”的标准与程度，法律对此却没有相应的解释。①这就导致在实践中对于严重的标准全赖各机关的主观判断。这不仅会产生公安机关与司法机关在认定上的矛盾与冲突，同时极有可能被强行利用，做出扩大解

---

① 虽然公安部于2009年发布的《关于严格依法办理侮辱诽谤案件的通知》中对于“严重危害社会秩序和国家利益”进行了规范，但此规定并不全面而且法律约束力和适用范围有限。公安部《关于严格依法办理侮辱诽谤案件的通知》第2条规定：“对于具有下列情形之一的侮辱、诽谤行为，应当认定为‘严重危害社会秩序和国家利益’，以侮辱罪、诽谤罪立案侦查，作为公诉案件办理：（一）因侮辱、诽谤行为导致群体性事件，严重影响社会秩序的；（二）因侮辱、诽谤外交使节、来访的外国国家元首、政府首脑等人员，造成恶劣国际影响的；（三）因侮辱、诽谤行为给国家利益造成严重危害的其他情形。”

释，发生侵犯行为人的言论自由现象。[1] 二是，难以应对网络等社交平台的侮辱、诽谤行为，难以为被害人提供周全的保护。在社交网络高度发展的当今社会，利用网络社交媒体从事侮辱、诽谤等行为并不鲜见。但是，对于网络社交平台发生的侵害行为，对于被害人而言，对其取证等提出了更高的要求。在现实中，被害人往往很难实现达到证明标准的举证质证。而且，对于这类划归绝对自诉的案件，公安机关根本无法介入，这就造成权利保障的一个盲区。三是，关于侵占罪的问题。其中一个最大的问题在于所有权人不明的情况。[2]对于这类案件，所有权人不明则意味着自诉人不明，这就从根本上否定了自诉制度的适用空间。对此，应当指出，随着社会的进步发展，这类当事人无力举证、国家机关无法介入的困境会越来越多地发生。这就使我们不得不反思这个制度以及背后理论的合理性，从而为重构与扬弃奠定基础。

第二，被害人有证据证明的轻微刑事案件。立法本意将这类社会危害不大，且被害人有能力自我追究的犯罪排除出国家公权力的干涉范围，从而在一定程度上节约司法资源。但在理论与实践中却产生了不可回避的难题：法律规范对于“轻微”的界定不明确。从规范体系来看，所谓“轻微”就是指同款中规定的“可能判处三年有期徒刑以下”的案件。这样的标准不是按照犯罪行为的社会危害性来划分，而是按照罪名可能的量刑标准。这就使得刑法规范中有相当一部分罪名都可以适用自诉制度。从刑法的规定来看，这类犯罪行为中有相当一部分具有严重社会危害性。[3]可见，对于这部分案件适用自诉制度显然不合理，其危害范围之广、危害程度之深，应当纳入公诉的范畴，以国家力量对其予以惩罚，而不能赖

① 这点在实践中已有发生。

② 根据《民法通则》第 79 条规定：“所有人不明的埋藏物、隐藏物，归国家所有……”

③ 如刑讯逼供罪、暴力取证罪、盗窃罪、诈骗罪等，甚至包括煽动民族仇恨、民族歧视罪等这些有可能危害到国家稳定和民族团结的罪名。

以个人的力量提起控诉。由于个人力量的薄弱，不仅很难达到维护个人利益的目的，而且很可能危害社会秩序与国家利益。

第三，公诉转自诉案件。对于这类案件，立法本意是在国家不予追诉的范畴外为被害人增加一条维护自身权益的渠道。但是仅从法律规范来看，这项制度很难在现实中发挥应有的功能：一是，法律规定的冲突。按照我国《刑事诉讼法》第 180 条的规定，对于检察机关不起诉的案件，被害人就可以提起自诉。但是按照第 210 条的规定，公诉转自诉的案件范围仅限于侵犯人身权、财产权的案件。对于公诉转自诉的案件范围，刑事诉讼法本身的规定就存在前后矛盾的缺陷。而且，这两条所规定的公诉转自诉案件所能提起自诉的诉讼阶段也存在冲突。按照第 180 条的规定，其所在的诉讼阶段是检察机关审查起诉做出不起诉决定之后，而按照第 210 条的规定，对于公诉转自诉却没有诉讼阶段的限制。二是，按照《刑事诉讼法》第 210 条规定，公诉转自诉的一个前提条件就是“公安机关或者人民检察院不予追究被告人刑事责任的案件”，这就要求被害人在提起自诉时需要有公安机关所出具的文书证明。这点往往导致在实践中很难实现“轻自诉”。按照有关规定，这类文书一是用于国家机关内部归档，二是给犯罪嫌疑人、被告人，以示其法律上的清白。但法律并没有规定对于“公安机关不予立案决定书”“公安机关撤销案件决定书”等证明文件也要给被害人出具。这就人为限制了该权利的实现，也导致了公诉转自诉难以实现。

二、自诉制度的实践分析

受限于规范的偏差，自诉制度在实践中也产生了一种难以落地的困境，具体来说有以下几点：第一，对于提起自诉的案件进入审判标准的设定过高。我国刑事诉讼法对于自诉案件开庭审判要求达到“事实清楚、证据确实充分”。这样的标准不仅对于自诉人而言过于严格，而且也不符合诉讼规律。对此，比照公诉案件的立案标准来看，公诉案件的立案标准法律的要求较低，仅仅是“认为有犯罪事实发生，需要追究刑事责任”。这样的标准符合诉讼发展的规律，因此设定了一个较为主观的判断标准。而自诉案件在最开始就设定了同有罪判决一样高的证明标准，不仅使得自诉人背负了过高的举证责任，同时也隐性设定了过高的门槛，使得大量的自诉案件被排除于审理范围之外，进一步架空了自诉制度。

第二，自诉制度的“致命伤”——举证权利缺失。自诉案件中的举证责任在于自诉人，同时，按规定也应达到同公诉案件相同的证明标准。但是，综观刑事诉讼法都没有明文规定自诉人调查取证的权利。对此必须再次强调指出，对于公法性质的刑事诉讼法，任何诉讼程序中的诉讼权利（权力）的行使都必须要有法律的明文授权，这点绝不等同于私法领域的“法无明文禁止即自由”，对于调查取证这项权利必须严格遵守的是“法无授权即禁止”的原则。法律为自诉人设定了举证责任与证明标准，却缺失诉讼权利。这样必然使自诉人陷入尴尬的两难境地：自诉人本身进行的任何调查取证的行为都不具有合法性。根据证据的可采性规则，要成为证据首先要具备合法性，这就造成了一个矛盾的局面：在任何自诉案件中，自诉人所能合法地提供的证据就是“被害人陈述”，而其他的证据种类对于自诉人而言都不具有合法性。显然，在当下的法律框架下，仅有“被害人陈述”单一证据的自诉案件，而没有任何一类的自诉案件能够达到“证据确实、充分”的证明标准从而有胜诉的结局产生。因此，从法律制度上来看，国家规定了自诉人需要达到与公诉机关相同的证明标准，否则法院不会受理案件或者直接驳回起诉。在公诉案件中，由控诉方承担举证责任，被告人不承担证明自己有罪的责任。这反映了国家出于平衡控辩双方的力量对比，更好地实现保障人权的目的。同时根据“谁主张，谁举证”的司法原则，由自诉人承担举证之责任也是合理的。但问题在于，自诉人虽然承担着和国家公诉案件一样的证明责任，却没有配备其同样的证明能力，也没有赋予其与公诉机关一样的强大的调取证据的权力（利）。由于过高的证明标准，导致许多情况下自诉人无法达到，最终以失败告终。

第三，举证能力的欠缺。如果仅仅将目光关注于实践，尽管法律没有赋予自诉人调取证据的权利，但一般而言，法院都是接收了自诉人提交的证据，并且从立法上也对被害人举证困难提供了相应的救济手段。[①]但仅有这些救济措施是远远不够的，自诉人的取证能力仍然羸弱。具体而言：（1）自诉人取证实践能力弱。按照诉讼的规律来看，收集证据是一项需要耗费大量资源、人力、财力以及物力的活动，而实践中的自诉人多为普通公民，往往欠缺取证的实践能力与专业知识。而且，也有不少的自诉案件，例如利用网络实施的犯罪行为，就更需要有相关的专业技能。因此，取证能力不足是最突出的难题。（2）公权力的不适当退出。在自诉制度中，虽然规定了法院在认为必要时可以帮助调取证据材料，但是这需要自诉人提供相关线索和材料。实践中一方面自诉人客观上难以提供相关线索和材料，另一方面即使提供了法院客观上也难以行使职权。这主要是因为法院本身承担着较重的工作任务，因此对于自诉案件的调取证据积极性不高。同时，自诉案件被定性为个人对于自身权利的维护机制，那么公权力的退出也属情有可原。而且，在公诉转自诉案件中，立法除了规定检察机关以外，就没有明确其他追诉机关将案卷材料交给自诉人的义务。一般而言，在法院立案之前被害人很难获得相关的材料，但是检察机关的移送义务却是在法院受理之后。案卷材料移交顺序的颠倒也进一步阻碍自诉权的实现。(3) 自诉权行使的实体条件与实践脱节。根据《刑事诉讼法》第19条，刑事案件在实质上被分为两类：需要侦查和不需要侦查。而现实情形是，实践中没有一“种”或者说一“类”案件不需要

① 例如，《刑事诉讼法》第211条、《最高人民法院关于适用〈中华人民共和国刑事诉讼法〉的解释》第195条。

侦查就能达到证明标准。[①] 例如，在父母虐待儿女的案例中，父母本来就是监护人，如果没有通过公诉程序予以剥夺监护权，进而转移法定代理人身份，在自诉程序上如何启动？如何使得被虐待子女提起自诉？总体而言，自诉人在诉讼中并未有胜于犯罪人的权利。我国刑事诉讼法在证明标准上采取自诉与公诉同等对待的办法，其弊端是对自诉权行使的实体要求过高，制约了自诉权的行使。自诉人的诉讼能力相当有限，缺乏收集证据的条件与能力，要求“事实清楚，有足够证据”明显使得自诉权的行使困境雪上加霜。如果法院真正按照这一标准来审查自诉权行使的实体条件，一旦符合这一条件，自诉人必定具有胜诉权，审判权的行使就沦为形式，最终使诉讼程序空洞化。[②]

三、自诉制度的理论分析

第一，国家追诉垄断的分析。综合上述法律规范分析与实践分析，从其所蕴含的理论来看，自诉制度的理论支撑式微。诚然，国家垄断主义的追诉形式有一些缺陷。完全由国家独占追诉权往往会造成在运用追诉权时出现官僚化，以致在追诉犯罪时，忽视了公众与被害人的法律利益与感受，公权力机关对刑事犯罪完全垄断，也可能会降低追诉犯罪的实际效果。[③]所以，国家应当放开对于部分没那严重的、对社会威胁程度较低的完全垄断，适当遵从被害人的自由意志与选择的权利。[④]就我国自诉制度的发展而言，一方面从法制发展源流来看，我国1979年《刑事诉讼法》中从未体现被害

① 为了从更普遍性意义进行探讨，此处用词为“种”，而非仅仅是“某一个”。在某一种的案件中，也存在个别案件不需要侦查。但是，即使是公诉案件，也不是每一个都需要侦查。因而，个案上的讨论是没有意义的，应当着眼于“种”的探讨。

② 陶杨：《刑事诉权研究》，中国人民公安大学出版社2011年版，第119页。

③ ［日］田口守一：《刑事诉讼法》，刘迪等译，法律出版社2000年版，第102页。

④ 罗智勇：《对我国公诉与自诉关系的理性思考》，载《中国刑事法杂志》2006年第2期。

人的意志，自诉制度的设立恰是反映了自诉人的自主意志。另一方面从自诉制度规定来看，自诉制度也是比照着民事诉讼的规定而设定的。[①]但今时今日，自诉制度已经不符合权利保障的时代发展潮流了。在国家垄断追诉权的背景下，刑事自诉制度最为重要的意义就是为被害人提供自我的救济途径，赋予其在犯罪追诉中的基本权利保障与主体身份。但是现行刑事诉讼法中通过规定刑事和解制度，对和解制度案件范围、可适用的量刑案件等方面进行了较为详细的规定。这其中，有部分案件与刑事自诉的范围有一定的交叉。通过这种方式，被害人的意志已经有所反映。因此，刑事和解也能够或者说更能够体现被害人的意志，在诉讼中实现其权利。[②]另外，将刑事自诉比照民事诉讼的法律功能而等同类比的观点也并不适宜。自诉制度以定罪量刑为内容，这同民事侵权有实质之差别。自诉程序与民事程序的混淆，使得举证责任方面发生了巨大错位——“谁主张，谁举证”在自诉制度中的应用，使得自诉制度功能受损，无法有效维护被害人权益，反而沦为阻碍其维权的障碍。[③]一言以蔽之，传统支撑自诉制度的理论，在当下刑事诉讼的框架下已不尽合时宜。

从国家追诉的角度来分析，国家在追诉犯罪方面，相对于个人自诉而言，有着无可比拟的优势。首先，国家有更为丰富的追诉资源，同时又以国家强制力为实效保证，能够确保追诉活动的高质量与高效率。其次，国家作为权力主体，受情感因素的影响较小，更

---

① 如，自诉制度的诉讼程序、当事人的处分权方面。

② 相对于传统的司法模式而言，和解协议的达成过程使被害人获得了真正的程序主导者地位。司法机关完全尊重双方达成的和解协议，并以此为根据，做出非刑事化的处理或者采取较为轻缓的刑事处理，因此被害人的意见成为左右诉讼最终结局的关键因素。参见潘爽：《试论我国自诉制度的废除》，载《嘉兴学院学报》2014年第4期。

③ 有学者指出，刑事自诉的负效益体现在：社会资源的消耗和部分民众的法律信任危机、国家对自诉案件中的犯罪行为打击不力、自诉人与刑事被告人关系更恶化、自诉人精神生活质量的下降。参见宋高初：《我国刑事自诉负效益分析》，载《法学评论》2005年第6期。

能够保证在诉讼中不偏不倚地打击违法犯罪。最后，国家通过法律规范能够保证在惩罚犯罪方面保持标准统一，同时国家公权力机关之间的相互制约，可以保证实质公正与程序公正目的的达成。再辅之以强制起诉制度设计得当，便可以取代自诉制度。正如有学者所言，只要能够通过机制防止检察机关滥用权力与注意对被害人利益的保护，则压缩自诉制度甚至是废弃也无妨。①

对于“公诉转自诉”的规定，从立法背后的理念来说，这样的规定背后暗含着立法对国家公职人员深深的不信任：在立法上就间接肯定了“有法不依”的弊端，从而需要给个人一个救济的程序。但是对制度性的缺陷应当有制度性的防范，不能仅仅以个人自我救济来替代。具体来说：首先，这类案件多属于性质严重、情节复杂、取证困难的案件。如果在侦控机关都认为存在取证难的情况下，还要被害人提供关于被告人侵害个人权利、构成刑事犯罪的证明，这无异于难上加难。②虽然法律规定，法院也有依职权或者依申请调查取证的权力，但法院在收集证据的能力、手段与措施方面，与侦查机关的专业性相比，仍然存在差距。同时，相比较公诉程序中由侦控机关承担证据收集之任务而言，在自诉案件中，法院不仅需要进行审查工作，同时还需要兼顾案件事实、证据的大量调查工作，在实质上承担着“检察官”的职能。这实际上也加大了审理的困难程度。③ 其次，这样规定有损公诉权的权威性。这种做法“在一定意义上是对检察机关公诉权的一种质疑，对检察机关不起诉决定的稳定性和终止诉讼的权威性的损害，背离公诉为主的原则”④。最后，被害人容易受到个人情感因素的影响，可能无节制地行使自诉权，致使国家司法资源的浪费，也让被追诉人的利益

---

① 林钰雄：《刑事诉讼法》（下册），中国人民大学出版社 2005 年版，第 139 页。

② 宋英辉主编：《刑事诉讼法修改问题研究》，中国人民公安大学出版社 2007 年版，第 49 页。

③ 林钰雄：《刑事诉讼法》（下册），中国人民大学出版社 2005 年版，第 138 页。

④ 熊秋红：《论刑事司法中的自诉权》，载《环球法律评论》2003 年冬季号。

一直处于悬而未决的状态，不利于社会的和谐与稳定。

第二，自诉制度中的权力与权利冲突。在被害人有证据证明的案件类型中，公诉权与自诉权是并行的。也就是说两者对该类案件都有予以诉讼的权利。这就难免造成两者的冲突。国家机关立案侦查之后，自诉人可否同时提起自诉，或者在检察机关提起公诉后，可否同时提起自诉。这些都是法律规范不完善所埋下的隐患与冲突。

应当说，立案管辖在横向的诉讼结构中有两条路径选择，不同于公诉案件的立案、侦查、起诉、审判的分工，自诉案件概皆直接跨越至审判阶段，国家公权力不适当的退出使得过滤阶段缺失，自诉人能力不足，自诉制度无法落实。从世界范围来看，许多国家刑事诉讼中的管辖主要是指审判管辖。因为在理论上，侦查、检察的所有活动都只是为诉讼开始的准备，只有审判才是实质意义上的诉讼。我国的管辖制度实际上也是以审判为中心来构建的。但是“审判中心”是相对于整个刑事诉讼而言的，并非针对每一个诉讼阶段。①我国刑事诉讼中侦查阶段呈现较强的独立性，因此管辖制度也应要有关于侦查管辖的内容为宜。

综上所述，国家强制起诉与当事人程序决定权的双重保障在制度上解决了“尊重当事人选择”与“对国家起诉权的防范”两者的融合难题。一方面，对于“公诉转自诉”的案件，侦查机关应当立而不立案的情形可以由检察院的监督予以规范，那么对于侦查机关撤销案件的情况一样可以遵循相同的思路。另一方面，对于检察机关不起诉的案件，被害人能够参与的也仅限于酌定不起诉的情形。该情形在性质上本来就是轻微类型案件，检察机关可诉可不诉。如果将该酌定不起诉类型案件的最终决定权交给被害人来决

① 参见宋英辉主编：《刑事诉讼法修改问题研究》，中国人民公安大学出版社 2007 年版，第 46 页；孙长永：《审判中心主义及其对刑事程序的影响》，载《现代法学》1999 年第 4 期。

定，自然也就解决了告诉无门的困境。被害人如果在起诉阶段得到了较好的赔偿，那么就可以在酌定不起诉上做出谅解意见，而该意见对公诉机关具有约束性，即公诉机关应当做出不起诉决定。如果，实践中因为被害人要价太高导致双方无法达成一致意见，那么检察院就应当提起公诉，交由法院做最终的司法判断，依法裁决。这也可能导致被害人的实际受偿额不如预期。换言之，对自身利益的最大化选择问题——如果起诉阶段不谅解则审判结果可能获得的利益更少，使得双方具有谈判的价值基础。这样，酌定不起诉的效果自然大致等同于公诉转自诉中法院阶段的调解。

四、自诉制度的未来——效率模式下的侦查管辖

在现行刑事诉讼法涉及管辖的 10 个法律条文中，涉及公安机关和检察院的侦查管辖权的规定，仅仅占了一个法律条文的三分之二。可见，我国管辖制度的建构过程中对于公安机关和检察机关的管辖问题，缺乏必要的关注。但设计侦查管辖制度，仍然需要重点厘清自诉制度的问题，对此，笔者认为，我国的自诉制度已经遭遇了设立以来理论与实践双重的巨大困境。[①]因此，有必要对自诉制度适当地扬弃：保留当事人的程序启动权，统一规定为侦查管辖制度——在内容上涵盖完整管辖制度的侦查级别管辖与侦查地域管辖；在形式上集中规定各具有侦查权的侦查管辖的内容。

应当指出，我国的立案管辖制度受限于自诉制度的不恰当设立，从而导致了错位、分散以及空洞的缺陷。首先，内涵错位即自诉制度的概念不恰当影响了立案管辖的概念。自诉制度的存在导致公权力不适当退缩，使得对自诉案件的公权救济成为真空。这样的情形不仅难以保障当事人的权益，更甚至人为地添加障碍妨碍自我

① 实践表明，法院受理的自诉案件呈现数量少、案由比较集中、涉及罪名较少的特点。当事人在自诉之后往往倾向于撤诉，其中很重要的原因是证据不足，举证困难。实践调研数据可参见潘爽：《试论我国自诉制度的废除》，载《嘉兴学院学报》2014 年第 4 期。

救济的实现。而且，当下的立案管辖制度中，法院一开始就和侦查机关一并规定了受理的任务，在最开始就体现出主动选择的倾向性，背离了法院的消极地位。另外，立案管辖实质还是规范侦查范围，其本身难以表明后续程序，所以应直接将侦查管辖的概念凸显，变立案管辖为侦查管辖。①

其次，形式分散即我国当下的管辖体系并没有将具有侦查权机关的管辖集中规定，概念内涵没有统一，在形式上显得分散杂乱。其一，忽略了追诉犯罪本质上的同一性。囿于《宪法》对国家机构的定位，刑事诉讼法亦按照宪法对于国家机构的定位而区别对待。②实质上，具有刑事案件侦查权的各机关，例如检察机关、监狱等。在进行刑事诉讼过程中的地位、职权一样，仅是管辖案件范围的差别。《刑事诉讼法》应当将实质上同一属性的活动进行统一规定。③其二，对同一属性的侦查活动没有统一的概念名称。就"侦查"的概念而言，存在公安机关对刑事案件的"侦查"、国家安全机关的"行使与公安机关相同的职权"、军队保卫部门的"行使侦查权"以及监狱的"进行侦查"的用语，容易误导其刑事侦查中地位差别。

最后，侦查地区管辖和侦查级别管辖的缺失导致内容空洞。我国《刑事诉讼法》采取的是"立案管辖"的概念，自然对于侦查的级别、地域管辖难以涉及，而是比照审判管辖的规定予以设置。在当下的诉讼构造中，侦查程序奠定了后续程序的根基，但是首先需要明确指示的侦查管辖范围却要比照审判管辖的规定再返回予以

① 相对于过去，立案之后有侦查和直接审判两种路径选择，而笔者认为法院直接立案的自诉制度实无存在必要，立案之后只能紧接侦查程序。后文将详述如何"拆并"，此不赘述。

② 对于有侦查权的机关的管辖规定分别散落在《刑事诉讼法》第 4 条、第 19 条、第 308 条，还在《海关法》中规定了海关缉私部门对走私案件的管辖权。（《海关法》第 4 条）

③ 《宪法》为根本大法，着眼点自然要从权力的框架下进行分工，而不会有细致的规定。但在管辖领域中，当下法律体系却将其分散在不同条文中。

明确，程序人为倒流则显失合理。

针对上述问题，笔者在上述废除公诉转自诉的基础上认为：第一，对于自诉制度，不再保留自诉的独立地位，将自诉制度并入公诉制度，同时划定一部分范围内的案件给予当事人决定是否启动追诉程序的权利。这样，既保障了当事人的自由处分权，也改变了取证“不合法”“无力”的尴尬局面，更好地保障当事人的权益。也就是，针对现在的第一类、第二类自诉案件以及涉及被害人隐私案件，都应当在当事人控告之后才予以启动侦查，以防止公权力过于积极干涉，也杜绝了受害人需要帮助时的权利救济真空。在程序上，受害人提起控告同时要求其填写制式控告书，以此作为控告的标志。如果自己无力填写，则可以由办案人员代为填写，并负责解释，然后由本人按手印确认。之后，由侦查机关进行立案侦查。经由侦查活动所形成的结论，分别作出是否需要提出公诉的决定。其中，如果没有达到刑事追诉标准的，可以转用其他程序进行处理，比如对违法行为，可以进行相应的行政处罚。通过上述程序的设置，可以解决过去“一刀切”的简单处理模式。同时，在此过程中，公安机关可以促成被追诉人与被害人之间的和解，在此程序中达成调解，也可以顺利解决冲突与矛盾。①

第二，侦查管辖的内容完善即充实侦查级别管辖与侦查地域管辖内容。在自诉制度并入公诉程序，但保留当事人的程序启动权的前提下，侦查管辖也应当实行级别管辖与地域管辖相结合。②关于地域管辖，笔者认为应当以侦破地为主，不强调犯罪地。这样有助

① 这里保留了自诉案件可以调解的好做法，但把调解程序前置了。而且，在该特定范围内的犯罪与其他公诉罪可以合并处理。合并处理的，告诉乃论罪程序上的特别规定仍然有效，即可以和解、撤回告诉、申请撤回公诉、调解结案等。合并处理时，遇告诉乃论罪按特别规定办理的，不影响其他公诉罪的处理依程序正常进行。参见汪本立：《试论刑事自诉制度的存废》，载《中国法学》1993 年第 6 期。

② 侦查管辖和起诉管辖中级别管辖的内容可以适当吸收当下的规定中的合理成分。

于提高发现犯罪线索的公安的积极性。侦查关系与起诉管辖的关系，不单是一一对应的关系，即并不妨碍起诉管辖的构建。[①]对于侦查地域管辖与侦查级别管辖的具体内容，可以参考现行刑事诉讼法以及相关司法解释的规定。侦查管辖的形式完善即《刑事诉讼法》应当将具有管辖权的侦查机关统一规定在管辖一章中，并具体规定各自的侦查管辖权。[②]

第二节 权利保障的起诉管辖模式

刑事诉讼中的审判管辖，是指人民法院审判第一审刑事案件的职权范围，包括各级人民法院之间、普通人民法院与专门人民法院之间，以及同级人民法院之间，在审判第一审刑事案件上的权限划分。[③]对于审判管辖的探讨，应当说明的是虽然审判管辖制度并不属于刑事诉讼审前程序的范畴，但根据我国当下的法律规范，刑事审前的案件管辖比照审判管辖的规定执行。因此对于审判管辖的内容实质上也应在审前程序中予以考量。

一、起诉管辖的引入与论证——以审判管辖为参照

从我国现有的审判管辖安排来看，在检察机关提起公诉时比照审判管辖的规定来确定提起公诉的检察机关。这样的审判管辖制度，由于缺乏对内在权力属性的梳理，导致法律监督权、起诉权以及裁判权三者之间存在前后混乱的因素。同时，在这样的格局中也

① 例如：海淀公安承办了一个朝阳法院才能审的案子。海淀公安侦查终结之后就移送海淀检察院审查起诉。此时海淀检察院就不能直接向海淀法院提起公诉，海淀检察院在审查起诉的时候发现犯罪地、被告人居住地都在朝阳，就应当移送朝阳检察院由其向朝阳法院提起公诉。

② 对此，笔者认为在自诉并入公诉的基础上，在同一条文中分 6 款具体规定具有刑事侦查权的侦查管辖权。

③ 陈光中主编：《刑事诉讼法》（第六版），北京大学出版社、高等教育出版社 2016 年版，第 122 页。

无法构建完善的权利保障体系，即刑事诉讼管辖异议权制度。从管辖角度而言，比较科学的做法在于管辖制度中只规范起诉管辖制度。所谓起诉管辖，就是指检察机关对刑事案件提起公诉时的权限划分。起诉管辖解决的是刑事案件应当由哪个机关提起公诉的问题，包括起诉级别管辖、起诉地域管辖、起诉案件管辖分工、起诉管辖权转移、管辖纠纷的解决机制等。

从制度设计而言，我国的刑事诉讼管辖制度独一无二，这根植于两点特殊情形：一是，检察机关具有基于宪法所授权的法律监督机关的法律定位，自然检察机关所行使之起诉权带有法律监督之属性。二是，法院和检察院组织体系上的对应，即起诉和审判之间是点对点的关系，不论级别、类别还是地区、数量，确定了起诉机关自然对应地确定了审判机关。这两点特性决定了我国刑事诉讼管辖制度与域外国家的管辖制度存在较为明显的不同，更无法与国内的民事诉讼、行政诉讼简单等同。一方面，国外检察院并非定位为法律监督机关，更遑论以根本大法的形式确认之。而且，法院与检察院并非一一对应的关系，如巡回法院的设置。另一方面，相较于国内民事诉讼或者行政诉讼——其都是原告个人起诉，而原告来源繁多复杂，起诉与审判无法一一对应，则必然要规定审判管辖。但刑事诉讼的对应关系显然不同。基于这两点的认识，以现行的审判管辖为参照，可以对起诉管辖制度做如下论证：

（一）起诉管辖的权力架构更符合内在规律

从审判管辖的规定来看，现行规定的指定管辖与移送管辖方面存在法院审查权与法律监督权的冲突。在法律层面，根据《宪法》第 134 条，我国检察院的定位是法律监督机关。具体到刑事诉讼领域，检察机关的各项检察权力，如批捕权、公诉权等自然不能违背宪法定位而天然有法律监督的属性。而法律监督的意义即起诉权要监督个案进入审判程序，人民法院必须要启动审判权：对犯罪行为的法律监督——有罪必诉；对法院审判的法律监督——有诉必审。法治国家在公诉权力配置上都是附随监督权的安排，以提起公诉的范围，约束法院的审理范围，从而达到监督审判的活动。[1]一旦检察机关作出监督决定，被监督主体必须在法律上作出相应的回应，由此启动诉讼程序。检察机关在诉讼中享有的监督权其功能在于发动诉讼，并不具有直接处置其他权力的功能。换句话说，公诉权是刑事审判权启动的前提，公诉权的行使直接导致刑事审判程序的启动，审判权的实现需要以公诉权的行使为前提。在开启审判程序方面，法院是被动的：没有正式的控诉请求，法院不得对任何刑事案件进行预判。检察机关行使诉权，是检察机关履行诉讼监督职能的重要表现与重要内涵。[2]但是，在当下的格局中，法院单方面移送案件时动用审查权就否定了检察院的起诉权，是庭前审查权对起诉权的侵犯，是对检察院法律监督机关宪法定位的挑战，此为违宪。同时，在我国刑事司法实践中法院单纯将改变管辖视为系统内部事务，不经开庭即可单方改变，这与审判权的性质极不相称。司法权的性质决定了审判管辖也应本着不告不理的原则，有起诉才有审判，也就是一个案件在审查起诉阶段就应当统一起诉的权责以及对应的法院，进入审判阶段就不能出现审判不明的情形。在管辖制度中，检察院的提起公诉代表的是监督的一种形式，不应该由法院单方面变动。

从检察机关的组织体制来看，构建检察院的起诉管辖在实质上更符合权力架构和诉讼规律：侦查机关侦查终结的案件比照起诉管辖的规定向检察院移送审查起诉，检察系统的内部领导体制可以毫无障碍实现检察院的指定或者移送管辖——事先可以请示、事后可以下指令；因为起诉决定审判，法院行使的只是判断权。从法院的地位来看，中立的第三方地位，决定了其应当禁止预断的做法。法院作为一个居中裁判者，显然不应该在开庭审判之前对案件有一个“可能判处无期徒刑、死刑的普通刑事案件”的预断，应该是由检

---

① 朱孝清：《中国检察制度的几个问题》，载《中国法学》2007年第2期。

② 汪建成：《论诉讼监督与诉讼规律》，载《河南社会科学》2010年第6期。

察院作出判断。对此，应当认识到：检察院在审查起诉后，对案件情况更为熟悉，它自会按照有利于实现诉讼目的的方法来选择有利于诉讼的管辖。在起诉问题上，法院没有权力改变起诉，不论地区、级别；也不管是重罪轻诉还是轻罪重诉；法院的审判权不可以干扰起诉权。①

（二）起诉管辖制度尊重审判权的中立地位

判断权应当是司法权的核心以及本质属性。②应当说，判断之特性集中体现在裁判权之消极中立与被动性。具体在刑事管辖，法院应无欲无求而不应有自己的主张。司法权的启动要保持消极，其基本要求是：不诉不理；不变更、追加被告人；不增加犯罪事实；罪名适用不可变更；③尊重公诉方的求刑权；④认定被告人有罪的证据只能由检察院提供，不能法院自己提供或者由律师提供。同时，依照我国《宪法》及《人民法院组织法》，司法机关在上下级关系上，呈现一种相互独立的状态。这就是说，上级法院不能通过行政命令、发号指示等行政性质的权力干预、影响或者控制下级法院本属于司法领域的事项。上级法院的干预空间在于，可以对下级法院审理过的案件，在公诉机关抗诉或者当事人上诉的情况下予以审理；或者对已经生效的刑事判决，通过自行启动或者依申请启动的

① 正如前文所分析的，检察院的提起公诉活动代表的是法律监督权。

② ［法］托克威尔：《论美国的民主》（上卷），董果良译，商务印书馆 1993 年版，第 110 页。

③ 目前的立法和司法解释是认可法院改变罪名这一权力的。《最高人民法院关于适用〈中华人民共和国刑事诉讼法〉的解释》第 241 条规定：“对第一审公诉案件，人民法院审理后，应当按照下列情形分别作出判决、裁定：……（二）起诉指控的事实清楚，证据确实、充分，指控的罪名与审理认定的罪名不一致的，应当按照审理认定的罪名作出有罪判决；……”法院可以不受检察院起诉罪名限制，可以判处更重的罪名，那么审判权就代替了起诉权。这不仅侵犯了公诉权也侵犯了辩护人的辩论权和被告人的辩护权。更在实践中造成“突袭性裁判”，实则是集起诉、审判、辩护于一身。参见龙宗智：《刑事庭审制度研究》，中国政法大学出版社 2001 年版，第 411 页。

④ 求刑权天然的是起诉权之一部分，定罪量刑必然都要有诉因，这也是审判的内涵。如果检察权没有求刑权，那么法院直接判处更重刑罚，则求刑的诉因何在？

方式，进行重新审理，形成事后监督。①

反观当下管辖制度设计，便是违反了审判权消极、独立的定位。首先，在移送管辖的问题上，上级法院根本无法实现在实体结果产生以前就在法院系统内移送或者指定。上级法院是事后的监督，但本条的规定则变相造成下级法院向上级法院请示汇报的做法，使得法院级别独立受到一定程度的削弱。如果下级法院认为检察院存在重罪轻诉的情况，移交上级法院，囿于现下级别管辖的权力分工，该情形下则有间接变更起诉罪名、量刑的嫌疑。这使得法院在最开始的管辖问题上，就丧失了独立地位，这是有悖法理的。而且，根据《刑事诉讼法》第 24 条规定改变起诉管辖，在程序上自身矛盾，同时在权力分工上也存在难题。具体而言，基层法院经过审理，认为需要判处无期徒刑以上而移送上级法院，此时在程序上退回检察院就变相否定了其监督之属性，而直接移送上级法院，则又自我否定了《刑事诉讼法》第 24 条是限于基层法院自身本来就有管辖权的大前提，两条路径都不合适。但现实情形是《最高人民法院关于适用〈中华人民共和国刑事诉讼法〉的解释》第 15 条、第 181 条规定了法院可以将案件退回检察院。根据上述权力架构的分析，该规定中任何一种情形的移送实际上都是不恰当的，当下的法律体系对于审理（审查）之后发现没有管辖权的情形留有空白。根据《最高人民法院关于适用〈中华人民共和国刑事诉讼法〉的解释》第 181 条的“退回”对于检察院而言应该也是没有约束的，这应当是建立在检察院同意的基础上。其次，根据《刑事诉讼法》的规定，上级法院要实现规范中“指定下级法院移送案件给其他法院进行审理”，则必然是要以牺牲独立审判为代价。

在此，笔者以“可能判处无期徒刑、死刑的案件”为例，来剖析在现行的管辖制度中，则必然会发生起诉权制约审判权的现

① 陈瑞华：《司法权的性质——以刑事司法为范例的分析》，载《法学研究》2000 年第 5 期。

象，又或者导致审判权倾轧起诉权的后果。以控审分离原则以及法院的独立审判原则作为依托进行审视，法院有权在起诉的范围之内独立审理案件、对案件事实和证据做出自己的判断。[①]即是说，虽然法院的审理范围受到起诉内容的限制，不能超出起诉范围进行裁判，但是只要在公诉范围，法院的独立裁量不受任何人、任何机关的干预，检察机关也没有要求法院判断与其一致的权力。但是，在管辖问题上，却导致了公诉权对审判权一定程度的倾轧。按照刑事诉讼法的规定，可能判处无期徒刑的案件，应当由中级人民法院作为一审法院。但这里有两个提前的判断：第一，被追诉人有罪；第二，被追诉人所犯之罪会被判无期徒刑及以上。反过来，如果检察院向基层法院提起公诉，则意味着法院定罪量刑应当低于无期徒刑。所以，通过审判管辖的分流，检察机关的起诉权已经向法院旗帜鲜明地亮明了量刑的意见和态度。但在法院还未开始审理之前，就已经将案件的刑期进行提前“预报”，这无疑是公诉权的一种“僭越”，变相压制了法院独立审判的空间。

从诉讼规律来看，在刑事诉讼中，审判必然始于公诉之提起。在提起公诉时，检察机关首要面对的就是决定应当由谁起诉的问题。根据《刑事诉讼法》的规定以及我国的管辖理论，检察院的起诉应该与法院的审判进行对应，而且根据“按审判管辖规定起诉”，有了起诉管辖之后，由于对应关系，本身就不再有必要规定审判管辖。那么，审判管辖的一切不合理因素，都可以在起诉管辖中得以更正；顺应了诉讼发展规律，避免了程序逆流；维护了检察院的法律监督地位；法院的级别独立与消极地位得以保障。所以，起诉管辖较之现下审判管辖更具有合理性。

（三）起诉管辖格局下可以实现权利保障

管辖权异议的权利是当事人“获得公平审判权利”的应有之

---

① 洪道德：《控诉与审判分立应贯穿整个刑事诉讼程序》，载《政法论坛》1992年第1期。

义。[①]但是目前我国现行的审判管辖制度几乎完全建立在下列假定的基础上：管辖属于法院内部决定事项，是对审判权力主体的划分与配置，应当独立进行，不受其他主体干预。[②]这就在大的制度理念中扼杀了管辖异议权，使得整个管辖制度中都缺失权利保障的人文关怀。一方面，管辖错误可始于立案程序，那么管辖权异议能否在立案阶段提出？否则囿于当下的诉讼构造，在审判阶段才予以提出管辖权异议就没有什么实质意义。因为，司法审查在审前程序中的缺位，侦查阶段的管辖错误基本上在起诉、审判阶段都无法得以更正。但是立案阶段“怎么提、向谁提”，在我国现下的法律体系中都没有规定。另一方面，审判阶段的管辖错误，限制于《刑事诉讼法》第 27 条的规定，管辖错误现阶段也基本无法得到更正。从刑事司法实践的经验来分析：其一，指令是内部指令，进入不到诉讼程序。其二，若向原来法院提起异议，则案件已不归原法院管辖。其三，新法院亦审不了该指令，因为下级法院无权否定上级指令。实际上，由作出指令的法院来审理该指令的合法合理性不现实也不公正。同时，对于管辖错误，被告人即使不服也无法得到救济。这样，案件尚未实体审理就有程序问题解决不了，违背程序正义的要求。

但是，从起诉管辖中的权利保障方面来看，可以保障当事人的管辖权异议在诉讼结构中实现。如果当事人不服从检察机关的选择，则可向法院提出申请，由法院对管辖的问题进行开庭审理。例如，指令起诉管辖的情形下，被告人的管辖异议权就可以向法院提

① “公平审判权”的一个重要内容是控辩平等对抗。当下的管辖格局下，刑事诉讼由控诉方启动，决定向哪个人民法院起诉，人民法院在控诉方起诉的基础上审查是否有管辖权，而恰恰和案件有直接利害关系的被告方无权就管辖问题发表意见，这违背了控辩平等原则。

② 陈瑞华：《刑事诉讼的前沿问题》（第二版），中国人民大学出版社 2005 年版，第 445 页。而且，无论是法律还是司法解释，都没有授予当事人对刑事案件提出管辖权异议的权利。法院的指定管辖和移送管辖是一种典型的行政决定行为，不举行听证，纯粹是法院的单方职权行为。

出（被指定管辖的检察院提起公诉的对应法院），法院完全可以保持一个中立的地位裁判审理该指令。在审查的时候，被指定的检察院只要出示上级检察院的指令即可。法院通过审理，认为当事人的管辖权异议合理，就可以做出裁定，裁定将案件移送回检察院。[1]这样也就完全可以避免检察院滥用指定管辖权，在事实上不仅改正了当下审判管辖可以滥用指令而不受规制的弊端，也实现了对检察院起诉权的一种制约。

（四）起诉管辖符合诉讼效率的要求

现行规定的指定管辖制度在实践中往往会导致程序逆流的现象，或者是公检法三家在案件开始前就进行不恰当的协商。实践中，指定审判管辖，均由上级检察机关以商请函商请同级法院指定。[2]就诉讼程序发展规律而言，检察院的起诉管辖自然先于法院的审判管辖，现实中的审判指定管辖往往都是在侦查、起诉阶段就改变了管辖。就规范而言，我国刑事诉讼法仅明确按照审判管辖确定检察院的管辖，于是就导致了诉讼程序在管辖问题上的回溯，降低了诉讼效率。而且根据《刑事诉讼法》第 26 条规定，到了审判阶段才移送根本行不通，必然会带来程序倒流，而且还要求检察院无条件配合，其制度设计有违诉讼规律。更进一步说，如果检察院不予配合，毫无疑问会造成审判权与检察权相矛盾的境地。

总而言之，我国现行的管辖制度中始终无法理顺各方权力以及“权力—权利”之间的关系。因此，笔者认为应当引入起诉管辖制度，实现权利保障。

二、管辖争议的诉讼构造解决机制

在实践中，对于管辖问题产生的争议往往难以妥善解决。管辖

① 这样的情形并没有否定公诉权的正确性，只是在起诉主体上不认为是合适的。

② 龙宗智、白宗钊、谭勇：《刑事诉讼指定管辖若干问题研究》，载《法律适用》2013 年第 12 期。

在实践中被视为国家机关内部的分工问题，因此，行政化的色彩浓烈。这在实践中表现为当事人的管辖异议权无法落实，同时审判阶段出现的管辖争议无法在现有的框架内予以解决。可以说，审判管辖属于法院单方面的指定与转移，不符合法院中立的法律地位与基本的三角诉讼结构。因此，结合上述的分析，引入起诉管辖制度可以在一个诉讼构造的框架内实现管辖争议解决机制：以当事人的管辖异议权对抗公诉方的起诉管辖权，审判权恪守独立并中立裁决。具体来说，检察机关依照起诉管辖之规定而提起公诉，在法院审理之前向被告人送达起诉书副本 10 日之内，被告人如果对检察院的起诉管辖权有异议的，应当在开庭之前向法院提出，法院决定召集控辩双方对管辖权问题进行讨论，并当庭作出裁判，以及告知在 5 日内提出有权提起上诉。这样，就可以在一个诉讼构造的框架内合理地解决管辖权的争议。

（一）域外经验的借鉴

就域外经验而言，日本①、法国②、美国、意大利③等均在刑事诉讼法中对管辖权异议制度作了明确规定。从国际社会上看，为了确保被告人在抗辩时能依据法律采用一些有效措施进行救济，相关

① 《日本刑事诉讼法》第 19 条规定：“法院认为适当时，可以依据检察官或被告人的请求，或者依职权，以裁定将属于自己管辖的案件移送级别管辖相同的其他管辖法院。”其《刑事诉讼规则》第 8 条又进一步规定：“已有法第 19 条规定的移送请求时，应当在听取对方当事人或其辩护人的意见后做出裁定。依职权做出法第 19 条规定的移送裁定时，应当听取检察官和被告人或其辩护人的意见。”

② 《法国刑事诉讼法》第 638 条规定：“属于同一上诉法院管辖的两个轻罪法庭，两名预审法官或者两个违警法庭，如果同时受理同一罪案，应当做出指定管辖的决定。刑事审查庭应当根据检察官或者当事人的要求做出裁决，对此裁决可以表示不服并提出上诉。”《美国联邦刑事诉讼规则》第 21 条（a）款规定：“根据被告人的申请，如果法院有理由相信，在对被告人起诉的地区对被告人存在如此强烈的偏见以至于被告人在该地区任何依法确定的法院都不可能受到公正的审判，应当将此案移送其他地区，不管被移送地区是否为被告人申请的地区。”

③ 《意大利刑事诉讼法》第 30 条第 2 款规定：“处于冲突中的法官身边的公诉人或者当事人个人可以报告存在冲突。这种报告应当自法官的文书室提出，并采用附理由的书面陈述的形式，同时附有必要的材料，法官将上述报告、材料以及解决冲突所需要的文书副本立即一并移送最高法院，向最高法院指明当事人和辩护人并说明自己的意见。”

国际条约在被告人的权利保障方面提出一系列最低限度标准，包括刑事诉讼管辖制度方面。[①]概括而言，申请管辖权异议的法定情形：各国大都集中在地域（包括移送、优先）管辖方面，而较少涉及级别管辖、专门管辖方面。[②]申请管辖权异议的主体：相关国家或地区的规定由窄到宽分为以下三类：一是以美国为代表的主体只限于被告人；二是以德国为代表的主体是被告人和检察官；三是以法国为代表的主体是几乎所有当事人和检察院。[③]申请管辖权异议的理由：一是保护被害人、被告人的合法权益，使诉讼活动公正进行；二是提高诉讼效率，防止诉讼过分迟延。[④]申请管辖权异议的法律后果：一是正在进行的诉讼程序暂时中止；二是正在进行的诉讼程序并不因此停止。[⑤]管辖权异议成立的法律后果：如果被判定为无管辖权，那么就需要移送有管辖权的法院，但在紧急情况下对

---

① 如《公民权利和政治权利国际公约》第14条规定，被告人有获得独立、公正、公开审判的权利，此项权利已成为公约缔约国或参加国设立被告人审判管辖异议权的立法依据。

② 如《美国联邦刑事诉讼规则》第21条（a）款的规定。《德国刑事诉讼法》第6条（a）款、第215条（a）款第4项则规定："在审判开始之前，法院如果认为被告人管辖权异议正当，案件必须移送具有优先权的刑事法庭审理。"

③ 如《德国刑事诉讼法典》第4条规定："法院也可以在审判程序开始后依检察院、被告人的申请或者依职权以裁定将互有关联的刑事案件分离或者合并。"《法国刑事诉讼法》第82条规定："各诉讼方可以在侦查过程中向预审法官提出书面和附理由的请求，要求法官听取他的陈述或对他进行讯问或听取证人的陈述，进行对质，或改变管辖……"

④ 如《美国联邦刑事诉讼规则》第21条（a）款的规定。"澳门刑事诉讼法"第19条规定，申请管辖权异议的理由是"尤其是不致拖长羁押时间"以及防止"对嫌疑犯之审判过度延误"。

⑤ 如《法国刑事诉讼法》第660条规定，有关各方一旦提出管辖权异议，诉讼进程暂停。我国台湾地区"刑事诉讼法"规定："申请移转管辖，原系属法院并不因而停止其诉讼程序之进行。"

之前的诉讼活动则可以认可其法律效力。[①]最后，对于管辖权错误的法律后果，对此都设定了较为一致的程序性后果。[②]

（二）诉讼构造下的管辖争议解决机制

第一，管辖权异议的主体。有权提出管辖权异议的主体限制为被告人，不包括公诉方和被告人的近亲属和辩护律师。这是因为公诉方是主动向受诉法院提起公诉，就意味着对法院审判该案件权力的认可。而且，在审查起诉阶段，公诉方也必然需要落实管辖权的问题，安排认为合适的检察院提起公诉；律师或者其近亲属并不需要单独赋予此项权利，他们可以通过协助被告人或者经被告人授权后提出。

第二，管辖权异议限于地域管辖以及指定管辖（仍然是实质上的地域管辖）。被告人不得对级别管辖提出异议。这是因为级别管辖实质上的错误就是两种，检察院重罪轻诉与轻罪重诉。重罪轻诉，这是检察院进行控诉职能上的错误，检察院不能从其错误行为中获利，出于有利于被告人的考量，该情形下不允许被告人异议。轻罪重诉，即检察院错误地将实质上应当判处无期徒刑以下的案件而向中级人民法院提起公诉，此时不允许被告人提出管辖权异议是因为：（1）中院审理并不必然最后就一定要判处无期徒刑、死刑，出于诉讼效率考虑应当允许中院继续审理并根据事实定罪量刑；（2）这也是对公诉权诉讼监督属性的维护。

对于指定管辖的管辖权异议审理的几个特殊问题。在指定管辖的情形下，法院居中审理的就应当是该“指令”。即对该指令的必要性（为什么该案需要指令）和合理性（指令到该检察院的理由）

---

① 例如，《德国刑事诉讼法》第 20 条规定无管辖权法院的一些调查行为并不因为它无关管辖而无效。第 21 条规定：无管辖权的法院应当实施要在它的辖区内进行的如果延迟就有危险的调查行为。

② 例如，在法国，向最高法院提出的“为法律的利益提出上诉”的非常上诉，其原因之一就是做出裁判决定的法院无管辖权或越权；《德国刑事诉讼法》第 338 条规定，绝对上诉理由之一就是“法院错误地认定自己有管辖权”。

进行审理。这要求公诉方提供完整的举证责任，而且达到“确实、充分”的令人信服的标准。通常而言，指定管辖包括管辖不明与客观需要两种情形，该指令的必要性是较容易说明的，但是合理性的论证却存在相当的困难。现实情况中，适合起诉该案的检察院众多，为何就必然要选择该检察院。那么，此时双方存在争议应当如何解决？首先，应当由控辩双方协商一致认可的检察院起诉管辖。在达不成一致意见的情形下，应当在可供选择的若干法院之间，当庭用“摇号”的方式解决。例如，由法院居中主持，将适合的检察院的名字分别用若干张纸写好放入一个透明玻璃盒子，再由法官当庭抽取。其次，由该检察院对该案件进行起诉。显然，对于指定管辖的管辖权异议的解决，在程序上会比较烦琐。因此，出于诉讼效率的考量，笔者认为一般应当将指定管辖限于市级检察院，即最高人民检察院指定省检察院起诉、省检察院指定市检察院起诉。对基层检察院在原则上应当不使用指定起诉管辖，但特殊情形下的不适合该院审查起诉的除外。[①] 另外值得一提的是，管辖权异议不包括第二审刑事案件的管辖权。在起诉管辖中，第二审刑事案件的起诉管辖是根据第一审案件的起诉管辖而定的。

第三，管辖权异议的时间。侦查、审查起诉阶段不适宜提管辖权异议。原因有二：其一，公安机关、检察机关都是全国一体化的格局，因此在这两个阶段提管辖异议没有实质意义。其二，侦查多需秘密进行，此时若授予管辖权异议，可能会导致泄露侦查机密。由于管辖权异议是在审前的程序性事项，为了实现必要的诉讼效率，结合我国《刑事诉讼法》规定的“人民法院决定开庭审判后，应当确定合议庭的组成人员，将人民检察院的起诉书副本至迟在开庭十日以前送达被告人及其辩护人”，对于管辖权异议的提出时间也限定在“收到起诉书副本十天内提出”。出于对检察院起诉权的尊重，在审查起诉阶段中检察院系统内管辖权的确定不受外来因素

① 如，检察长受贿情形。

干涉。只有在检察院将案件移送法院提起公诉之后，将内部事项外化为诉讼权力的行使时，才得以允许被告人的异议，以便于在案件进入实体审理之前就能厘清最基本的原始问题。

对于管辖权异议的审理期限不计入审限。在收到起诉书副本10日内向法院提出异议申请，法院至迟在5日内安排开庭，并作出裁定。对于该裁定不服的，可以在5日内向上级法院提出上诉。上级法院二审以书面审理为原则，并在10日内作出二审裁定。这样，对于该管辖权异议的审理总长以1个月为限。这1个月的期间不计入审限。

第四，管辖权异议的处理。法院针对管辖异议权的争议应当开庭审理并当庭作出裁定，允许被告人针对该裁定上诉。开庭审理是直接言词原则的体现，可以保障双方意见陈述的权利。而当庭作出裁定是出于诉讼效率的考量，而且管辖权异议多是程序性的问题，远不如事实问题的审理那么复杂，并且有现成的法律文本参照，可以实现当庭裁定。基于法理而言，法院也无权对不是本院管辖的案件进行审判，管辖权异议的处理结果也影响到法院是否能够接着审理这个案件，故而对该程序性问题应当允许上诉。如果审理认定检察院起诉管辖错误，法院亦不应也不能裁定直接移送至有管辖权的法院，而应当裁定管辖权异议成立，不属于本院管辖并将案件移送回检察院，这样就保证了法院中立听审的消极地位。同时，诉讼权利应当有法律上的消极后果予以保障，对于违反了管辖权异议的规定应当有“将案件移送回检察院”的否定性法律后果。

第五章　刑事强制措施的三重构造[①]

我国的刑事强制措施体系中，大致是以羁押为分界线，分为非羁押性刑事强制措施与羁押性刑事强制措施。然而两者在适用的过程中都缺少诉讼构造的程序制约，从而导致在权利向度方面缺失正当的基础，也正因如此，刑事强制措施的程序性性质往往被无视，在实践适用中更倾向为一种侦查取证的手段。因此，引入刑事强制措施的诉讼构造，是恢复刑事强制措施的程序性定位，保障其程序性的必然选择。本章将从我国刑事强制措施的体系分析入手，展开论述刑事强制措施构造理论的三重体系：非羁押性强制措施、羁押性强制措施与后羁押程序的诉讼构造。

第一节　我国刑事强制措施体系分析

一、刑事强制措施的概念分析

刑事强制措施是指公安机关、人民检察院和人民法院为了保证刑事诉讼的顺利进行，依法对刑事案件的犯罪嫌疑人、被告人的人身自由权进行限制或者剥夺的各种强制方法。[②]刑事诉讼强制措施的性质在于它的诉讼性和保证性。诉讼性是指强制措施的程序的意义，也即公检法机关在诉讼中所采用的程序性措施；保证性是指适

① 本章部分内容引用了张益南：《羁押性强制措施诉讼构造新论》，中国政法大学2016年硕士学位论文，有删节、修改。

② 陈光中主编：《刑事诉讼法学》（第六版），北京大学出版社、高等教育出版社2016年版，第224页。

用强制措施的目的在于保证刑事诉讼的顺利进行，防止犯罪嫌疑人、被告人逃避侦查、起诉和审判，进行毁灭、伪造证据、继续犯罪等妨害诉讼的行为。①需要指出的是，我国刑事强制措施的概念与域外法治国家的概念有较大的不同。在我国的法律规范中，刑事强制措施仅指对人身自由的限制或者剥夺，而并不涉及对财产、隐私等所采取的措施。可以说，对被追诉人采取刑事强制措施，从而对被追诉人的人身自由进行限制、剥夺，在表面看来似乎是一种暂时性刑罚预期支出，但是这样的处分却是为现代国家治理所许可的。国家启动刑事诉讼程序，正是为了打击犯罪行为，维护稳定的社会秩序，所以对于施用以排除障碍为目的的刑事强制措施，被追诉人需要忍受这种“不得已的恶”，这是刑事诉讼中惩罚犯罪的现实体现。但另一方面，“惩罚犯罪”的正当性理由也不能无限制地应用，现代国家也承担着对人民自由加以保护的责任，亦即“保护人权”的理念。这在刑事强制措施领域内就是要求在审前对被追诉人人身自由的限制，应当始终确保其只是在程序的意义上所进行的，而决不能带有惩罚性色彩。因此，程序指向性是刑事强制措施正当化的基础。②

二、刑事强制措施的功能误区

上文提出，程序性是强制措施的正当性基础。但是在客观上而言，刑事强制措施对于人身自由限制与剥夺的外在表现很容易在实践中引发滥用与侦查化的趋势。这一点在我国的刑事司法实践中比较明显。一般来说，立法对于刑事强制措施的不正确定位，使得刑事强制措施彰显了浓烈的惩罚教育色彩，同时其实体性惩罚样态直接导致其承担着部分的刑罚预支功能，在实践中往往成为压迫取供

---

① 陈光中、徐静村主编：《刑事诉讼法学》（修订二版），中国政法大学出版社2002年版，第169页。

② 杨雄：《刑事强制措施实体化倾向之反思——以预防性羁押为范例》，载《政法论坛》2008年第4期。

的手段，这是其实体化的一个典型体现。同时，在侦查过程中，强制措施有侦查手段倾向的发展趋势。①

这样不明晰的定位主要源自法律规定的偏差：我国刑事诉讼法明确规定了“侦查”的定义。但现行的理论观点中，对于“强制性措施”“强制措施”以及“侦查行为”三者都无法截然分开，这也导致“强制措施”的概念始终无法脱离“侦查行为”的范畴。其中唯一脱离“侦查行为”的范畴而探讨“强制性措施”内涵的观点认为：强制性措施是与任意性措施相对应的概念，但这种解读却没有实践行为的支撑。我国刑事诉讼中“侦查行为”与“强制措施”的概念始终存在剪不断理还乱的关系，更导致了实践中将“强制措施”当作“侦查行为”而适用的不良倾向。如果从更本源的角度剖析强制措施的实体化倾向就需要再分析刑事诉讼法的宗旨。我国《刑事诉讼法》开篇首条就规定了“为了保证刑法的正确实施，惩罚犯罪，保护人民”，从实体与程序的角度来说，保证刑法的正确实施，是从实体角度阐明了刑事诉讼的结果是要落实实体正义，那么惩罚犯罪与保护人民则是从诉讼过程的角度来分析的。按照程序公正的基本要求，在刑事诉讼过程中应贯彻无罪推定的理念，那么在诉讼过程中就不应当有惩罚的色彩。

第二节　非羁押性强制措施的权利面向构建

在我国传统的刑事司法实践中，非羁押性强制措施的适用比例一直较低，“以羁押为例外”的原则一直无法构建。这一方面是因为理念上仍未设立权利优先，另一方面是因为非羁押性强制措施本

① 对此，应当指出，惩罚教育功能和刑罚预支功能属于强制措施功能异化的情形，是将强制措施这一程序性保障措施予以实体化适用的错误做法。证据发现功能和犯罪预防功能则是强制措施功能泛化的表现：证据发现在本质上从属于诉讼保障功能，且不能与侦查行为的证据发现功能相混淆；犯罪预防是基于特殊利益保护而附加给强制措施的例外功能，必须受到严格限制。

身功能性没有在立法上得到发挥。对此，本书的思路就是构建以取保候审为核心的非羁押性强制措施体系，并辅之以非羁押性强制措施的检察救济模式。在构建以取保候审为核心的非羁押性强制措施体系中，必须应对两个问题：第一，拘传与固定住处监视居住措施如何处理。第二，如何保证取保候审强制措施体系的实效。对此，笔者认为，拘传是一种取证手段，应当是侦查行为的一种，不应在强制措施体系中予以考量，同时，固定住处监视居住与取保候审在实质上混同，因而可以作为取保候审的附条件执行方式存在。另外，为保证取保候审的扩大适用，可以在引入社会参与的理论基础之上，构建第三方的监督管理模式。在行解前两个问题的基础上，废除指定居所监视居住。

一、取保候审的实体化

从立法规范来看，对于取保候审的适用法律规范采用了“继续侦查的需要”。这样的立法定位就造成了取保候审在实践中的实体化倾向。一般来说，对于拘留、逮捕等羁押性强制措施，立法作出较为严格的限制。因此，在上述的办案期限内仍不能完成相应的取证工作，从而推动刑事诉讼程序向下一个阶段发展的，那么就采取取保候审的方式，对于犯罪嫌疑人人身自由予以一定的限制，同时继续侦查取证。这样的方式下，取保候审很容易就异化为取证的辅助措施，以及消化案件的渠道。

二、固定住处监视居住的非羁押属性及执行困境

首先，关于固定住处监视居住的属性定位分析。针对 2012 年《刑事诉讼法》对监视居住制度的修改，学界通常认为监视居住的性质此时应当定位为“准羁押措施”——强制性在取保候审之上，但又低于逮捕。对此，笔者认为，在强制措施的定性上，只有排中率，羁押与非羁押之间并不存在调和两者的“准羁押”。质言之，强制措施的属性定位无法既是羁押性质又是非羁押性质。学者对监

视居住的定位错误主要在于，没有考虑立法上对监视居住的区分，将监视居住制度视为一个整体来统一定性。但由于监视居住在立法上的区分，固定住处监视居住就是一种非羁押性措施而指定居所监视居住实则就是羁押性强制措施。所以笔者认为：监视居住制度实则是一种矛盾的合体，而并非在羁押性质上的“降格”。从立法源流上来看，固定住处监视居住的定位是稳定的，其与取保候审均定位为逮捕的补充性措施。[①]两者在本质属性、适用范围等方面从未有泾渭分明的界限。固定住处监视居住在很大程度上仍然是作为取保候审的补充而存在。[②]从本质属性上进行探究，固定住处监视居住可以大体等同为“house arrest”（“住地逮捕”），《布莱克法律词典》解释“住地逮捕”为：对犯罪嫌疑人、被告人在家中执行监禁，通常是以佩戴电子监控手链的方式予以监控。大部分住地逮捕都要求被告人从事劳动并且在特定情形下允许其离开住地，如工作、医疗需求或社区服务义务。[③] 在固定住所的监视居住中，刑事诉讼法并没有限制其与家人、律师的会见，经批准也可以会见其他人或外出。被监视居住人只是被限制了活动的范围，而在该范围内仍然可以按照自由意志进行自主的活动。也就是说，当下的社会条件中，由于科技等各种技术的发展，被监视居住人与社会并没有被完全剥离，信息交流畅通，故固定住所监视居住表现更多的是非羁押的性质。因此从固定住所监视居住的本质属性来分析，除了所能活动的区域大小不同外，其不能与取保候审实现真正意义上的两分，两者的效果并没有实质上的差别。

---

① 如上文所述，1954 年施行的《中华人民共和国拘留逮捕条例》、1979 年《刑事诉讼法》第 38 条、第 40 条和第 44 条将监视居住与拘传、取保候审并列作为一种独立的非羁押性强制手段。1996 年《刑事诉讼法》也并未对监视居住的条件作出重大修改，两者均作为逮捕的补充性措施而存在。2012 年《刑事诉讼法》对监视居住的改造也没有脱离取保候审的印记。

② “监视居住是取保候审的补充”该论述可以参见徐俊：《浅谈监视居住的适用价值及其完善》，载《政法学刊》2000 年第 2 期。

③ Bryan A. Garner, BLACK’S LAW DICTIONARY (Eighth Edion), WEST p. 2162.

其次，关于固定住处监视居住的执行困境。实践中监视居住的适用量少且适用对象窄，如学者调研数据显示，2003 年到 2010 年，公安机关共对 1395 名犯罪嫌疑人采取非羁押措施，其中取保候审的占 86.09%，监视居住仅占一成多，大部分被采取监视居住的犯罪嫌疑人在实践中多为外来流动人口。而且在法律实践中监视居住后直接起诉率低，较多的犯罪嫌疑人最终被解除监视居住，这就意味着监视居住有异化为案件消化渠道的倾向。[①]同时，现实中的监视居住有被束之高阁的趋向，由于适用监视居住的案例中都较多选择了适用指定居所监视居住，固定住处监视居住被闲置的倾向更为明显。即使实践中适用了固定住处监视居住，也多是采取了“放羊式”的管理方法，这时，固定住处监视居住不仅跟取保候审毫无二致，更沦为一种消化案件的渠道。因此，属性上的错位导致固定住所监视居住在实践中难以执行，固定住所监视居住的闲置化也多源于其难以执行到位。具体而言，固定住所监视居住的执行困境主要有以下几方面的原因：

一是，执行成本较高。在固定住处执行监视居住如果要执行到位，在现阶段往往就是侦查人员要 24 小时不间断地实施监控，否则很容易发生意外。而且监视居住的期限可以达到较长的 6 个月，这样就大大增加了执法成本。对于工作量本就沉重的基层执行机关而言往往显得力不从心。而且，《刑事诉讼法》规定了电子监控等高科技手段，其普及势必对司法成本的投入要求更高。那么，地方财政能否支持大规模适用也是存在疑问的。此外，固定住处监视居住往往针对的是人身危险性较低的嫌疑人、被告人，如此大的司法成本投入也不符合效率原则。所以，在执行成本上存在目标与实现目标的手段不匹配的难题，必然难以有效地执行监视居住。

二是，执行过程的合法性难以保证。我国《刑事诉讼法》第

---

① 张芸：《非羁押性强制措施适用探析》，载张智辉主编：《强制措施立法完善研究》，中国检察出版社 2010 年版，第 66 页。

77 条规定了具体执行方式。高法解释、高检规则也作了大体上一致的规定。但《公安机关办理刑事案件程序规定》做了进一步的扩展。[①]这样一个很浅显的矛盾就凸显出来：电子监控只能保证被监视人不超越指定范围，但是却无法监控其在住所内的行为，无法保证其不实施妨碍诉讼的行为；不定期检查则使其有太多侥幸的机会可以实现脱监或者妨碍诉讼等；通信监控如果范围过大则往往会对同住家人的隐私权、通信自由权产生侵害，而若做严格区别，则被监视居住人完全可以通过同居住的人实现妨碍诉讼的目的。实践中，犯罪嫌疑人、被告人往往是与配偶、子女、父母等同住，单独居住的比例极小。也就是说，如果严格执行对于固定住处监视居住的义务条件，那么就必然对其共同居住生活人的合法权利造成侵害。

三是，执行的有效性难以达到。其一，从活动范围来看，仅限于居住的范围内与所居住的市、县，虽然空间上有大小之不同，但就被执行人而言并无实质之区别。而且，从两者的义务条件来看，也不存在实质的区别。这往往在现实执行中为执法人员所忽略。其二，沦为消化案件的渠道。由于羁押性强制措施在法律上有明确的期限规定，一旦案件无法在短时间内完成，往往就对其采取监视居住的措施。这样一方面限制了人身自由活动的范围，另一方面又为办案赢得了时间。[②]其三，科技发展与社会流动加强带来的监视困难。随着现代社会科技高速发展，单纯地限制活动区域的范围难以控制被监视居住人在监视居住期间与外部的联系。而且随着社会流动性的加强，侦查机关无法借助熟人社会加以控制，即场所要求与流动人口的冲突。

---

① 《公安机关办理刑事案件程序规定》第 112 条。

② 正如有学者在监视居住实施情况的调研中提出："实际监视居住期间较长而最终解除，期间较短而做出进一步处理的案件，其监视居住功能分别对应于消化案件与替代羁押，因此解除监视实际上就是撤销案件、排除犯罪嫌疑。" 马静华、冯露：《监视居住：一个实证角度的分析》，载《中国刑事法杂志》2006 年第 6 期。

可见，固定住处的监视居住不仅在本质属性上与取保候审依旧混同，而且法律的规定并不能有效区分两者，同时其自身也存在难以执行到位的缺陷。因而，笔者认为其有效的出路就是不再保留其独立的地位，将其并入取保候审中作为取保候审的附条件之一。如此才能起到扬长避短的作用：既可以限定行为人的活动范围，又不至耗费过多的司法资源。①

三、指定居所监视居住理应废除

对于监视居住制度的探讨，必须要在本质属性层面将监视居住制度作两分的态势。从立法源流上看，监视居住制度原本就是脱胎于取保候审制度。其逐步独立正是通过指定居所监视居住的创设并不断被赋予的强制性而得以实现。进一步说，以羁押性为分界线，固定住处监视居住的非羁押性从未与取保候审两分。而指定居所监视居住被赋予了越来越多的强制性，2012 年《刑事诉讼法》的改造，更使得指定居所监视居住彻底沦为一种羁押性强制措施。更严重的是，该草创的羁押性措施，不仅诸多自身缺陷难以补足，而且在辩护权保障、指定的“居所”、法律监督以及人身隔离措施等相关配套措施上也存在缺位，导致权力在一个封闭空间内不受任何限

---

① 有学者论述监视居住的保留，但是笔者认为，之所以如此，是因为有三点内在的关系并未厘清：第一，强制措施的属性问题；第二，对固定住处监视居住与指定居所监视居住没有区别讨论；第三，对于固定住处监视居住与取保候审没有从属性上进行区分。可以说，在探讨监视居住的归属上必须立足于将监视居住在两个层次上进行讨论：一个是将监视居住区分为固定住处监视居住和指定居所监视居住，并区分两者的本质属性；另一个是要从羁押的本质属性入手来认识指定居所监视居住。有学者关于“采取监视居住措施既防止犯罪嫌疑人被取保候审后妨害证据，也为侦查机关收集证据赢得时间”的观点，实则是赋予了强制措施以压迫取证的功能，是不符合强制措施的诉讼功能属性的。而认为监视居住具有比取保候审更好的防范功能的观点，实则是没有在属性上厘清两者同为非羁押性质，难以实现两分。认为监视居住能够实现替代羁押性措施的目的，实则是没有认识到指定居所监视居住的羁押性质，因而才有了如此的认识偏差。基于此，认为要保持强制措施体系而保留监视居住制度，实则是虚无的论调：改造取保候审的适用就可以实现对非羁押性情形的适用，为何非要一个不合理的体系？

制地运行。

（一）指定居所监视居住的规范分析

较之于1996年《刑事诉讼法》的规定，2012年与2018年《刑事诉讼法》对监视居住的改造仍然沿用了二分法，即将监视居住制度分为固定住处监视居住和指定居所监视居住，两者的期限都一样，都只能使用六个月；公检法三机关都可以决定适用，但只能由公安机关执行。但是，较之于1996年的监视居住制度而言，现行立法对监视居住的适用是以符合逮捕条件为前提的，而逮捕条件本身与发生社会危险性密不可分，即监视居住是以有社会危害性为隐含前提的，这就与取保候审进一步脱离。但与此同时，立法对监视居住的定位开始变得模糊——成为羁押与非羁押的矛盾体：一方面，固定住处监视居住在实质上只是限制了活动的空间范围，仍然无法隔绝个人与社会的信息交流，难以与取保候审实现两分。另一方面，指定居所监视居住却被赋予了更多的强制性，乃至于沦为一种“羁押性强制措施”。

从具体的法律条文来看，《刑事诉讼法》对监视居住制度的规定存在内在逻辑不清的缺陷。第一，第74条对监视居住是抽象肯定但具体否定的态度：从文字表述中可以得出，所有符合逮捕的案件，都可以用监视居住取代，而且第1款第4项笼统规定“因为案件的特殊情况或者办理案件的需要，采取监视居住措施更为适宜的”，由于规定的标准不明确，因而在很大程度上有自我扩大授权的倾向。可以说，单凭第74条的抽象规定，监视居住可以在很高的比例上取代逮捕。但是，具体否定体现在：要求是“可以”监视居住，反面而言也就是“可以不”监视居住。这样完全是交给司法机关自己裁量，因此，实践中公安司法机关也完全可以不用。这样监视居住的弊端就会显现出来，立法措辞的模糊性加剧了实践执行的任意性。而另一方面，《刑事诉讼法》第81条对于规定逮捕的情形用词却是“应当”——这就表明立法的隐含目的仍然是羁押性强制措施优先选择的定位。

第二，根据《刑事诉讼法》第 75 条的规定，指定居所监视居住适用两类特别的案件类型。[①]对此，可以轻易地得出，对于更加严重的犯罪应当适用更严格的强制措施。进一步说，此时的指定居所监视居住较之于固定住处监视居住，强制力度更大，而且加之下文所要论述的其羁押性质，这样立法就人为地给指定居所监视居住添加了强烈的羁押色彩。另外从羁押的角度考虑这条规定，对涉嫌危害国家安全犯罪、恐怖活动犯罪直接指定居所监视居住存在逻辑上的混乱。然而，对这两类如此严重的案件（刑法上是最严厉的案件）却不用逮捕这一最严厉的强制措施，这就暗含了指定居所监视居住是比逮捕更好用的强制措施的意图。

第三，《刑事诉讼法》第 76 条关于折抵刑期的规定，更明确了指定居所监视居住的羁押性质。同时，结合前述第 77 条监视居住的义务性规定与取保候审的义务性规定混同；第 78 条规定的监视居住执行措施难以有效执行，并且有侵犯嫌疑人、被告人以外第三人隐私的嫌疑等内容来看，刑事诉讼法对指定居所监视居住的规定彻底改变了整个监视居住制度的性质，以至于监视居住制度成了一个羁押性与非羁押性措施合体的“怪胎”。由此，也引发一系列连锁效应，如：使得对逮捕送看守所的改革难以发挥原本功能，意欲将侦查人员和嫌疑人隔离以防止非法取证的目的难以实现。而且，如果将目光转向实践中的做法，指定居所监视居住制度必然意味着将其一人指定居所并予以监视，同时按照刑事诉讼法的合理授权，侦查机关可以对其通信进行监控。那么在这整个过程中，不论是所指定的居所，还是室内监控、行为限制以及通信监控，侦查机关都可以按照侦查目的严加管理。在这样的环境中，犯罪嫌疑人的人身自由所受限制程度甚至远远大于逮捕羁押的程度，侦查机关完

---

① 对于涉嫌危害国家安全犯罪、恐怖活动犯罪，在住处执行可能有碍侦查的，经上一级公安机关批准，也可以在指定的居所执行。但是，不得在羁押场所、专门的办案场所执行。

全可以将个人隔绝于社会之外。因此，指定居所监视居住显露得更多的是一种物理强制，从而模糊了与羁押的界限。

（二）指定居所监视居住配套机制分析

第一，通知制度的内容缺陷。在《刑事诉讼法》以及相关司法解释的具体规定中，似乎都在有意无意地回避关于“通知”的内容，①这就导致通知制度在指定居所监视居住中处于一种“中空”的状态，从而导致基本的辩护权因为无法实现会见、通信而根本无法实现。试想，如果在指定居所监视居住中，不向被追诉人的家属及其辩护人通知具体的地点以及关押的原因这些最为基本的信息，那对于其家属、辩护人而言，其他的信息获取的可能机会更是微乎其微。这在具体的效果上就直接使得被追诉人丧失在指定居所监视居住期间获得有效辩护的权利。从以上分析可以看出，目前在指定居所监视居住法律体系中通知制度的缺失，极大地削弱了指定居所监视居住的正当性，被追诉人无法在这期间获得有效的法律救济，同时也徒增被追诉人家属的忧虑心情。②

第二，辩护权被架空。一是，《刑事诉讼法》规定的指定居所监视居住过程中的辩护权保障，其在程序上就存在不协调与混乱，极易造成适用上的无所适从。③这主要是由于“通知”内容的缺位以及“居所”规定的混乱，使得侦查机关有无限的主导力量，几

① 《刑事诉讼法》第38条最大的漏洞在于没有规定“向侦查机关咨询关押的理由与关押地点”，而“案件有关情况”不含诉讼情况，意即不含羁押理由与羁押地点等诉讼情况。另外，《刑事诉讼法》第75条第2款依旧没有规定通知的内容、原因、关押地点。《人民检察院刑事诉讼规则》第117条仅规定了指定居所监视居住的原因，依旧不涉及通知的地点。《公安机关办理刑事案件程序规定》第113条也没有涉及通知内容、原因、地点等。

② 陈光中主编：《〈中华人民共和国刑事诉讼法〉修改条文释义与点评》，人民法院出版社2012年版，第126页。

③ 《刑事诉讼法》第39条第5款规定：“辩护律师同被监视居住的犯罪嫌疑人、被告人会见、通信，适用第一款、第三款、第四款的规定。”而第39条的第1款、第3款、第4款的规定都是关于辩护律师去看守所会见犯罪嫌疑人、被告人的程序，并未涉及被监视居住人的辩护权。那么，这难免会引起适用上的无所适从。

乎在实质上架空了辩护的权利。二是，律师会见权在实践中遇阻。被追诉人在看守所羁押期间，由于公安机关内部的职能分工，在具体案件中，如果律师会见在押的被追诉人，需要联系看守所的工作人员办理会见相关手续。但对于被指定居所监视居住的被追诉人，辩护律师应当去何地找何人办理相关的会见手续呢？法律并未明确规定。并且即使会见成功，在会见过程中是否适用“会见过程不被监听”的规定，以及违反不被监听的规定有何后续的惩戒措施仍然尚不明确。这一系列的法律模糊态度加剧了实践中律师会见的难度。三是，“指定居所”的模糊不清。指定居所监视居住中关于“指定居所”具体是指何处，法律没有明确。[①]有观点认为“以集中式监视替代分散式监视”。[②]那么场所的固定则与应然之羁押便再难两分。所以困境的实质与本源仍然在于羁押的异化。再进一步分析，场所的随机性，则法律对场所条件的规定必然难以落实。[③]在这样的场景下，执行机关完全可以实现羁押化的场所布置，杜绝嫌疑人、被告人与外界的一切联系，派人日夜监视其一举一动，完全将其置于自己的控制之下，如此便与羁押并无本质区别。[④]如果仅将视角置于法律文本层面，那么现行的法律规定有两大不足：其一，对于无固定住处而采用指定居所监视居住的情形，“固定性”

---

① 我国《刑事诉讼法》第 75 条以及《人民检察院刑事诉讼规则》第 110 条、《公安机关办理刑事案件程序规定》第 108 条等都只是对“居所”做了笼统的规定而并没有明确细致的规定。

② 即由执行主体设立专门的监视场所，但这种监视场所不同于羁押场所，无限制自由的外在条件。执行机关可以通过专门人员和设备来实施监视。参见马静华、冯露：《监视居住：一个实证角度的分析》，载《中国刑事法杂志》2006 年第 6 期。

③ 亦即法律规定的“具备正常的生活、休息条件、便于监视管理”等无法保障。所以，实践中，指定居所多为招待所、酒店或者公安机关及相关单位的宿舍。

④ 钱学敏：《监视居住立法完善》，载张智辉主编：《强制措施立法完善研究》，中国检察出版社 2010 年版，第 276 页。

的标准不符合客观实践。[①]这极容易导致采用固定住处执行的监视居住变相扩展为指定居所的适用。[②]其二，在于指定居所固定化，加之其本身所固有的决定权与执行权合一导致的人身隔离无法实现，有逐渐沦为变相羁押的可能。[③]

第三，检察监督羸弱。现行法律虽明确规定了检察机关对于指定居所监视居住的法律监督，但是并没有规定监督的具体程序，这就很容易导致监督的形式化，难以达到预期的效果。[④]而且，在指定居所监视居住制度中的法律监督还有诸多严重漏洞：首先，被执行人的申诉控告权无法实现。在监视居住的环境中，通信、人身以及活动自由都被严密监控，被执行人完全没有申诉之空间。其次，由于侦查程序的封闭性，检察机关对于公安机关决定执行的监视居住的监督必然滞后，现实中难以监督到位。最后，对于检察机关自主侦查案件决定的指定居所监视居住上级检察机关如何实现具体监督？现行法律仅仅规定了备案审查，对于其实效是有待考究的。

总的来说，法律监督与通知制度的缺位加剧了指定居所监视居住的混乱与辩护权保障的缺失。反过来，后两者的存在又进一步恶化了监督与通知制度。

综上所述，指定居所监视居住并不符合强制措施本质属性的要

---

① 我国对于固定住处监视居住采用的是“固定性”的标准。但是从比较法角度看，固定性并非监视居住执行场所的必要特征；从实践角度看，人口流动性增强以及房屋租赁关系盛行，松动了固定性的基础。

② 陈光中主编：《〈中华人民共和国刑事诉讼法〉修改条文释义与点评》，人民法院出版社2012年版，第120页。

③ 法律仅仅解决了“将监视居住作为羁押措施使用”的问题，却未能杜绝“监视居住的羁押化倾向”。通常监视居住都在特殊空间内执行，形成指定居所监视居住场所的固定化，沦为变相羁押，造成严重的社会后果。参见马静华、冯露：《监视居住：一个实证角度的分析》，载《中国刑事法杂志》2006年第6期。

④ 《刑事诉讼法》第75条第4款特别强调了人民检察院的监督权，规定：人民检察院对指定居所监视居住的决定和执行是否合法实行监督。《人民检察院刑事诉讼规则》第118条规定了对监视居住进行监督的主体，但并没有细致的程序性规定。不仅如此，现行的规定在检察监督的启动、运行、配套措施以及惩罚后果上都没有具体规定。

求。正如上文所分析的，“强制措施是为了实现诉讼目的，正因为如此，刑事领域的强制措施必须贯彻比例原则和司法审查原则，以求对嫌疑人、被告人最小的损害”。然而，指定居所监视居住，由于其所具有的羁押性质，公安司法机关各自就可以决定使用，在程序上缺乏必要的监督制衡，而在后果上只是折抵刑期，并没有后续跟进的惩罚措施，更可能导致其滥用。因此，对于指定居所监视居住理应废除。

四、我国非羁押性强制措施的系统化改造

对于上述分析，总的来说是为非羁押性强制措施体系的构造做了制度铺垫。在实现以取保候审为非羁押性强制措施体系的核心内容基础上，应当实现我国非羁押性强制措施的系统化改造。

首先，社会参与的理论基础。刑事强制措施的适用在依靠国家力量的基础上，适当地吸收社会力量的参与，有着充分的正当性。一是，个人权利的保障基础。在现代法治文明社会中，个人自由应当受到充分的尊重，就算国家在追诉犯罪的过程中，也要秉持审慎的态度，恪守比例原则，对于公民合法限度内的人身自由应当予以保障。二是，现实基础：国家资源的有限性。在现代法治社会中，不能再用高效率的战争或者是行政治罪手段来打击犯罪，而应在保障人权的流水线上来处置犯罪。这就更增加了司法诉讼的成本。随着社会发展的日新月异，刑事犯罪越来越呈现出多样化与复杂性，导致沉重的司法负担与有效的司法资源之间的矛盾日益突出。因此，可以适当放宽在刑事领域处分权的范畴与适用，使得诉讼参与人的处分权能够有社会参与的空间，以有利于诉讼效率与控制犯罪之间的价值平衡。在司法实践中社会控制逐步弱化也为刑事强制措施的社会参与提供了现实的需求。目前存在以下几种现实倾向：第一，共同价值观的松动。集体主义向个人主义转变，使得传统社会控制体系说依靠的内在价值认同无法对个人的行为产生较强的约束理念。第二，人口的流动化。第三，利益的多元化。第四，传统控

制手段的弱化。我国传统的档案制度和户籍制度已经难以解决社会控制方面出现的新问题。第五，法律体系的不健全。这样，单纯地依靠国家的力量执行强制措施，尤其是非羁押性强制措施就存在现实上的阻力。

其次，域外经验的分析。在英美法系国家，保释是公民的宪法性权利，一般都遵循审前保释制度“保释为常态、羁押为例外”。而且，针对不同的案件情况，法律对于保释的条件、适用方式都有不同的规定。整体上看，保释制度有灵活应用的特点，也正因如此，才具有更为广阔的应用空间。例如，英国的保释制度包括附条件保释与不附条件保释两种。其中对于附条件保释的条件要求比较灵活，包括人保、财保和其他方式。通过设立兜底的“其他方式”可以适应社会中出现的新情况以及扩大保释的适用范围。美国的审前释放包括非金钱释放条件（含传票取代逮捕、具结释放以及变种签名保证或者无押金保证）、附条件保释、金钱保释（包括非金钱保释、定金保证或10%替代、保释担保或者职业保释保证人保证）三种。①根据《美国法典》第3142条的规定，法官可以附加的条件包括：待在某特定机构。②

在大陆法系国家，少有国家在刑事司法领域适用监视居住。③

---

① ［美］爱伦·豪切斯泰·斯黛丽、南希·弗兰克：《美国刑事法院诉讼程序》，陈卫东、徐美君译，中国人民大学出版社2002年版，第339~345页。

② 转引自宋英辉、孙长永等：《外国刑事诉讼法》，北京大学出版社2011年版，第77页。

③ 例如，前罗马尼亚社会主义共和国曾在其《刑事诉讼法典》第145条对监视居住作了规定：“监视居住不得离开制定区域，如违反，可改采其他较严厉的强制措施。”参见陈光中：《外国刑事诉讼法程序比较研究》，法律出版社1988年版，第156页。

为数不多的如意大利有相关的内容。[①]《法国刑事诉讼法》第 137 条进行了明确的规定。[②]即法国在适用司法监督（即保释）过程中，法官可对被司法监督人附加一项义务，即“只有在符合预审法官或者负责释放与拘押事务的法官限定的条件与理由的情况下，才能离开住所或离开预审法官规定的居所”。[③]此外，俄罗斯的具结不外出和行为保证、我国台湾地区的限制居住、日本附限制居住条件的保释、德国的延期执行逮捕令等规定，也都包含了监视居住的内容。可见外国的保证不仅局限于保证人保证和保证金保证，还涉及财产担保和非金钱释放、具结释放等方式，给被保释人更多的选择机会，使得审前保释制度“保释为常态、羁押为例外”的优越性得以充分体现，犯罪嫌疑人、被告人的权利得到最大限度的维护，值得我们借鉴。较我国当下情形而言，将固定住处监视居住并入取保候审而成为其附条件义务之一，为了保证其适用的空间，就必然要对我国当下的取保候审进行适度改造——引入机构担保的机制，适用于犯罪嫌疑人、被告人既拿不出保证金又找不到保证人的情形，并且适当增加更多形式的附条件义务以应付多样的个案。

最后，取保候审社会化参与的构建。正如上文所分析，固定住处监视居住与取保候审不论就本质属性还是适用条件、适用对象方面都极大程度地重合。因此，两者实质上具有很大兼容性，固定住

---

① 《意大利刑事诉讼法》第 284 条的规定被国内学者视作与我国刑事诉讼监视居住强制措施相类似的立法例。该条规定：“住地逮捕，（1）在实行住地逮捕的决定中，法官规定被告人不得离开自己的住宅、其他私人居住地、公共治疗场所或扶助场所。（2）在必要时，法官限制或禁止被告人与其他非共同单位人或非扶助人员进行联系。（3）如果被告人不能以其他方式满足基本的生活需要或陷于特别困难的境地，法官可以批准他在白天离开逮捕地，在严格的时间限度内设法满足上述需要或者进行有关工作。（4）公诉人或者司法警察可以随时检查被告人执行有关规定的情况。（5）处于住地逮捕状态的被告人视为处于预防性羁押状态。”陈光中：《中华人民共和国刑事诉讼法修改建议稿与论证》，中国方正出版社 1995 年版，第 201 页。

② 《法国刑事诉讼法》第 137 条规定：“除了出于审判的需要，或者安全所需，任何被审查的人均应予以释放，并给与司法管制，或者作为例外。”

③ 孙长永：《侦查程序与人权》，中国方正出版社 2000 年版，第 250~254 页。

处监视居住完全可以纳入取保候审的非羁押性强制措施体系中一同构建。对此，可能还存在将固定住处监视居住并入取保候审后具体如何执行的问题，以及如果犯罪嫌疑人、被告人逃跑如何处理的问题。对于此，可以对我国现阶段的取保候审制度加以改造：一是适用情形的改造，以防止对适用对象不适当的适用而导致逃跑等情况；二是执行机构以及执行后果的改造，即要能执行到位以及对脱逃进行处罚。在当下的社会情形下，可能的进路可以参考以下几点：

第一，在担保方式上吸收社会力量参与。在国外，就保全行为人的强制措施而言，社会力量的参与主要集中在非羁押性强制措施上。美国的职业保释保证人就是典型的代表。它在让更多的人获得保释、促进法庭的正常运转、降低政府的耗费等方面所起的作用是有目共睹的。对此，我国可以加以借鉴——吸收社会力量参与，构建机构担保的方式，另外可以加大多种附条件形式以拓宽非羁押性强制措施的范围。例如，可以考虑在部分地区借助基层社会组织的功效，将相关组织也纳入“保证人”的合理范围。比如村委会、居委会、企事业单位以及学校等，这些基层社会组织一方面可能对被追诉人的生长环境、性格特征、道德品质以及社会危害性等情况相对了解；另一方面其组织成员思想政治素质可靠，并有一定的权威，比自然人保证人更具有保证优势。①所以，可以允许一些确有监管能力的组织，为被追诉人提供一定的担保。但为避免对基层组织增添过度的负担，可以将其保证的范围局限在情节轻微、社会危险性较小同时缺少前置保证人的刑事案件中。随着我国经济体制与治安管理体系的不断完善，可以借鉴域外有关保释制度的经验，即由政府提供财政资金，通过志愿者服务达到取保候审的保证与监管

① 田查娟、黄昌华：《取保候审适用情况的调查分析与立法完善》，载张智辉主编：《强制措施立法完善研究》，中国检察出版社 2010 年版，第 233 页。

的目的。[1]也就是说，将固定住处监视居住作为取保候审的附条件义务之一，在嫌疑人或者被告人无法交纳保证金或者提供保证人的时候，可以由社会机构提供担保，并责成监管。这样既可以降低司法执行成本，又可以通过社会组织的监管达到更好的监管效果。

第二，在适用标准上建立实体性与程序性的双重标准。在实体层面，禁止保释的案件主要有：危害国家安全的犯罪、故意杀人、故意伤害致人死亡等暴力性可能判处10年有期徒刑以上的案件；[2]累犯或者惯犯。在程序层面，应建立当事人申请与公安司法机关主动审查的双重程序性保障，并且在取保候审所附条件的规范化。鉴于所附的条件在取保候审中的重要作用，在立法中应当明确规定裁量者可以适用哪些附加条件，并尽量把所附条件具体化。而对于吸收固定住处监视居住的附条件则必然要有：限制居住，禁止其离开一定居住范围。

第三，法律后果追责上的处理。根据最高人民检察院《关于在检察工作中贯彻宽严相济刑事司法政策的若干意见》，对于符合不捕规定的犯罪嫌疑人，检察机关均作出了不予逮捕的决定。[3]然而，在贯彻宽严相济刑事政策，保障犯罪嫌疑人基本权利的同时，一些因不批准逮捕而取保候审的犯罪嫌疑人，由公诉机关起诉至人民法院之后，不能到庭参加诉讼，导致诉讼程序无法进行。但是最高法的司法解释中，并未规定中止审理之后，案件应当如何处理，现有法律及其解释并没有作出明确的规定，而仅规定："中止审理的原因消失后，应当恢复审理。"从而在一定程度上，造成部分案

---

① 该部分内容主要参见宋英辉主编：《取保候审适用中的问题与对策研究》，中国人民公安大学出版社2007年版，第74~76页。

② 郭天武：《保释制度研究》，法律出版社2009年版，第247页。

③ 最高人民检察院《关于在检察工作中贯彻宽严相济刑事司法政策的若干意见》中指出："对于罪行严重、主观恶性较大、人身危险性大或者有串供、毁证、妨碍作证等妨害诉讼顺利进行可能，符合逮捕条件的，应当批准逮捕。对于不采取强制措施或者采取其他强制措施不致于妨害诉讼顺利进行的，应当不予逮捕。对于可捕可不捕的坚决不捕。"

件久拖不决、不了了之，犯罪分子逍遥法外，被害人遭受的损失难以获得赔偿、内心难以平复等不利于社会稳定和谐的新的社会问题出现。[①]针对被取保候审人被传讯时不及时到案的情况，这包括不到案但未脱逃和脱逃两种情形。不到案但未脱逃的情形可以根据现行《刑事诉讼法》第 71 条、第 77 条的规定进行制裁。在取保候审期间脱逃的被追诉人，应当采取没收保证金、逮捕措施，同时也将追究其相应的脱逃法律责任。通过对取保候审的改造，不仅能够实现对固定住处监视居住的吸收，将取保候审作为非羁押性强制措施的唯一手段，以解决大部分案件的适用，而且能够实现刑事强制措施中非羁押性强制措施与羁押性强制措施的两分，打破现下非要过渡措施的“体系论”，即将取保候审的性质从强制措施改变为权利。[②]

五、非羁押性强制措施体系的权利救济模式

在构建权利导向的非羁押性强制措施体系中，在非羁押的状态下等待刑事审判可以视为被追诉人的一项权利。同时，既然赋予其该权利就应当考量对该权利的救济机制。对此，笔者认为在刑事诉讼审前程序中，对于该权利的救济可以分为侦查阶段与审查起诉阶段的模式予以考量。在侦查阶段，对于侦查机关驳回或者不准予采取取保候审的申请时，犯罪嫌疑人及其辩护人可以向检察机关提出申诉。此时在检察机关的主持下，公安机关和犯罪嫌疑人及其辩护人可以形成平等对抗。同时，应当要求公安司法机关承担不适宜取

① 周光：《未羁押的被告人脱逃案件的处理》，载张智辉主编：《强制措施立法完善研究》，中国检察出版社 2010 年版，第 118 页。

② 取保候审在我国刑事诉讼法中是一种强制措施，它是立法者为保障刑事诉讼活动的顺利进行而设置的以限制犯罪嫌疑人、被告人人身自由权为手段，要求犯罪嫌疑人在一定时期内出现在侦查、检察或司法人员面前的一种强制方法。国外的保释制度多将之确认为一项犯罪嫌疑人、被告人在刑事诉讼中享有的权利。参见张建良：《刑事强制措施要论》，中国人民公安大学出版社 2005 年版，第 158 页。

保候审的初步举证责任，说明不应当予以取保候审的理由，并且赋予当事人申请救济的权利。此外，在当事人取保候审的申请被驳回之后，如果出现新证据或新情形，应当允许其再次申请或者公安司法机关主动审查。在审查起诉阶段，对于检察机关作出的不准予取保候审的决定应当由法院来裁定，并且依旧在对抗的诉讼构造下实现。

具体而言，第一，应当确立申请取保候审的条件。如超过法定羁押期限的或案件侦查结束而无须继续羁押的或有法律规定的其他条件的，只有标准明确才能有实质上的救济。第二，对于救济的模式应当采取三方参与公开听证的方式进行。当然，涉及国家机密或个人隐私案件除外。对此可以分立应当不公开的例外与依申请不公开的例外两种情形。第三，在程序上应当规定在 24 小时内举行听证，同时针对该程序性事项的裁决原则上应当当庭作出。第四，对于不予保释的裁决应当赋予当事人以上诉的权利，由上级法院做法律上的审查。在这个阶段考虑到诉讼效率的因素，可以采取书面审理模式。但应当明确，对于辩护律师提出要求的，应当听取辩护律师的意见，从而更充分保障犯罪嫌疑人的权利。

第三节　羁押性强制措施诉讼构造

一、羁押性强制措施的正当性基础与应然状态

（一）羁押性强制措施的正当性基础

羁押在诉讼意义上通常认为是对自由的一种临时性剥夺。①

① 在原始意义上，自由意味着始终存在一个人按照自己的决定和计划行事的可能性……与之相反，当一个人被迫采取行动以服务于另一个人的意志，意即实现他人的目的而不是自己的目的，便构成了强制。被强制者并未被完全剥夺对其能力的运用，但是他却被剥夺了运用自己的知识去实现自己的目的的可能性。参见［英］弗里德利希·冯·哈耶克：《自由秩序原理》（上），邓正来译，生活·读书·新知三联书店 1997 年版，第 164 页。

《布莱克法律词典》解释“羁押”即“被控制于某地，特别是一个监禁场所并不被允许离开的状态”。[①]在刑事诉讼中，羁押是为了保证刑事诉讼程序的顺利进行以及刑罚的执行而对被追诉人自由的暂时剥夺。主要目的在于：1. 保障被追诉人能够及时到庭参加审判；2. 保证侦查机关的侦查活动顺利展开；3. 保证刑罚的顺利执行。[②]以上三项内容涵盖了刑事诉讼中羁押之全部目的。羁押对于被追诉人而言，是将其与社会、职业、亲属相隔离，束缚在看守所之内，限制其人身自由，不仅在精神上可能对其造成严重的损害，同时也可能影响其社会名誉、人格尊严、隐私等重要个人权利与利益。所以从强制力而言，羁押是所有强制措施中力度最大的处分，在适用上应当保持极其谦抑、克制。[③]通过上述词条的分析可以总结出，羁押，是一种限制嫌疑人、被告人的人身自由，达到将其与社会隔离的一种状态，从而实现保障刑事诉讼顺利进行的目的。可以说，通过控制和剥夺人身自由，从而隔离人与社会的联系、阻断个人与外界的信息交流即是羁押的本质属性。但是，需要指出的是，人身自由并不等同于行动自由，羁押的本质属性是实现诉讼上的目的，因而也应当是在诉讼层面实现羁押。羁押状态往往强调的是对其人身自由的剥夺而忽略了对其行动自由的保障。

在刑事诉讼进行时，尽管从效果上而言，羁押措施对于刑事司法的效率与惩罚犯罪的功能实现，具有重要的保障作用，但无论是审判阶段的强制措施还是执行阶段的强制措施，都可能对个人权利带来不可避免的伤害。最为典型的即是逮捕羁押措施，为了保障审判的顺利进行，而对被追诉人采取限制。[④]总而言之，对羁押的正

---

① Bryan A. Garner, BLACK'S LAW DICTIONARY (Eighth Edion), WEST p. 459.

② ［德］克劳思-罗科信：《刑事诉讼法》，吴丽琪译，法律出版社 2003 年版，第 321 页。

③ 王兆鹏：《刑事诉讼讲义》（第五版），元照出版公司 2010 年版，第 273 页。

④ ［德］克劳思-罗科信：《刑事诉讼法》，吴丽琪译，法律出版社 2003 年版，第 311~312 页。

当性除了强制措施的一般正当性基础外，基于其在保障诉讼顺利进行的所有措施中，逮捕后羁押深刻地影响着个人权利与自由，其正当性的讨论要从审前羁押的目的以及审前羁押的根据着手论证。为了保证诉讼程序的顺利进行和防止危害结果的发生，被告人的自由权利会因拘禁而暂时被停止行使，因此，审前拘禁的目的只应有一个，就是防止被告人妨碍诉讼和危害社会。这种拘禁是基于诉讼功利观不得已而实施的。而审前羁押的根据应该是被告人已经实施了有关不当的行为，或者已经具有妨碍诉讼或危害社会的行为的因素，是拘禁的主要根据。倘若对被告人的种种情况进行考察后，难以形成相当的理由，那么就不应当暂时剥夺被告人的自由权利。①

（二）羁押性强制措施的应然状态

德国的审前羁押要求，被羁押人应当被关押在特定机构或监狱中；任何情况下都必须与已决犯相隔离。他们有权居住在单人囚室中，除非由于医疗原因必须进行监督，例如，被羁押人有自杀的倾向。此外，被羁押人没有义务工作。对他们自由（除了离开的自由）的限制只能达到满足审前羁押的目的以及维持监狱秩序所必要的程度。②《德国刑事诉讼法》第 119 条规定了受羁押之人被执行羁押之处所、上镣铐之合法性以及官署管辖权，并为所有其他问题的一般条款。1. 受羁押之人原则上如未提出反对之申请，则其应与受刑人及其他受羁押人分开受拘禁，亦即不得与之同被拘禁于一室，除非其有身体或精神上之需要。2. 受羁押之人只有在其使用暴力或抗拒时，在尝试脱逃或有具体之逃亡之实，或存在自杀或自伤之虞时，方得被施加镣铐。在审判程序中，其不应被施加镣铐。③在英国，保释在制定法上的例外即羁押的条件是那些有实质

---

① 李心鉴：《刑事诉讼构造论》，中国政法大学出版社 1992 年版，第 217 页。

② ［德］托马斯-魏根特：《德国刑事诉讼程序》，岳礼玲、温小洁译，中国政法大学出版社 2004 年版，第 103 页。

③ ［德］克劳思-罗科信：《刑事诉讼法》，吴丽琪译，法律出版社 2003 年版，第 323 页。

性的理由相信：如果被予以保释，被告人会犯（进一步的）罪；或者被告人在指定的日期和时间不会出庭；或者被告人本人或通过他人干扰侦查或证人，或阻碍司法程序。①《日本刑事诉讼法》中，逮捕是被规定在犯罪嫌疑人的人身保全一节中。相应地，逮捕的性质也被定为“犯罪嫌疑人可能逃跑，也可能销毁证据，因此也必须保全其人身。如果没有逃跑或者销毁证据的可能性时，则无必要羁押犯罪嫌疑人，而可以在家中履行程序。……人身保全的方法有拘留和逮捕”。②我国台湾地区刑事诉讼中的羁押，系指将被告拘禁于一定场所，防止被告逃亡及保全证据，以完成诉讼并保全刑事程序为目的之强制处分。羁押之目的，至少就应然面而言，在于保全刑事审判及执行之进行。③

毫无疑问，逮捕羁押是一种程序性的强制措施，羁押功能只能定位为以保证被告人出庭来保障刑事诉讼尤其是法庭审理的进行，而不能承担刑罚提前执行、侦查继续进行的角色。这样在一个技术性规范的问题上就应该明确看守所的职能只限于羁押未决犯。④

二、我国羁押性强制措施的实然状态

法律文本的偏差与理论上的不能自圆其说，在实践中就体现为实体异化倾向。这其中最为突出的便是：首先，将强制措施视为一种惩罚、威慑手段，从而丧失了正当性的根基。其次，在羁押的适用方面，往往“先行羁押、再予折抵”。这导致了羁押不仅带着强烈的惩罚性色彩，甚至沦为通过羁押施加强烈的压迫感以冲破心理

① ［英］麦高伟、杰弗里·威尔逊主编：《英国刑事司法程序》，姚永吉等译，法律出版社2003年版，第112页。

② ［日］田口守一：《刑事诉讼法》（第五版），张凌、于秀峰译，中国政法大学出版社2010年版，第54页。

③ 林钰雄：《刑事诉讼法》（第六版），元照出版公司2010年版，第295~296页。

④ 看守所不享有也不应该享有侦查权，禁止公安机关通过看守所进行深挖犯罪和侦查破案；明确看守所和看守警察的主要职责是防止被羁押人逃避追诉、审判以及保证被羁押人的权利得到实现。

防线，来获取供述。也就是说，实践中往往以羁押为手段而为侦查取证之行为。当然，这也有我国证据制度的内在缺陷因素，但是羁押性强制措施的异化无疑也助长了这一矛盾的泛化。羁押之异化源自强制措施执行的异化，这导致我国的羁押被添注了太多的惩罚性色彩。实践中看守所代为执行剩余刑期三个月以下的刑罚，被羁押的犯罪嫌疑人、被告人可能与已决犯关押于同一场所，处于大致相同的监禁制度下，也可能会有前后等同视之的感觉。而且，我国的羁押与逮捕没有实现两分，这就导致了逮捕的条件相对把握较高，侦查阶段的羁押一方面往往一直持续到判决生效，另一方面一旦审前被羁押则被定罪的概率极大。这种“严进严出”的运作方式极容易导致“被审前羁押人就是有罪的人”的观念误区。从而，也容易导致在审前羁押阶段对犯罪嫌疑人、被告人的权利保障的漠视。我国的羁押是拘留、逮捕之后所带来的必然结果状态，羁押不仅剥夺了犯罪嫌疑人、被告人的人身自由，而且逮捕后的羁押期间一般要到人民法院判决生效为止。因此，实践中羁押被赋予了较多的惩罚色彩。

对于羁押在现实中与刑罚惩罚、侦查取证的错位，下文将着重从看守所与监狱的比较、羁押必要性与逮捕条件设置、羁押时限、讯问时间规则以及逮捕证制度五个维度对现实中羁押的异化进行剖析，以期做到立法、理论、实践三者的合力论证。

（一）以看守所与监狱的比较为视角

我国刑事司法制度对看守所与监狱设定了不同的职能定位，前者是执行羁押、刑罚以及保证诉讼进行的机构，其主要承担的职能是保障诉讼进程顺利推进，对犯罪嫌疑人、被告人的人身自由实施暂时的剥夺措施；后者则是对罪犯实行改造的场所，主要承担裁判生效后刑罚执行的职能。但如果作为暂时剥夺人身自由的看守所的现实环境较监狱更为恶劣，犯罪嫌疑人、被告人的人身权利无法得到更为充分的保障，那么也有违其职能设定的初衷与目标。在当前的司法实践中，由于多种实体因素的影响，看守所除了基本的诉讼进程保障功能之外，还承担一些额外的“责任”，如惩戒、威胁、压迫取证等。并且，实践中看守所的管理也较为混乱，严重影响着其规范意义上功能的发挥，进而成为司法文明最为薄弱的一环。具体而言，可以体现在以下几个方面：

第一，关于被关押人员的人身权利保障。近年来，看守所在押人员非正常死亡案件屡屡见诸报端。①随着司法改革的深入推进和权利保障理念的发展，羁押场所管理已经得到较大改善，但由于各地发展情况差异，看守所规范化进程也并非完全相同。此外，在侦查过程中发生的刑讯逼供、超期羁押等也时有发生，相比而言监狱却较少见如此的隐患。主要原因在于，侦查过程获取证据的压力并不辐射于监狱之内。第二，关于诉讼权利保障。实践中，由于看守所受到的诉讼之外因素干扰，同侦查机关分担了部分的侦查压力，从而难以保证其诉讼职能的中立性地位。例如，就会见权而言，法律法规规定了看守所在押的犯罪嫌疑人、被告人的亲属会见权，但是其没有对同意和批准设立条件，从而导致现实中一律都是不同意不批准。②这不仅无法体现司法的人文关怀，更是反映一种惩罚的色彩。相比之下，监狱由于没有侦查利益、压力等外在因素，在这一方面则规范得多，在押人员与亲属的会见比较容易。③第三，关于在押人员的生活条件。虽然法律也详细规定了看守所的生活、卫生方面的条件，④但在实践中却没有落实。⑤另外，看守所内的高物价也是为人所诟病的。第四，关于强制劳动。⑥应当说，在诉讼意

---

① 例如：“躲猫猫事件”“做噩梦死事件”以及“喝开水死事件”等。

② 《看守所条例》第 28 条、《看守所条例实施办法》第 34~35 条。

③ 《监狱法》第 47~48 条。

④ 《看守所条例》第五章专章规定了看守所生活、卫生方面的制度，公安部 1991 年颁布的《看守所条例实施办法》中也对在押人员的生活、居住、卫生条件作了具体的规定。

⑤ 主要是伙食标准差，活动空间狭小，卫生条件极差。看守所的管理理念也始终停留在“关得住、逃不了、不死人”的状态。

⑥ 《看守所条例实施办法》第 43~44 条。

义上的羁押只是剥夺被追诉人的人身自由以保障诉讼的顺利进行即可，那么在看守所内的强制劳动与保障诉讼顺利进行又有何关联？适当劳动量的标准又如何明细？[①]第五，关于佩戴械具方面。在实践中存在一种典型的“潜规则”，即看守所对于一审判处死刑，而等待判决生效的被告人要求 24 小时加戴脚镣等械具，并必须维持到生效判决。[②]这样的要求不仅不符合人权保障的要求，而且没有必要，完全超出了诉讼保障职能的要求。

从以上的分析可以看出，目前我国刑事诉讼中并未将看守所羁押与监狱羁押区分，甚至前者有更为严重的趋势。也就是说，我国看守所羁押没有从程序层面进行制度设计，一旦被追诉人被羁押，强度就等同于刑罚执行，其“恶性”程度可见一斑。值得我们思考的是，既然逮捕羁押的目的仅仅是保障诉讼的顺利进行，那么从程度上而言应当相对较轻，但为何在司法实践中，看守所羁押对自由的限制比执行刑罚的监狱更为严苛？

（二）以看守羁押与逮捕必要性情形比较为视角

现行《刑事诉讼法》第 81 条规定了适用逮捕羁押措施的具体情形，即围绕第 81 条中的五种基本情形，看守所的羁押能够满足避免这些情形发生就能够其实现目的。进一步理解，对在押的犯罪嫌疑人、被告人除上述的情形之外，不应当做过多的干预，同时应当保证其正常的睡觉、吃饭时间，其在看守所的适当活动不受到公权力机关的限制与干涉。

从理论分析的视角来看，羁押是为了保障诉讼顺利推进的一种程序性措施，而看守所实行的未决羁押应当也仅限于程序意义上的功能。但由于羁押实体上的异化，以及看守所实践中管理体制的不

① 看守所组织的强制劳动不仅与相关国际条约规定的“不得强迫劳动”的人权保障原则相悖，而且，把强制劳动视为“促进思想改造”的手段，本身也违反《刑事诉讼法》的无罪推定原则。

② 也就是，被羁押人必须忍受二审上诉期、二审期间、死刑复核期间的漫漫时光。

当安排，很难保证其中立性地位。致使其在实践中成为侦查活动的附庸，扭曲了羁押的实质属性。由此，看守所自然而然成了保障侦查工作顺利开展、保证案件得以告破的重要手段与场所，进而被羁押人的诉讼权利也难以得到切实有效的保障。

（三）以羁押时限为视角

我国羁押制度另外一个弊端在于羁押期限与诉讼期限的合一。[①]根据现行法律规定，犯罪嫌疑人、被告人一旦被批准逮捕，那么对其羁押一般都要持续到判决生效。简而言之，一审审限就是逮捕羁押在一审阶段能够存在的期限；二审审限就是逮捕羁押在二审阶段能够存在的期限。在这样的刑事诉讼期限框架下，并未存在独立的办案期限，而是将办案期限附随于羁押期限。也就是说，我国刑事诉讼法是通过规定各阶段办案期限来限定逮捕羁押的期限。这不仅损害了刑事强制措施的中立性地位，同时也使得逮捕与羁押无法分开、羁押与办案需求无法分开。在这样的情形中，羁押极容易成为强制侦查的一种手段，即以羁押压迫人身的方式实现取供的目的。

而且在实践中，羁押期限依附于诉讼期限就使得羁押期间的延长完全服务于侦查破案、审查起诉甚至审判的需要，只要没有侦查到有罪的证据，侦查机关就可能利用刑事诉讼法条文界定不清的漏洞而“变通”，从而“变相”超期羁押犯罪嫌疑人、被告人，以致羁押期间成了侦查人员办案的工具。[②]所以，羁押时限的一个重大缺陷就在于羁押期限的延展体现了浓郁的取证色彩。综观《刑事诉讼法》第 156 条至第 160 条，其中规定了羁押时限延展的具体情

---

① 大陆法系国家一般明确规定审前羁押期限，且期限的长短一般与犯罪的严重程度和可能判处的刑罚有直接关系。

② 李乐平主编：《现行刑事诉讼制度检讨与完善》，中国检察出版社 2006 年版，第 217 页。

形和程序性要求。[①]在众多可以延展的情形中，本质上都可以归结为案情重大或者案情复杂。而所谓的案情复杂，实质上就是取证复杂困难。因为刑事侦查的过程就是围绕证据的收集过程，而且羁押期限延展是规定在侦查终结这一节项下，刑事诉讼法规定的羁押期限的延展实质上就是将逮捕羁押定位为一种取证手段。[②]

仔细研究《刑事诉讼法》第 81 条的规定可以发现，逮捕必要性列举的五种情形当中并没有案情复杂这一种，因此羁押期限的延长并不完全基于第 81 条规定的情形。从以上分析可以看出，我国对逮捕羁押以及羁押期限延长的规定并不一致。质言之，如果不将逮捕与羁押分开，就无法治愈超期羁押与超范围羁押的顽疾，也有违比例原则。比如根据《刑事诉讼法》第 157 条对案情复杂的案件可以延长侦查羁押期限的规定，其中对于被告人口供出现前后不一是否属于“案情复杂”？第 160 条所提及的“另有重要罪行”，需要达到何种程度的证明标准？重大案件的具体类型包括哪些？对于新发现的罪行，如与原罪行不同应当如何判断哪个更为重大？诸如此类模糊不清的问题都为超期羁押打开了方便之门，也从侧面反映出当前我国刑事诉讼法对羁押期限的规范并不明确。

（四）以讯问时间规定及基本权利保障缺失为视角

法治发达国家一般都对讯问规则的建设极其重视，并视其为权利保障、程序正义的重要内容。例如，日本就讯问时间、讯问时间

① 这里讨论的延展包含了第 160 条规定的重新计算，因为这在本质上同羁押的属性是一致的，故不做区分，统称为延展。

② 例如，第 158 条规定的：（一）交通十分不便的边远地区的重大复杂案件——这自然就是取证的客观情形不便，需要更长的取证期限；（二）重大的犯罪集团案件——犯罪集团案件，往往因为涉及的人、区域较大、证据错综复杂造成了取证困难；（三）流窜作案的重大复杂案件——流窜作案往往涉及要在较大范围、较多区域的取证；（四）犯罪涉及面广，取证困难的重大复杂案件——这一项就直接阐明了以羁押为取证的功能定位。

长度等作了详细规定；[①]英国也详细规定了讯问时间、讯问地点等。[②]

讯问规则的建构一直以来都是我国刑事司法理论面临的难点问题，尽管刑事诉讼法多次修改时均已关注到这个问题，但始终没有得到彻底纠正。例如，根据《刑事诉讼法》规定，拘留逮捕后应当在 24 小时内送至看守所，但却没有具体规定讯问时间长短与地点，这就导致在实践中疲劳讯问现象频发。此外，在律师会见方面，立法只是规定了看守所至迟不得超过 48 小时安排会见，但也存在一定的歧义：是 48 小时一定要见到还是 48 小时之内着手安排而不必然见到？总而言之，在我国刑事诉讼制度中，曾多次尝试对讯问程序予以规范化，但是却缺少正本清源的举措，从而导致讯问制度中存在的“老大难”瓶颈始终难以克服。

事实上，讯问规则的缺位主要源自对羁押的制度定位以及对侦查过程中的讯问的定位出现偏差。印证的证明模式在我国刑事司法实践中占据主流，这也直接导致实务部门更加重视用直接证据来证明案件事实，因此口供在侦查过程中就具有十分重要的地位。一般来说，只要获取了口供就意味着案件得以侦破。另外，在公安系统内部的考核中，将破案率、破案时间作为绩效考核的标准对侦查人员的取证倾向也有直接的影响。因此，在多方因素的作用下，在侦

① 日本《犯罪侦查规范》第 165 条规定，除非在不得已的情况下，必须避免在深夜对犯罪嫌疑人进行讯问；限制单次讯问时间的长度，禁止长时间不间断地讯问犯罪嫌疑人，禁止“车轮战”，讯问原则上每隔 2 个小时应有短暂的休息，并保证普通的进餐时间；要对讯问的特定时间进行限制，禁止夜间讯问，禁止在犯罪嫌疑人神志不清、重病以及其他无法正常思维和交流的时间进行讯问。

② 英国《警察工作规程 C》规定，除法律规定例外的情况外，每 24 小时必须允许犯罪嫌疑人享有连续 8 小时不受打扰的夜间休息时间。对于讯问的地点，必须满足一定的条件保证犯罪嫌疑人的基本尊严，避免其在生理上、心理上受到不应当的折磨和损害。英国《警察工作规程 C》还规定，决定逮捕某一犯罪嫌疑人后，不得在除警察局或其他授权拘留地之外的任何地方对犯罪嫌疑人进行讯问。可能的情况下，讯问应当在暖和通风的讯问室进行。

查讯问时采取威逼利诱等非法方法获取证据的现象就难以避免。

（五）逮捕证制度的文本分析

有学者将我国的逮捕证制度称为“准司法令状”。在我国，检察机关所具有的法律监督地位根深蒂固，而批捕权也自然而然地被视为检察机关对侦查活动实行法律监督的一种手段。现行的法律体系都明确赋予了检察机关的批准逮捕权，又由于逮捕和羁押合一的现状，自然将羁押的审查批准权归属于检察机关。①同时，在我国的政治体制架构中，检察机关是司法机关。这样，检察机关运用法律监督职权进行审查、批准逮捕对侦查活动进行法律监督也就水到渠成了。但就逮捕证制度而言，我国检察机关的非中立性地位以及批捕程序的非诉讼性等两方面的问题导致现行的批准逮捕制度未实现司法化。

一方面，根据我国法律规定赋予检察机关的职责，其在审查批捕时，不仅要根据案件的事实证据正确适用法律，认定是否符合批捕条件；同时还要对“漏捕”进行纠正，即如果存在应当捕而未捕的被追诉人，检察官还应当建议侦查人员补充提请批捕，并在此基础上批准逮捕。如果公安机关不提请批准逮捕，检察机关有权直接做出逮捕决定，送达公安机关执行。这样，检察官就具有主动追究犯罪的职责。这与具有消极性、被动性特征的司法机关存在区别。于是“客观公正”与“控诉倾向”在文本与实践之间便有了无法调和的冲突。另一方面，在批捕的过程中，缺乏类似三方构造式的庭审程序，检察机关的决定批捕仅仅依据侦查机关移送的书面案卷材料，导致批捕程序行政化色彩严重，也无法保障批捕程序的正当性。而这样的案卷材料往往带有明显的倾向性，有罪证据多于

① 我国《宪法》第134条以及第136条所规定的“中华人民共和国人民检察院是国家的法律监督机关”以及“依照法律独立行使检察权”，并在第37条第2款特别指出：“任何公民，非经人民检察院批准或者决定或者人民法院决定，并由公安机关执行，不受逮捕。”对此，我国《刑事诉讼法》第3条进一步明确了：批准逮捕由人民检察院负责。

无罪或者罪轻的证据，可能影响检察机关做出正确、全面的判断。而犯罪嫌疑人未能获取听审的机会，并且由于侦查阶段未赋予犯罪嫌疑人律师的阅卷权，也未能为犯罪嫌疑人的知情权提供足够的司法保障。决定羁押的官员有义务对带至其面前的嫌疑人举行听审是法治国家的共同做法，也是多项国际性人权公约中的重要条款，而我国批捕程序中听审环节的缺失，将使得被追诉人丧失最低限度的程序保障，不符合司法保障的基本要求与目标设置。①

总的来说，被捕者被剥夺的仅是人身自由而非所有权利，在能够保障诉讼顺利进行的前提下仍然可以行使权利。②而羁押作为一种程序性保障措施，不能承担刑罚提前执行、侦查继续进行的功能。但是，应然意义上的逮捕在实践中消失殆尽。实践运行中的逮捕已然是一种获取证据的手段，而且获得证据主要通过隔离、剥夺行动自由与压迫、强制方式得以实现。更何况，在没有送往看守所前，还有侦查人员与被追诉人单独人身接触的时间，此时单独的个人如何应对强大的国家机器的压迫？当被追诉人被送入看守所之后，其人身自由、行动自由也完全被剥夺了——这根本就不再是诉讼意义上的强制措施了，实则是刑罚的提前执行。③因此，笔者认为现下的羁押不仅在诉讼意义上更是在实践中对人身自由作出了实体化的处分。其对人身自由的处分几乎等同于刑罚的执行。通过上述的分析，我们再将视角返回诉讼构造的框架内。羁押本源应当是在程序上对人身自由的一种处置，然而现实中运行的机制却演变为对人身自由与行动自由的一种剥夺，因此，羁押，实际是对人身自

① 孙长永：《比较法视野中的刑事强制措施》，载《法学研究》2005 年第 1 期。

② 孙谦：《逮捕论》，法律出版社 2001 年版，第 127 页、第 136～142 页。

③ 有学者论述逮捕的功能被异化，最终被滥用为“第一，逮捕成为打击犯罪、维护社会稳定的工具。第二，逮捕被视为惩罚和追究责任的一种方式。第三，逮捕承担了预支刑罚的功能。第四，逮捕还承载着震慑犯罪的功能。第五，逮捕成为侦查的手段，羁押犯罪嫌疑人成为侦查的手段与常态”。参见刘计划：《逮捕功能的异化及其矫正——逮捕数量与逮捕率的理性解读》，载《政治与法律》2006 年第 5 期。

由的实体处分，我国急需构建以司法裁判权为核心的审前羁押诉讼构造。

三、羁押性强制措施的诉讼化构造

对于现行的司法实践，笔者认为我国实行的押捕一体化是存在一定弊端的。首先，将审前羁押与拘留、逮捕的混同，不仅混淆了状态与行为的区别，更是在实质上降低了审前羁押的适用条件。特别是对于逮捕而言，造成了一种“严进严出”的状态。其次，行为与状态的合一，使审前羁押缺少了司法的终局裁判，从而降低了适用的标准。最后，押捕一体化扭曲了审前羁押的程序属性，使得审前羁押难以摆脱实体惩罚的嫌疑，容易在实践中异化为一种侦查取证的手段。这样的异化不利于实现刑事诉讼的目的。因此，对于羁押性强制措施的诉讼化构造有如下的完善思路：

（一）本土化诉讼构造的文本考量

第一，宪法视角的考量。刑事诉讼法素来具有“小宪法”之称。可以说，刑事诉讼法治化的进程，必然需要从宪法中获得成长的根基土壤。现代刑事诉讼的无罪推定、程序法定、公正审判等基本理念应当有宪法层面的维护才能得到最高的权威效力。而在羁押性强制措施的诉讼化构造中，首先需要在宪法层面得到确认的基本原则就在于对人身自由的维护、对司法终局裁决的认定以及公正、公开审判的确认。在具备以上的基本视角后审视我国的《宪法》规定。我国《宪法》明文规定了“国家尊重和保障人权”“公民的人身自由不受侵犯。任何公民，非经人民检察院批准或者决定或者人民法院决定，并由公安机关执行，不受逮捕”以及“人民法院依法独立行使审判权”。

在进行羁押性强制措施诉讼化构造尝试中，需要融入人权保障、人身自由不受侵犯以及独立审判的宪法精神。一直以来，在刑事诉讼中侦查权占据着强势地位，并由此形成的惯性思路局限了侦查机制改革的思路。笔者认为，从宪法层面而言，我国《宪法》

仅规定了关于“逮捕”的概念，并未明确“逮捕”是否就是羁押。如此一来，对于“逮捕”的理解尚有可解释的空间，将其理解为一种行为而非状态也未尝不可。可以进一步明确将逮捕行为进行区分，即一般情况下通过司法令状实行的有证逮捕，以及在紧急状况下实行的无证逮捕两种，由此可以兼顾司法程序的正当性与效率要求。当羁押也从逮捕中得以剥离，成为独立的强制措施后，可以进行体系化的解释：根据《宪法》对人身自由权利的规定，既然逮捕需要检察机关进行审查，那么羁押涉及人身自由的长时间剥夺，则仍应当进行严格的司法审查。

第二，刑事诉讼法视角的考量。刑事诉讼法一直以来的修法理念以及趋势就是加强审前阶段的透明性以及增加诉讼对抗的因素。现行刑事诉讼法较之以往增加规定了检察机关在行使批捕权过程中听取辩护律师意见的要求。①可以说，这条规定就考量了诉讼构造的因素，虽然在时间上有一定的“时差”，但是其提供的思路仍然值得进一步发扬。三角的诉讼构造在刑事司法中之所以是一个科学合理的状态而受到肯定以及采纳的重要原因在于：三方共同出席于该构造，在秉持控审分离、控辩平等、审判中立的理念中，追诉方与辩护方两者的“争斗”使得各自的理由得到充分表达，同时也能够了解对方的态度与理由。毫无疑问，这样的状态下中立第三者可以最好地得知全部的案件情况以及事实、理由。而三方共同作为法律工作者，在基本的事实面前，其提出理由与见解无疑也进一步夯实了证据体系合法、合理的基础，共同维护了刑事司法的正义。因此，在现行改革的基础上再往前推进一步，就可以推动诉讼构造更加完善。

另外，在这里需要强调的一点是关于逮捕的证据标准问题。在

① 《刑事诉讼法》第88条第2款规定：人民检察院审查批准逮捕，可以询问证人等诉讼参与人，听取辩护律师的意见；辩护律师提出要求的，应当听取辩护律师的意见。

现行捕押合一的情形下，逮捕时需要掌握的证据标准往往需要从严、从高把握，才能确保权利不受侵犯和案件的正确处理。这往往就造成了“严进严出”的状态，定罪率高。如果将逮捕与羁押分开，我国的逮捕的证据标准是世界各国中最高的。我国羁押率偏高的重要原因之一也在于羁捕合一的诉讼体系。因此，只能选择逮捕程序与羁押程序的两分。而且，在刑事司法进程中一个大的方向与规律就是随着程序的进行证据将逐步充实，而证明标准随之逐渐提高。现行制度中，逮捕时的状况当然性地延伸到羁押之中，显然不科学。

第三，司法改革视角的考量。当下正如火如荼进行的司法改革浪潮有诸多的改革措施是可以对羁押性强制措施进行可行性保障支撑的。首先，党的十八届四中全会提出的“推进以审判为中心的诉讼制度改革”为羁押性强制措施提供了框架性支撑。虽然理论中对于“审判中心”的内涵还有些许争议，但是有一点是能够确定的：“审判中心”的理念要求庭审的实质化，侦查、审查起诉阶段都为审判阶段奠定基础。因此，这就为羁押性强制措施的诉讼化构造提供了前提性基础。其次，“司法机关内部人员干预案件责任制”为羁押性强制措施诉讼化构造提供制度性保障。在现行司法改革中，增强司法机关的独立性以及司法人员的独立性是重中之重。其中，独立性的题中要义就是能够实现独立办案，而不为外界因素所干预。现下，有观点认为法院不适合进行羁押审查的一个重要理由在于我国并没有羁押法官制度，有观点认为如果有法官进行羁押批准权裁判会导致先入为主的预断，不符合案件公正。笔者认为，这是一个技术性的问题，并非不可攻克。在推进当前司法改革的进程中，不断提高法院、法官的独立性，只要是在分发审判任务时，将羁押审查法院办理的案件随机分发给其他法官进行裁判，加上不得干预、过问案件的制度规定，也可以做到司法机关内部人员办理案件的两分，从而实现公正审理。最后，党的十八届四中全会明确提出了“完善对限制人身自由司法措施和侦查手段的司法监督”，从而为羁押性强制措施提供了指导方向。针对此处的“司法监督”，笔者认为并不能局限于检察机关的法律监督权。这里的“监督”应该从更广泛意义上的控权进行理解，即在完善检察机关法律监督各项机制基础上所形成的羁押性强制措施诉讼化构造的控权模式。

（二）羁押性强制措施诉讼化的构造

大体而言，一方面是将我国现行的拘留不仅在名称上改为“逮捕”，更重要的是要落实“逮捕行为”的内涵，切实做到逮捕行为的程序性意义。另外将逮捕行为分为有证逮捕和无证逮捕，其中的有证逮捕需要在事前就有司法授权，而无证逮捕只能于紧急情况下适用。这就要求对其在程序、实现、审查方式层面有相关的司法控制。另一方面是关于羁押制度的诉讼化构建。本书的思路是实施捕押分离，并将“审前羁押”纳入刑事强制措施体系。这是一个比较有可操作性的思路。对于长时间剥夺人身自由的羁押可探索纳入法院的司法审查，控、辩、审三方要在诉讼的构造内进行，并给予相关的程序保障与羁押实现延展的限定，实现权利救济。对此，将详细阐述如下：

一是关于我国拘留制度的重构。我国现行刑事诉讼法规定的拘留制度一般被认为是在紧急情况下暂时限制犯罪嫌疑人人身自由的刑事强制措施。但这样一种临时性措施却在随后附随了较长时间的羁押状态。这样看来整个刑事拘留制度的法律效果大体相当于“无证逮捕”和“审前羁押”的总和。对此，笔者认为应当用尽量小的司法改革投入以取得最大的法律效果。因此，将“刑事拘留”变更为“逮捕”，使之成为紧急情形下强制到案措施，同时缩短“逮捕”随后的羁押状态的时间；将“逮捕”分为“有证逮捕”与“无证逮捕”，并明确各自的适用程序：一般情形下实施逮捕行为需要检察机关的批准，紧急情形下可以不经批准而立即执行，但是事后需要申请并得到授权。若无法获得授权，则应当立即释放。这就强化了检察机关对侦查机关适用“逮捕”的监督与制约。

对此，本书再进一步提出几点构想：第一，为何要定位检察机关予以事后审查？首先这是考虑到我国当前的司法实践问题。在我国，侦查程序一般由侦查机关独立进行而不受外力干预。基于这个现实因素，一般在短时间的刑事拘留后要获得司法审查授权，这时如果要经由人民法院进行司法审查，则可能难以适应侦查实践的需求。但必须强调指出的是，此处由检察机关进行审查并不违背上文所论述的“法律监督权没有实体处分权”。因为这里的逮捕并不是一种实体化的处分，而是诉讼行为，如同被告人有义务参与庭审一般仅是诉讼上的意义。这点与羁押有实质不同。而且，检察官批准短期逮捕行为在世界范围内也是有先例的。当然，这里有一个具体的前提就是此时的逮捕必须只是程序意义上的行为。另外，对于设定检察机关进行事后司法审查还是基于对后续程序设计的考量：如果证据达到了羁押标准，公安机关要提请检察机关向法院提出申请予以羁押，此时可以对案件情况、证据体系进行再一次的审查而并不违背其控诉地位。第二，为了保证程序属性，逮捕行为的时限可以适当地调整。在现行实践中，极大比例的案件都适用了刑事拘留最长 30 日的规定。这样的做法在刑事拘留改为逮捕行为之后就显得不合时宜。因此，笔者认为，一般情况下，应当将逮捕之后取得司法审查的时限限于 3 日，特殊情况下，可以延长 1 日至 4 日，但对于特殊情况应当明确列出适用的情形。需指出的是，在这个过程中，如果有不可抗力或客观因素的干扰，则这段时间不计入时限。但这样的事由必须要予以严格限定。另外，对于检察机关的审查期限，应当在 3 日之内做出决定。这是在考量现实实践的基础上认为比较可行的，而不能急功近利急于求成。此外，对于公安机关与检察机关之间的执行与制约关系可以按现行的法律规定执行。第三，逮捕后关押场所的规范与讯问规则。程序意义上的逮捕行为与实体处分的羁押，两者很大的不同就体现在关押场所上。由于关押期限较短，且只是程序性的意义，因此可考虑将犯罪嫌疑人临时看管于拘役室。而在逮捕后的讯问，必须要坚持同步的录音录像制度，保证供述取得的自愿性与取证方式的合法性。第四，逮捕后的权利救济。首先是辩护权的保障。现行的侦查阶段聘请律师的规定也应当同时适用于逮捕阶段。而且，逮捕事后的检察机关的审查，辩护律师还可以提出意见，检察机关应当听取。对于逮捕行为不当的，检察机关应当作出变更强制措施的建议（仍然是法律监督权的属性，并不能直接进行处分）。其次是对检察机关准予逮捕关押的决定不服的应当赋予被逮捕人提出复审复核的权利。在这个阶段由于案件仍然处于程序的初期，考虑到惩罚犯罪的时效性，因此本书建议将复审复核的审查定为检察机关的自我审查以及上级检察机关的审查。

二是关于羁押制度的重构。羁押强制措施的诉讼构造，首要解决的是去除现行羁押惩罚性色彩。在世界范围内，羁押的非刑罚化是一个通例。上文所论述的羁押应然状态应当是我国羁押逮捕的指导性理念：将我国的羁押中的惩罚性因素剥离，将强制措施回归到“保障诉讼的顺利进行”的诉讼定位，将羁押回归到“为了保障诉讼顺利进行而剥夺人身自由”的措施。那么本书的思路在于：将逮捕与羁押两分（逮捕的构建上文已经论述），接受两次的审查。而由于羁押是一种最严厉的长时间剥夺人身自由的措施，因此羁押必须受到中立第三方的司法审查。这就要求在羁押的诉讼构造中要保障如同审判程序一般的三方构造：检察机关对侦查机关的羁押申请先行予以审查，认为符合羁押条件则向法院提出启动程序，随后在三方共同参与的构造中就羁押问题进行“争讼”，法官中立裁决。具体分析如下：

1. 羁押制度诉讼构造的主体

首先，诉讼构造的启动主体是检察机关。具体的思路在于随着诉讼进程的推进，证据证明体系的完善，侦查机关在侦查过程中，认为犯罪嫌疑人具有一定的人身危险性有羁押必要的，向检察机关提出羁押申请。而检察机关在审查之后有两种路径选择：一是认为证据不足，不需要予以羁押的可以直接驳回；二是认为确有羁押必要的，则向法院提出启动羁押诉讼程序的申请，从而进入诉讼构造。

这里有必要强调三点：第一是应当定位检察机关内部的哪个部门承担具有启动程序的资格。笔者认为结合目前的实际情况，可以将此项职权交与检察机关的侦查监督部门审查，而并不需要新造一个羁押申请部门。这主要是考虑到多年以来实践中一直是由侦查监督部门来行使批捕权的，故而赋予其启动羁押诉讼程序的权力是可行的，也节约司法资源。同时，这样也能够顺应法理的内涵：通过程序上的处理行使法理监督权，而非直接进行实体处分。第二是侦查监督部门审查的期限与方式。侦查程序中毕竟惩罚犯罪的时限紧迫，因此在时限与审查方式的设定上需要突出效率的因素。对此笔者认为，检察机关的侦查监督部门应当在三日内审查完毕，同时审查的方式以对侦查机关递交的材料进行书面审理为主。当然，现行的可以听取辩护律师意见以及辩护律师提出请求的应当听取其意见的规定可以予以保留。这是因为，如果此时通过审查就可以做出不予以羁押的决定，也就没有必要进入后续诉讼构造，降低司法成本。第三是关于诉讼地位的中立性问题。笔者认为，这个阶段侦查监督部门的予以羁押申请难免带有一定的追诉倾向，但检察机关毕竟具有法律上的客观、中立地位，而对羁押将重点在后续的诉讼构造中解决。因此，此处的审查是基于对检察机关地位的尊重，体现的是互相制衡、以权限权的理念。

其次，诉讼构造的裁决主体应当是法院。众所周知，羁押措施是审前程序中对人身自由采取的最为严厉的措施。它不仅限制了被追诉人的人身自由，而且在此基础上附随于人身自由的各种权利也会受到限制。因此，在诉讼构造中由中立的法官进行独立、中立的裁决是有必要的。在此，可以考虑由法官行使羁押令状的签发权，这也是各国立法例中的通行做法。这里需要重点探讨的是由法官签发羁押令状是否会导致“先入为主”的问题。笔者认为，当下环境中另行构建一套羁押法官系统并不现实，切实可行的进路在于加强法院和法官的独立性保障与职业准则要求。而对于这两点正是当下司法改革的趋势与重点要求。借改革东风，应确保法官独立办案，并构建完善的机制确认司法机关内部人员打听、刺探、泄露案情的惩罚机制。具体而言，就是直接在分发审理案件时回避当初审理该案羁押与否事项的法官。这样的措施不仅有效而且简单可行，契合当下司法改革的思路。

最后，诉讼构造的抗辩主体是犯罪嫌疑人、被告人及其辩护律师。在诉讼构造中，犯罪嫌疑人、被告人并不是单纯的追诉客体，犯罪嫌疑人、被告人及其辩护律师可以提出辩护见解论证人身危险性的不够羁押标准，并论证取保候审的可行性。而且，在该构造中法律也应当明确规定辩护方拥有的权利、义务。例如，在此期间有权聘请律师，并且有与律师进行单独面谈的权利、有权对侦查人员的违法行为提出控告等。

2. 羁押证明标准的分析

对此，本书重点探讨现行刑事诉讼法规定的“有证据证明有犯罪事实”与“可能判处有期徒刑以上刑罚”是否合适的问题。笔者认为，“有犯罪事实”中“犯罪”一词有偏离无罪推定理念之嫌。而且在此时的程序中，应当更加关注是否有必要采用羁押以保障诉讼顺利进行。因此笔者建议将这种表述改为“有证据证明有重大犯罪嫌疑”，且应限于重大犯罪嫌疑而非一般。另外，关于可能判处徒刑以上刑罚的规定应适当调整。在逮捕跟羁押两分的情况下，对于羁押的条件应当予以严格掌握。对此，可以限定为：可能判处三年以上的刑罚。这不仅从降低羁押率、保护权利的角度予以考虑，而且三年的标准也是刑法上重罪与轻罪的分界线。将羁押限于可能判处三年以上刑罚是重罪的基本线，这与前述的“重大犯罪嫌疑”形成对应。而对于其他具体标准的掌握，现行刑事诉讼法已经有明文规定，而且最高检的刑诉规则也有进一步明确的规定，对此可以予以吸收。在此，本书附带说明：羁押诉讼构造中的举证责任仍然要由控诉方承担，但辩护方对于未达刑事责任年龄、不在犯罪现场、属于依法不负刑事责任的精神病人等证据要如实提出。

3. 诉讼构造审理方式的分析

对于审理方式的选择，必须在效率与公正、惩罚犯罪与人权保障之间有所偏向。本书在之前逮捕的构建中充分考量了效率的因素，因此在检察机关审理的方式上更偏向采用书面审理。但是，如果在羁押诉讼构造中仍旧如此，则法官可能只听取控诉方的一面之词，这将使得犯罪嫌疑人、被告人陷于极其不利的地位。因此，在审理方式上，羁押诉讼程序中也应当贯彻直接言词审理原则。检察机关在启动程序的申请中，只能在申请书中提出申请内容、犯罪嫌疑人姓名、涉嫌罪名等程序性事项，对于辩护方的要求也是如此。然后双方在法庭上提出关于案件事实、法律适用、证据体系方面的见解，并且在这个阶段也可以要求证人出庭。而对于羁押延长时诉讼程序的审理方式，本书在后续部分予以详述，此不赘述。

其他审理方式方面的问题，笔者认为在羁押诉讼程序中可以由一个法官独任审理，但是在庭审之后法官应当在听取双方意见以及审查证据基础上当庭作出裁定。因为这时的审理内容限于羁押的必要性，并不复杂，而且这个程序仍然要考虑时效与侦查的紧迫性，因此需要当庭裁决。而对于法官，对羁押必要性的考量不应只是限于证据，更重要的是对被追诉人人身危险性的考量以及能否优先适用取保候审的考量。对此，法官应该中立地予以通盘裁量。

4. 羁押时限的分析

关于羁押时限，笔者认为要指出三点：第一，要明确羁押时限应与诉讼时限两分；第二，法官对于羁押时限的长短具有一定的自由裁量权，而且羁押时限的延长需要再次经法官审查决定；第三，羁押的时间计量单位应当改当前的“月”为“日”。

首先，必须要改革当下羁押时限附随于诉讼时限的情形，确认羁押时限的相对独立性。这在实质上也是为了避免把羁押作为一种侦查手段来使用。这就需要修改《刑事诉讼法》第96条的规定。[①]其次，正如确定对犯罪的刑罚一般，羁押时限要有一定的分档，以针对不同的实践需求。对此，法官应当具有一定的裁量权。再次，关于羁押时限的延长的法定事由应当在法律上作出明确的规定，而且需要由中立的司法官对需要延长羁押的理由予以审查并作出是否延长羁押期限的决定。只是这个阶段由于之前已经有过诉讼构造的审理，因此此时法官可以接受控辩双方的书面意见，并在此基础上作出裁决，而无须用再开庭质证审理方式。[②]最后，对于羁押时限的时间计量单位，不应该以“月”为单位。众所周知，月有大月、小月之分，羁押作为对人身自由最严厉的处分，在时限上应当体现出严谨、精确的态度。因此，对于羁押时限应当以“日”为单位。

5. 权利救济的分析

没有救济就没有权利，因此权利的救济程序是羁押诉讼构造中具有根基性的一个环节。首先是对于被追诉方法律帮助权的保障。在羁押的诉讼程序启动之前，被追诉人的人身自由极可能已经处于一种被临时限制的状态。此时，其辩护权的保障应当由检察机关予以落实。即当检察机关收到侦查机关提出予以羁押的申请并建议检察机关向法院提起开启程序的动议时，检察机关应当立即不延迟地告知犯罪嫌疑人及其辩护人，并在随后决定是否做出申请并将结果通知辩护方。在这个过程中，对于犯罪嫌疑人与辩护人之间的交流、会见等应当予以许可并保障。其次是对于法官做出裁定的救济。如果法官经过审查认为需要予以羁押的，应当赋予被羁押人以

① 犯罪嫌疑人、被告人被羁押的案件，不能在本法规定的侦查羁押、审查起诉、一审、二审期限内办结的，对犯罪嫌疑人、被告人应当予以释放；需要继续查证、审理的，对犯罪嫌疑人、被告人可以取保候审或者监视居住。

② 根据《德国刑事诉讼法》第121条的规定，因特殊情况需要延长羁押期限的，须由州高级法院作出继续待审羁押的决定。根据《法国刑事诉讼法》第145条的规定，须由预审法官签发附理由的命令方可延长羁押期限，并且，该命令应当在通知检察官后，必要时还应当在听取被审查人或其律师的意见后方能签发。

程序上的申请救济权，也即应当允许对该裁决的上诉。但同样是基于诉讼效率的考量，上诉应采用书面审理的方式，并坚持二审终审，同时上诉不中止羁押执行。最后是对于侦查机关违法办案、暴力取证等行为应当有申诉控告的权利。对此，应当建立一定的程序上不利后果的救济手段，例如，羁押诉讼程序中的非法证据排除规则等。

6. 非羁押转羁押的构想

我国 2012 年《刑事诉讼法》第 79 条规定了予以逮捕羁押的具体情形，其中第 3 款规定了“非羁押转羁押”的情形。[①]对于这种情况，如何纳入诉讼构造的体系中？对此，笔者认为：在现行立法原意上，“非羁押转羁押”的情形之所以单列一款，是因为其在适用条件上与普通案件应当有所不同。对于这种情形下的羁押，在要求上就只有一点：违反取保候审、监视居住规定，情节严重。[②]所以，对于这类公安机关认为需要予以羁押的案件，在程序上仍然需要遵守上文所述的程序，但是在证明方向上需要考虑的就是“情节严重”，并且，对于“严重”的证明应当综合考量是否能够保障诉讼活动正常进行、人身危险性、案件的性质与情节、可能判处刑罚轻重等因素，在证明标准上应达到让裁判者信服。

第四节 羁押必要性审查程序的诉讼构造

我国羁押必要性审查制度首先在 2012 年修改《刑事诉讼法》时得以确立。同时，2018 年修订的《刑事诉讼法》第 95 条、第 97 条明确了羁押必要性审查既是检察机关的职责，也是犯罪嫌疑人、被告人及其法定代理人、近亲属或者辩护人的权利。这是权利保障

① 被取保候审、监视居住的犯罪嫌疑人、被告人违反取保候审、监视居住规定，情节严重的，可以予以逮捕。

② 关于具体的违反规定的情形，《人民检察院刑事诉讼规则》第 100 条、第 121 条已作出规定。

的具体化制度，体现了对羁押措施的审慎态度，同时也是比例原则在刑事诉讼审前程序中的具体应用。从刑事司法的实践来看，羁押必要性审查有助于改变我国刑事诉讼中羁押比例较高的局面，进一步规范刑事诉讼活动的具体行为。但以构造视角来研习此制度，仍有以下若干方面值得探讨。

一、羁押必要性审查程序的现实困境

鉴于羁押性强制措施的严厉性，检察机关主动靠前积极发挥法律监督职能。其中，最为典型的即是2016年最高人民检察院审议通过了《人民检察院办理羁押必要性审查案件规定（试行）》（以下简称《羁押必要性审查规定》），对我国羁押必要性审查制度进行了进一步细化。该规定不仅就检察机关审查程序、时限以及方式做了明确，而且该规定提出：公开审查可以邀请与案件没有利害关系的人大代表、政协委员、人民监督员、特约检察员参加，引入外部监督。[①] 同时，该规定明确了释放或者变更强制措施的情形，规范了检察机关对羁押必要性审查出具建议的法律效力。通过上述若干方面的细化，推动了我国刑事诉讼中羁押必要性审查由规范走向实践的发展，具有很强的实践意义。但就系统完善制度，贯彻落实权利保障理念而言，仍然有以下几个方面的不足：

一是，关于审查主体的问题。在《羁押必要性审查规定》出台前，立法对审查机制的审查主体缺乏明确规定。根据2012年《人民检察院刑事诉讼规则（试行）》的规定，由人民检察院依法行使羁押必要性审查权。但检察机关内设机构改革前，羁押必要性审查呈现为“多段式”的审查模式，在不同的诉讼阶段分别由检察机关内部不同的部门负责审查。因此，审查主体的不确定与审查决定的反复，也影响了检察机关施行羁押必要性审查的积极性，这也导致作为一项被羁押人权利救济制度，羁押必要性审查在实践中

---

① 《人民检察院办理羁押必要性审查案件规定（试行）》第14条。

长期得不到有效实施。随着《羁押必要性审查规定》及相关规定的出台，羁押必要性审查的主体、启动方式、内容及标准得以进一步明确，审查主体由过去的侦查监督部门、公诉部门、监所检察部门统一归口至刑事执行检察部门受理。这尽管解决了过去多头决定的冲突，但事实上仍未从根本上改变审查主体的独立性这一顽疾。在检察系统内部，刑事执行检察部门主要履行刑事执行检察的各项监督职能，相较而言，更少直接接触案件办理工作，看似具有一定的独立性。然而，受制于检察机关的行政领导体制等因素，刑事执行检察部门要对侦监部门作出的拘留、逮捕决定进行中立、独立的审查并提出纠正建议，难免存在困难。

二是，关于启动程序的问题。如前所述，羁押必要性的审查主体是检察机关。根据《刑事诉讼法》的规定，目前启动审查的方式有两种，一是由检察机关主动启动羁押必要性审查；二是犯罪嫌疑人、被告人及其法定代理人、近亲属或者辩护人可以申请启动审查，但应当说明不需要继续羁押的缘由并提供相应的证据、材料。然而在实践中，审查启动权主要由检察机关主导。根据最高检的数据统计，2018 年 1 月至 11 月底，全国检察机关羁押必要性审查案件立案 55858 件，其中依职权审查 35564 件，占 63.7%。可见，依申请启动的比例相对较低，审查启动主要有赖于检察机关的主动审查。[①] 被追诉人提出审查的比例较低原因是多方面的，被追诉人往往权利意识不足，并且其处于羁押状态下，控辩双方掌握的信息不对称，权利告知的欠缺也在一定程度上增加了主动申请的难度，导致主动申请的案件数量较少。

三是，关于审查后决定的效力问题。根据《刑事诉讼法》《人民检察院刑事诉讼规则》等规定，检察机关经审查认为无继续羁押必要的，可向办案机关提出释放被羁押人或者变更其适用的强制

① 参见贾潇：《部署查办司法工作人员相关职务犯罪工作——专访最高人民检察院第五检察厅厅长王守安》，载《检察日报》2019 年 2 月 25 日。

措施的建议，并要求办案机关在 10 日以内回复处理情况。办案机关未在 10 日以内回复处理情况的，可以报经检察长或者分管副检察长批准，以本院名义向其发出纠正违法通知书，要求其及时回复。这在一定程度上增强了检察机关法律监督的刚性，但无论建议书还是纠正违法通知书，都属于建议权而非执行权，终局性和强制力不足。这也存在一个无法解开的悖论，即法律监督无权进行实体处分，羁押必要性审查权属于法律监督权的应然组成部分，如若赋予审查权强制效力，这也违背了审查权法律监督的属性。需要强调的是，在监督的过程中，由于没有自动解除羁押的机制，被追诉人则一直处于被羁押的状态，人身权利无法得到周全的保障。

四是，关于审查程序的问题。按照现行刑事诉讼法的规定，对羁押必要性审查存在依职权审查与依申请审查，两者共同构成了当前我国现行羁押救济制度。虽然存在两种途径，但在审查方式上，目前的程序制度设计理性不足。尽管《羁押必要性审查规定》已经对审查的内容、流程等内容进行了较为细致的规定，但检察机关主要通过调查、阅卷方式开展审查，其听取被追诉人及法定代理人、辩护人意见是选择性的。这就意味着，整个审查过程更多的是采用单方的、书面审查的方式，从而也限制了权利主体的参与空间。同时，在审查决定作出后，如果被追诉人仍然不服或认为有错误的，难以有周延的程序救济机制，行政化的审查方式在一定程度上弱化了权利保障的力度。

二、我国羁押必要性审查程序的构造模式

(一) 域外经验的考察

所谓他山之石，可以攻玉，如果将研究视域扩展到域外主要法治国家，可以对我国羁押必要性审查程序的诉讼化构造提供有益的经验借鉴。为充分保障对被追诉人权利的保障，域外主要法治国家不仅明确了审判机关或者检察机关的定期复查义务，同时也赋予被追诉人复议与上诉的权利，形成准构造模式。其中，复议与上诉权

是被追诉人享有的法定权利，如果被追诉人对继续羁押裁决不满，则可以通过复议或者上诉的方式实现救济。

以德国的刑事诉讼制度为例，按照德国刑事诉讼法的规定，羁押必要性审查是核准羁押的审判机关的一项法定义务。[①] 同时，德国赋予了检察机关与被追诉人向法院提出申诉的权利。[②] 双方可以就是否继续羁押的问题向法院提出上诉。[③] 但需要指出的是，在德国刑事诉讼中，一般而言多是由法院以书面审查的准构造模式进行。[④] 但在特殊情况下也可以依据申请或者依职权进行听审从而作出决定。[⑤] 另外，在审查期限方面，德国刑事诉讼法也有明确的规定。[⑥] 可以说，德国刑事诉讼法通过较为严密的配套机制设计，即审查期限、审查次数、审查法院的级别以及相关程序规范来保证羁押必要性审查的实效性，从而实现对被追诉人的权利保障。

---

① 在德国如果待审羁押已经执行超过 3 个月，在这期间没有辩护人的被羁押人没有提出抗告或者复查申请，则法官必须对待审羁押进行复查。

② 申诉的受理主体为法院，如羁押裁决由侦查法官作出，则由州法院的刑事审判庭受理。如果是由州高等法院作出的羁押裁决，则由州高等法院受理。

③ 在州法院、州高等法院作出对抗告的裁决后，如果被追诉人仍然不服的，还可以再次提出申诉。

④ 房国宾：《审前羁押与保释》，法律出版社 2011 年版，第 154 页。

⑤ 在德国，对待审羁押同时存在书面复查与言词复查两种。同时，德国刑事诉讼法明确了适用书面复查和言词复查的不同情形，对于待审羁押时间超过 6 个月，需要延长期限的适用言词复查方式。

⑥ 对于再次复查的时间，法律规定如果经过了言词审理法官决定继续维持羁押，则下一次被羁押人申请对羁押进行复查的时间只能是决定作出的 2 个月后。对于超过 6 个月的羁押，对案件享有管辖权的法院应当通过检察院，移送至州高等法院决定。但对于已经超过 3 个月的待审羁押，如果被羁押人在 3 个月内没有主动提出复查申请，法官也必须依照法律规定对待审羁押进行复查。参见房国宾：《审前羁押定期复查制度：透析与前瞻》，载《前沿》2010 年第 3 期。

大体来说，对于羁押必要审查制度的设计不同国家有所差别。[①] 但是，主要法治国家在权利保障的核心价值方面具有同质性。刑事诉讼中应当在保证实体公正的同时实现程序上的正义，保障羁押必要性审查制度的顺利实现，以程序规制权力运行以及保障人身自由权利同样具有重要的价值与意义。[②]

（二）羁押必要性审查程序的构造模式

基于上述的分析，在羁押必要性审查程序的诉讼化构造中核心的问题即是如何破解审查主体中立性和独立性难题。一般来说，将涉及公民人身权利与财产权利等基本宪法性权利的强制措施审查权交由独立的审查机构进行审查，是确保结果公正、可信的基础，这也是现代国家刑事司法的发展潮流。在我国刑事诉讼的语境中，逮捕属于关涉公民人身权利强度最高的刑事强制措施，对此理应建立对逮捕和羁押相应的司法审查制度。但司法制度的设计不能脱离国家法治的本土资源，应结合我国的具体司法体制与法律制度特色。

第一，羁押必要性审查程序诉讼化改造的主体选择。如前所述，我国检察机关在实践中实际承担着部分的司法审查功能，并且其成效也经过了长期的实践检验。因此，考虑到我国审前公权力主体结构，可以采取以检察院和法院作为双重审查主体的模式。即对于羁押必要性审查，沿用由检察机关刑事执行检察部门作为审查主体，但如被追诉人对审查结果有异议时，可以向法院提出申请，进行二次的司法审查。从而以双主体的审查结构设计消解由检察机关

① 在英美法系国家，主要采用的是当事人申请的复查机制，其核查的内容主要是羁押的实质要件是否存在，是否具有合法与必要性。在大陆法系国家，受到职权主义诉讼模式的影响，法院依职权启动复查的情况较为普遍。同时，在定期复查的主体与程序上不同国家存在一定的差异。如有的国家主要是由复查主体通过书面的形式进行审查与裁决；有的国家则选择通过听证的方式，但是否公开听证则由当事人决定。参见房国宾、黄承云：《两大法系人身保护令制度比较研究》，载《西部法学评论》2008 年第 10 期。

② 孙长永：《探索正当程序——比较刑事诉讼法专论》，中国法制出版社 2005 年版，第 111 页。

“自查自纠”所带来的监督困境。

第二，在审查程序方面，可以适当转变过去检察机关单方主导审查程序的局面。在羁押必要性审查过程中，审查主体依照法律规定对被追诉人的羁押理由、证明材料等进行全面的审查。同时，将过去检察机关的单方审查转换为由双方当事人在场的两造听证程序，就羁押理由、羁押程序与羁押必要性相关联的证据进行充分论辩，在论辩基础上检察机关就是否应当继续羁押或者变更强制措施作出决定，从而确保审查的公正性与公开性。关于听证程序的建立，2019年最高人民检察院制定出台了《2018—2022年检察改革工作规划》，其中明确提出要建立健全羁押必要性审查听证制度，建立完善讯问犯罪嫌疑人和听取辩护人意见的工作机制，这对于未来羁押必要性审查听证制度的建立提供了重要的政策支持和法律依据。

第三，注重对于权利救济体系的建构。尽管我国现行刑事诉讼法赋予了犯罪嫌疑人、被告人及其辩护律师可以申请变更强制措施的权利，并且规定了羁押必要性审查制度，但尚未建构完整的救济体系。“告知大众权利存在是一回事。预防侵害权利的行为出现并对恣意侵害行为进行惩处，是另一件事。因此，必须设立具有强有力的机构，而且必须保证受害一方随时可以得到他的保护。”① 我国在救济体系的建构中，应当赋予被追诉人对检察机关批准逮捕的救济权利。被追诉人有权对逮捕羁押决定申请复核，受理主体是作出逮捕羁押决定的上一级检察机关。在羁押期限届满后，被追诉人一方除有权向办案机关申请解除羁押之外，还有权对超期羁押的违法行为提出审查申请与申诉，检察机关应当及时进行审查并作出相应的处理。②

---

① ［英］彼得·斯坦：《西方社会的法律价值》，王献平译，中国法制出版社2004年版，第216页。

② 卞建林：《论我国审前羁押制度的完善》，载《法学家》2013年第3期。

第四，强化对被追诉人申诉权利的保障。从本质上而言，申诉的权利即是被追诉人对公权力机关裁定的不服时，所提起的请求上级法院对下级法院有关程序方面的决定、命令进行审查的申请，以纠正错误的裁决。[①] 申诉权是当事人对法官个人作出的裁定不服的，向法院申请予以撤销或变更的救济权利。具体而言，因法律关系的不同，申诉的对象裁定可以分为实体上的裁定与程序上的裁定。实体上的裁定是指针对实体权利义务关系，法官作出的除判决以外的裁决，可以提出抗告。程序上的裁定是指对刑事诉讼程序问题进行的裁决。

当前，我国刑事司法改革的重要内容之一即是实现“以羁押为例外”的刑事强制措施体系。这其中羁押必要性审查是重要且必要的环节，诉讼化的审查程序能够更为周全地保障人身权利，同时最大限度地减少羁押的“副作用”，回归刑事强制措施程序性、保障性的定位。

① 王以真主编：《外国刑事诉讼法学》（新编本），北京大学出版社 2004 年版，第 242 页。

第六章　侦查程序的构造

按照刑事诉讼法的规定，侦查是指对于刑事案件，国家机关按照法定程序收集证据、查明案情的工作和有关的强制性措施。侦查程序在我国不仅是一个独立的诉讼阶段，甚至是最重要的审前阶段。随着监察体制改革的深入，传统侦查权限配置有所调整，本书将主要围绕公安机关的侦查活动展开探讨侦查程序的构造问题。侦查活动的特殊性决定了侦查的构造模式应当更多考量效率的因素，同时，在侦查构造中很难将全部的侦查行为纳入范畴予以讨论，这也是没有必要的。因此，本章将遵循侦查程序目的的内在逻辑，明晰强制侦查行为的内涵与边界，从而实现效率与公正的动态平衡。

第一节　立案程序的重构

刑事诉讼的立案是指公安司法机关对于报案、控告、举报、自首以及自诉人起诉等材料，按照各自的职能管辖范围进行审查后，认为有犯罪事实发生并需要追究刑事责任时，决定将其作为刑事案件进行侦查或审判的一种诉讼活动。①在立案程序中，由于立法明确区分了违法行为和犯罪行为，立案程序在很大程度上仅仅只是对案件是否进入后续程序起到把关、监控作用。但这也在实践中造成了相当的弊端。针对立案程序的功能式微与实践困境，本节将在深入分析的基础上提出：取消立案程序，实现以采取强制侦查行为或

① 陈光中主编：《刑事诉讼法》（第六版），北京大学出版社、高等教育出版社2016年版，第273页。

限制人身自由强制措施作为刑事诉讼启动的标志。因此，对侦查程序的分析，本书在此以立案程序为切入点。

一、立案程序的功能障碍

将立案程序作为刑事诉讼开启的标志，是源于苏联的法律制度影响。刑事诉讼立法修改的过程中，一直试图修补完善，从而夯实了刑事诉讼立案程序在立法层面不可动摇的独立地位。[①]在新修改的内容之上，学界的讨论焦点多半集中在立案条件的合理性而几乎无人质疑其独立存在的必要性。同时，几乎所有教材在刑事诉讼法立案部分的内容均不断地强调立案程序的必要性及独立性。

从传统认识上来说，在立案程序中，公安机关、检察机关以及法院所要进行的工作就是对检举揭发、自首、控告刑事犯罪行为的材料进行调查，以判断是否真实存在所控告的犯罪事实以及是否能够依据相关法律追究犯罪嫌疑人的刑事责任，从而权衡是否要将案件进一步展开侦查或者审判。因此，公检法机关的立案程序伊始就包含了从接受报案、控告到检举揭发等诉求开始的调查和判断：首先即发现案件；其次从掌握的材料和相关情况进行审慎检查；最后是根据已掌握的事实和证据调查、分析是否要作为一件刑事案件进一步调查。由此可见，“审查”是立案过程中贯穿始终的重要内容。同时，从中国线性诉讼结构的特点出发，认为立案是刑事诉讼的必然阶段，立案程序是展开刑事诉讼后续活动的前置程序，侦查和审判均以立案为起点。在诉讼阶段理论中，公检法机关提起刑事诉讼的前置条件是严格按照法定程序提起，不得随意更改程序及阶段顺序。值得注意的是，世界上大部分国家并没有刻意设置专门的立案程序，但这丝毫不阻碍诉讼程序的正常运行。因此，对于立案

① 1996年刑事诉讼法修改，对立案制度作了进一步的补充，扩大了篇幅，增加了“立案监督”等内容。与此相呼应，最高人民法院、最高人民检察院、公安部纷纷出台相应的规则和解释，细化操作的步骤和标准，使立案程序在立法上的独立地位不可动摇。

程序是不是侦查的唯一启动器值得商榷。根据我国刑事诉讼法的规定，进入刑事诉讼侦查阶段的前提是受案部门在对相关情况进行严格审查，确有犯罪事实发生且应当追究刑事责任的情况下才能提起。在实践中即要经过：接到报案—审查—相关部门领导批准—侦查准备等有序步骤的情况下方能立案。对此，专门设立立案程序对于迅速发现并揭露犯罪事实、对犯罪行为调查取证以及惩罚犯罪是否有积极推动作用？针对此问题，本节将从以下几个方面进行分析：

首先，刑事诉讼法对立案程序进行了清晰的界定，此种界定方法掩盖了受案主体“审查活动”的性质。我国现行刑事诉讼法规定，公安、司法机关应当在提起诉讼前严格审查相关的指控、举报、控告、检举、自首等有关内容，同时有紧急情况的时候，可以实施采取部分刑事措施的权力（如预先扣留犯罪嫌疑人、保全证据等），这也是出于司法实践的实际需要。目前在纵向结构模式下由于预先的立案程序“挡”在了侦查程序之前，使得实践当中无法合理解释繁杂而又必要的审查行为。立案程序的独立性和优先性使其有着独特的运行方式，具体分为以下几个步骤：（一）接受立案材料；（二）审查立案材料；（三）作出立案或是不立案的决定。审查立案材料等初审行为的性质在理论界得到了相当一致的认可，这与其在诉讼行为中发挥的作用密切相关。需注意的是，我国刑事诉讼法中，并没有对审查活动方式、内容、具体性质等进行明确规定。因此，实务部门在工作当中对受案、立案、审查等环节中作出的具体行为及其法律属性、审查权限等问题还处于认识模糊的状态，学界对此问题的分歧始终存在不同意见，实务部门中也存在不同的声音。

其次，立案审查调查行为的分析。按照检察机关的刑事诉讼规则，对初查对象人身、财产权利的措施不得予以限制作了规定。按一般理论而言，初查的内容应限于与日本刑事诉讼法的一般调查相似，而不能是一种强制侦查行为（compulsory investigation）。但更多的情况是，如果我们将初查与侦查行为进行稍微对比，这两个行为在各个方面都具有相同的性质，两者之间并没有本质区别。一是，从行为主体角度来看，初查的表现方式、行为方法及行为目的与侦查均是相同的，意即案件侦查的主体在案件提交前享有审查事实材料的权力。二是，从行为表现方式来看，立案前和立案后的方法、手段几乎是一样的。简单地将立案决定当成“分水岭”，将案件侦查活动分为立案前初查和立案后侦查是难以令人坦然接受的。三是，从结果分析的角度来看，只要足以证明案件的真相，初查的案件细节和材料以及分析结果，都可以作为证据加入刑事证据体系当中进一步补充诉讼证据链。一旦否定立案前初查行为的侦查性质，那么立案前调查活动中获取的证据则无效，进而无法证明其合法及合理性。就此而言，立案程序中的审查行为在实质上属于侦查的范畴。从实践的角度来说，对案件情况的认识并不能仅仅局限于侦查阶段的收集证据，应当将认识的过程贯穿于刑事诉讼全过程。从这个角度来说，侦查取证范畴完全可以涵盖现行立案审查的内容。

再次，立案程序的设置是司法实践中不破案就不立案存在的原因之一。称为“违法”，是因为它颠覆了刑事诉讼的阶段并打破了诉讼顺序。这种现象在实践中大量存在直接关系到我国政府在司法行政中的长期干预和追求高犯罪侦破率。在案件宣告侦破后再提交，破案率可高达90%甚至100%。然而，这种现象的普遍性和反复性，本身就表明了立法与执法之间的脱节。立法程序的严谨性和严肃性使得执法部门和诉讼当事人都极其认真地对待全部程序。诉讼启动简单但进行难，不得轻易而为之，因此提起案件该当谨慎，但过度谨慎的结论是对被告人和检举揭发人员诉求的懈怠和消极不作为。这个沉重的开头令人望而生畏。许多案件已经开始从程序伊始就受到挤压和“踢皮球”，众多受害者及其亲属要经历极其艰苦和冗长的立案启动程序方能勉强立案。缓解这种矛盾的方法应当是在法律允许的范围内先进行适度调查，在有一定破案把握的基础上正式立案，没有破案把握就无缘由地先“搁置”一处。

此外，根据刑事诉讼案件的要求，只有在确定存在刑事犯罪事实并应当依法追究刑事责任的情况下，才能构成提起诉讼的条件。实践中，当案件受理人员接受案件的线索时，许多情况都是不得预测的。事实不够明确、证据不够确凿，就不能对犯罪人进行盲目的调查和抓捕。因此展开必要的侦查是判断存在犯罪事实与否的必要条件。调查刑事责任既要满足事实方面的要求也要满足法律对行为能力的要求。对相关犯罪人没有足够审慎的调查和取证不得盲目追究其法律责任。因此，实践中的情况是，繁杂的刑事诉讼案件在侦查过程中边破案边立案，直到最后破了案才予以立案才是符合侦查的客观规律的。由于不破案就不立案情况的普遍存在，我国的刑事犯罪案件在最后的统计中表现出的可靠性是大打折扣的。因此，依靠立案程序来掌握犯罪的特点、规律和发展趋势显然行不通。

复次，立案对快速揭发、证明和严惩犯罪并无积极意义。在这一层面，应当认识到，快速披露犯罪、核查犯罪和严惩犯罪不是调查和立案制度的必然结果。相反，它是以调查机关深入细微的调查工作为基础建立的。案件事实查不清，证据不充分，如何能够保证正确、快速、有效地惩治犯罪行为？此外，综观整个刑事诉讼流程，立案程序实际消耗了大量的调查成本。这与“快速揭露、证实和惩罚犯罪”相冲突。同时，调查机关即便立案，如果没有采取进一步的调查措施和手段，实现快速揭露和严惩犯罪的立法目的仍然是不可能的。

最后，提起案件的条件违背了人类发现的认识规律。办案人员对案件事实、证据相关信息、材料的掌握有一个逐渐加深、递进的过程，符合辩证唯物主义认识论中关于否定之否定的认识规律。通过自己的法律专业知识以及基本常识与经验，对案件进行深入挖掘与探索。公安机关和司法机关调查人员判断案件的依据建立在细致入微的调查活动中所获得的案件证据链条上。然而，要求办案人员在刚接到报案、举报等材料就要形成对案件全面、正确的判断，显然脱离了一般的认知常识，立足点不够牢靠。加之调查人员受限于案件事实，其判断上难免有先入为主的印象，从而对一些错误立案的案件不予撤案或回避错误立案的现实。总之，当下司法活动实践中侵犯公民合法权益的大量行为的存在并非由于立案程序规定得不够清晰所导致的，而是在于对我国刑事诉讼立案程序的价值理念的解读有失偏颇以及诉讼模式的构造上的科学程度不足。从司法活动层面来说，是相关调查人员在整个诉讼程序中对被告人、犯罪嫌疑人等人员的合法权益的轻视所致。侵犯公民合法权益的行为，例如逼供、逾期关押、超期羁押并非因为调查人员未履行立案程序。从刑事诉讼价值理念角度来看，我国的刑事诉讼并不以惩罚犯罪、追究刑事责任为独一目的，相反，它等于程序正义，以保护实体正义和公民的合法权益为目标之一。从逻辑上讲，它不一定会导致不正当地侵犯合法权利。换句话说，它与程序正义并重，保护公民的合法权益不受侵犯并不是指应当阻止他们参与司法过程。一旦公民参与到了司法程序当中，他们就理应得到正当程序的保护。

二、立案审查登记制与权利保障机制

（一）域外经验的考察

历史环境、经济物质基础、法律文化等，都是形塑一个国家法律制度的影响因素。不同的历史背景下阐述了不同的法律制度体系。国家关于追诉权的启动方式也直接影响到追诉主体的不同。作为保障人民基本权利的公正防线与制度基础，刑事诉讼法的发展程度也关系到人民的权益的顺利实现。

1. 英美法系国家的刑事立案程序。从对抗主义角度来说，英美法系的国家追诉开始时间一般是嫌疑人被采取逮捕措施或者被警察传讯之时，同时逮捕与传讯都应当建立在有一定证据的基础之上。但是警察的侦查活动并非刑事诉讼的组成，一般情况下，警察的侦查会先行开始，再决定后续是否进入诉讼环节。因此，警察的侦查就是提前为诉讼程序的开启做的准备活动，具体来说，侦查没有规定明确的启动时间点。不过从司法实践来看，犯罪线索的出现就是侦查活动开启的标志。在英美法系国家，没有明确的立案环节，从而在追诉方面限制相对更少。因此，也造成了侦查活动中，警察的权限范围较大，可以任意使用侦查的权力，对任意的主体也可以运用侦查的相关手段与措施，在有证据的情况下，或者出现了特殊情况，也有控制相对人人身自由的权力。其中，对逮捕的要求较高，需要达到“合理怀疑”的标准，即只有达到了有合理的依据证明，某一公民实施了犯罪，才可能启动相应的强制措施，以保障公民的人身权利。

2. 大陆法系国家刑事立案程序。在大陆法系国家，有显著的职权主义特征。即强调运用国家的强大职权积极追诉犯罪，维护社会秩序。因此，在这样的价值目标下，国家公权力主体具有较高的地位和较为广泛的权力，只要出现了犯罪事实，就可以启动侦查程序开展侦查活动，而不论犯罪嫌疑人是否已经出现。以犯罪事实为核心，是诉讼程序得以开启的标志。而犯罪事实的来源，通常有三个基本渠道：报案、举报和警察的主动发现。通过这三个渠道获得最多的犯罪线索，也由此展开诉讼活动。德国实行检察引导侦查模式，检察机关对侦查活动有监督主导的权力，警察的侦查活动需要在检察官的引导进行。因此，在德国刑事诉讼中，侦查程序并没有独立地位，而是作为检察机关提起公诉的前提活动。①

3. 域外立案程序的经验对我国的借鉴与反思。首先，从侦查程序启动的时间来看，国外大部分情况下没有明确诉讼启动时间，可以随时开启侦查活动。但我国对侦查活动的开启需要以刑事立案作为前提。比如，在立案之前的初查环节，侦查机关就不得对嫌疑人采取人身控制等强制性措施。而在美国，只要有合理怀疑，就可

① 根据《德国刑事诉讼法》第158~160条的规定，获悉犯罪消息的途径有：公民的告发或告诉（可以口头、书面形式）；发现非自然死亡或发现无名尸体；通过告发或者其他途径了解到有犯罪行为嫌疑等，检察院一旦了解了有犯罪行为嫌疑，应当对事实进行审查，以决定是否提起公诉。但对每个犯罪行为，警察负有展开侦查的义务。

以对嫌疑人施加人身控制，并且采取一切法律上的侦查手段调取证据。同样，在德国也没有设定侦查与立案之间的明显界限。警察有较为广泛的权限。但同时，也极可能出现侵犯公民权利的行为。因此，相对而言，我国的立案侦查程序更有利于权利的保障。但也在一定程度上可能错失证据收集的好时机。

其次，单独就立案程序而言，我国的制度设计还存在一定问题。从应然的层面剖析，检察官的专业素养与专业判断，总体上来说优于警察群体，这也是职能分工所形成的客观现象。检察官精于犯罪认定与法律适用等，警察更多擅长于侦查技巧。所以，本可以让其在立案侦查环节发挥更大的作用，但实际上，在前面这两个环节，检察官的影响力几乎不存在。以德国的“检察引导侦查”模式为例，在德国的审前程序中，检察官有引导警察进行合法、合理侦查的职责，这也就决定了检察官在侦查环节有更多参与的空间。在发现犯罪线索后，警察会通知检察官到场，共同决定下一步的侦查手段，即是否追诉犯罪，由检察官决定。美国也是一样，在侦查程序中能让检察官更早地了解案情、指导调查行动。为什么这样的模式能够在不同法系的国家有相同的适用空间？原因在于检察官的专业性，能够保证侦查的正确方向，引导侦查在正确的路上向前。同时检察官的介入，可以起到一定的制约功能，防止警察权的滥用侵犯个人合法权利。

（二）刑事诉讼程序启动的标志探讨

经过以上对比分析，总结看来，就立案程序自身而言，其对于揭露犯罪、保护公民的合法权益并不起到任何实际意义。就惩罚犯罪而言，需要经过长期的侦查工作，不是立案程序能实现的；而保护权益，则更多的是需要后续程序的保障，本身与立案程序并无太大关联。无论侦查程序的改革方向如何，都应当取消立案作为单独的诉讼阶段与诉讼程序。对此，可以有以下的替代思路：

第一，以刑事强制措施或者强制侦查行为作为程序启动的标志，并起到告知的作用，更具有直接、实践意义。对于确实要开启刑事诉讼的追诉程序，应当将采取限制人身自由的刑事强制措施或强制侦查行为视为刑事程序的开端。在司法实践中，立案程序只是国家机关内部的分工审查程序，如果以限制人身自由的刑事强制措施或者强制侦查行为作为开启程序的标准也可以实现这样的功能。但是，在我国的立案中涉及的刑事诉讼管辖方面的规定并不因此而废除。在进行限制人身自由的刑事强制措施前，需要有关机关采取紧急措施的，仍然要按照管辖的规定进行。本书的意图在于落实管辖之后，并不需要有一个独立的立案程序，直接将限制人身自由的刑事强制措施或者强制侦查行为视为一个告知的义务。关于此时采取限制人身自由的刑事强制措施证据标准，则可以吸收现行立案的证据标准。由于此时的限制人身自由的刑事强制措施只具有程序性的意义，而且也只是刑事诉讼程序的开端，因此此时的标准不宜定得过高。笔者认为，对于此时的证据标准可采用“基于可能事由的合理怀疑”。对此，“可能事由”是基于一个正常的理性的人做出的常识性判断，不能仅仅是臆断；这样的判断应当有一定数量与种类的证据标准作为支持，而不能仅仅依靠主观想法；“基于可能事由的合理怀疑”标准应该是一个自由心证的过程，其对于证据的可采性应该有适度的放宽，而不像审判一般严苛，例如品格证据、犯罪记录等应该视为可采。

第二，在侦查部门发现犯罪线索，可能有犯罪行为的发生时，可以决定是否采取侦查前的初查措施。具体而言，初查措施包括了对现场的勘验检查、物证鉴定、必要的搜查、对证人和被害人进行询问等，在特殊情况下还包括对重大作案嫌疑的人以及现场发现的嫌疑人实行拘传或者拘留措施。

第三，在初查结束后，根据初查结果，确定是否有犯罪行为确实发生，无论是否已经抓获了犯罪嫌疑人，都要通过立案登记的形式记录在案，并通报检察机关。由此，侦查程序正式启动。

第四，侦查程序中，如果经过侦查机关核实发现，行为不够罪或者符合依法不负刑事责任条件的，应当转化程序，将案件作为行政违法进行处理，并且对案件情况进行通报。由此，可以在此程序中达到案件的筛选与分流，将不属于刑事犯罪的案件过滤到行政管理部门，提高效率，节约司法资源。同时，赋予被害人救济权，如果对不立案决定不服，可以向上一级主管部门进行复议，或者请求检察院或者法院予以救济。实际上，在我国立法上也明文规定了这样的救济手段。此外，可以保留增进被追诉人权利的措施，如律师介入以及侦查监督等内容。

第二节　强制侦查行为的检察令状模式

在刑事诉讼审前程序中，检察机关也承担着客观中立的法律义务。在实际承担追诉者角色之前，检察机关仍然能够恪守中立。而且，我国现阶段下的警检关系，检察机关并没有急迫的破案压力。因此，赋予检察机关以检察令状模式对强制侦查行为实施管控在法理上仍然是畅通的。正如上文所论述，检察机关的法律监督虽然无权实体处分，但在承接上文将羁押性强制措施交由法院令状司法审查的方案下，以检察机关的法律监督权作为构造一极，居中裁决，实现对强制侦查行为予以制约。从实践来看，现阶段检察监督权在审判中心的视域下也不能完全在侦查构造中缺位。一方面，检察机关法律监督的宪法定位本身就含有客观、中立的使命。另一方面，对于侦查的检察监督模式积累的多年有益经验也值得辩证地继承发扬。因此，对于临时性限制人身自由措施以及强制性侦查行为的审查应该充分利用检察机关的监督权限为之。在此基础上考量公平、效率等诸价值，在侦查阶段引入以检察令状与司法令状为核心的控权模式并同时形成一种合力——中国特色的令状制度，以共同制约强悍的侦查权力使其在法治轨道内良性运转。

一、我国传统侦查模式的困境

正如本书第三章所阐述的，在我国的刑事诉讼构造下，侦查阶段不仅是审前程序中最重要的阶段，甚至是整个刑事诉讼程序的中心。这就导致侦查的高效率、重打击的理念在很大程度上占据了刑事诉讼目的的核心地位。可以说，也正是认识到了侦查中心在实践中的消极作用，从而倡导由侦查中心走向审判中心。

以侦查为中心的流水线诉讼模式使得侦查行为难以得到有效约束，而且导致取证中“口供中心”的倾向。“口供中心”是指案件定罪证据主要是犯罪嫌疑人、被告人的口供，并且诉讼环节的整个过程都围绕着口供展开。侦查机关在对案件进行侦查的过程中应当对有罪或无罪、罪重或罪轻证据进行充分收集。规范的证据收集和判断应遵循“先证后供”与“综合认定”相结合，办案人员应当通过对已有的证据进行严格的审查，确定所有证据是否形成完整的证据链，并达到证明标准。然而，实践中就算到了审查起诉阶段，是否有犯罪嫌疑人的供述依然是检察机关是否起诉的关键因素之一，口供便成了最优证据，先供后证成了最主要的侦查方式。对有罪供述的依赖，为刑讯逼供违法行为提供了肥沃土壤。

同时，侦查中心导致侦查案卷效力横贯全程。早在 1979 年，我国刑事诉讼法就规定了应当移送全部案卷。但这样的移送制度在当时的时代背景下极易导致法官的预断，导致庭审流于形式。1996 年刑事诉讼法进行修改时，规定了只需要向法院移送起诉书与证据材料目录，但又伴随庭审后移送案卷制度，同样架空了庭审环节，导致法官裁判仍旧以案卷为基础。兜兜转转，2012 年《刑事诉讼法》又恢复了全案移送制，法官在庭审前可以翻阅所有的案卷材料。这种“案卷中心”是以书面阅卷的形式形成审判结论，是“以侦查为中心”的重要表现。案卷移送制度的改革是为了改善刑事庭审的现状，但却成了引发庭审虚化的“导火线”。“以案定罪”的现象并未随着案卷制度的嬗变得到根本上的革除，尤其在快速处理程序中，法庭调查、法庭辩论环节被虚置，书面阅卷依旧是法官形成裁判结论最重要的依据，极易导致“庭审虚化”，冤假错案也难以避免。这就在客观上造就了刑事侦查案卷横贯全程的效力：在侦查阶段，侦查机关将收集到的案件事实与相关证据以书面案卷的形式固定装订成册，在“案卷中心”的模式下，这一刑事侦查卷宗几乎承载了所有证明功能，是程序的发端与基础。在审查起诉阶段，侦查机关的刑事侦查卷宗也构成了提起公诉的关键材料，在为阻断案卷材料对审判的实质影响力前，也几乎成了庭审的最终结果。因此，在侦查阶段形成的案卷材料是公检法三机关办理刑事案件的核心与重要基础，刑事侦查案卷的效力一直延伸到庭审环节，由此，刑事案卷移送机制的越轨效力形成。

二、检察令状模式的引入

（一）令状制度概述

所谓“令状”，在于裁判主体所颁发的从事法律行为之许可与授权。在刑事诉讼构造理论的思路下，对于在审前程序中进行的强制侦查行为，虽然其对人身、财产、隐私、住宅等公民权利带来一定程度的侵害与侵犯，但出于惩罚犯罪的现实需求，应当容忍该侦查行为的“附带性”效果。因此，强制侦查行为具有内在的正当性。但这些行为的正当性需要一个客观明了的外在表现方式，而这点也正是令状制度的价值。令状最早产于英国，在几百年的发展历程中，其逐渐发展成“程序先于权利”原则、法律至上原则，从而发展出最初的司法独立理念。①随着历史进程的推进，刑事司法领域的令状制度所包含的自由、公平、人权的价值也成为法治文明标志之一。

一般认为，司法令状原则“一方面要求强制侦查（逮捕、搜查、扣押、强制检查等）须经司法审批，通常不得由侦查机关直接发动；另一方面对这些侦查措施规定严格的条件和程序，以防止

① 项焱、张烁：《英国法治的基石——令状制度》，载《法学评论》（双月刊）2004年第1期。

侦查权的滥用”①。从形式要件而言，司法令状具体应当包括以下内容：第一，申请主体。司法令状的申请主体应当是侦查机关，就可能涉及公民的人身自由、财产权利的限制或者剥夺的措施，比如查封、冻结、扣押、搜查以及逮捕等，应当申请令状后才能够实施。第二，令状签发。为了避免“自签自发”的现象，应当将签发令状的主体与申请主体进行分离，签发令状的主体由中立第三方掌握。第三，司法令状的执行。即必须在法定期限内执行。第四，申请的司法救济。即公民可以向一个中立的司法机构提出申诉。第五，司法令状的例外。在突发事件以及紧急的情况之下，对于上述的限制强制措施不经令状签发也可以实施，但应当在实施之后立即报请补充令状，接受司法审查。

（二）令状制度的域外经验概要

一般来说，英美法系国家审前程序中追诉方与被追诉方之间的对抗性特征明显，从而强调在两者中间有中立的第三方主体，由此特别强调令状签发主体的中立性并对令状制度严重依赖。大陆法系国家虽然强调法官对强制侦查行为的批准权，但是司法令状并非大陆法系国家唯一的控权方式，大陆法系国家的检察机关所享有的侦查监督权在一定程度上对被追诉方的权利程序保障起到了补充作用。其对搜查、扣押令状中实体要件和形式要件的限制不如英美法系国家严格。此外，在国家主义传统理念背景下，大陆法系国家的侦查机关获取了高度的信任，大陆法系国家的侦查人员被认为具有更高的职业能力，其执法环境相对于英美法系国家更为宽松。

从权力关系的角度来看，两大法系国家都注重通过权力实现监督目的。英美法系国家强调通过司法权力制约刑事侦查权的行使，例如英国的司法审查制度，旨在对警察的侦查行为进行制约。根据《1984 年警察与刑事证据法》的规定，警察的搜查行为，应当获得

① 龙宗智：《侦查程序中的人权保障》，载《中外法学》2001 年第 4 期。

治安法官的许可。[1]同时，对任何公民人身自由权利的限制，都必须事先向治安法官提出申请，说明其实施逮捕措施的正当理由，获得令状授权后方可实施。但在一些特殊情形下，法律也允许“无证搜查或者逮捕”。[2]美国从宪法层面确立了通过事先令状实现对公民人身自由、财产权利限制的正当性，现代意义上的刑事侦查令状制度也由此而来。[3]在逮捕措施之外，美国对于涉及人权的一系列侦查措施也构建了令状制度，由此警察权力的行使划定权限范围。即除了在法律规定的例外情况下外，警察对任何人实施逮捕、搜查都必须向一名中立的司法官提出申请，证明被逮捕者或被搜查者实施犯罪行为具有可成立的理由并且是必需的。法官经过审查，认为符合法律规定条件的，才发布许可令状。在实施令状制度的同时，对于审前羁押制度还设置了较为科学合理的救济机制。[4]

相较于英美法系国家对侦查权的司法控制，大陆法系国家在此基础上引入检察监督权，一方面是为了适应侦查紧迫性的需求，另一方面又对侦查权的运行予以检察监督权与司法判断权双层体系制约。在德国，审前羁押令状一般是由检察院申请，在特殊情况下，

---

① 《1984 年警察与刑事证据法》第 8~18 条。

② 警察对公民逮捕后的羁押最多是 36 个小时，如果要延长就必须得到法院的授权，但仍不得超过 96 个小时。此后，警察必须将嫌疑人提交给治安法院，后者将就是否继续羁押作出裁决。此外，遭受不当侦查行为侵害或非法羁押的嫌疑人，还可以向高等法院王座庭申请人身保护令。这一法庭一旦接受这种申请，会就羁押的合法性和正当性举行由控、辩双方同时参与的法庭审理活动，并作出裁决。

③ 美国联邦宪法第四修正案明确规定：“人民的人身、住宅、文件和财产不受无理搜查和扣押的权利，不得侵犯。除依据可能事由，以及宣誓或代誓宣言保证，并详细说明搜查地点和扣押的人或物，不得发出搜查和扣押令状。”由此特定性令状经过联邦宪法第四修正案的确认和改良，在保留了特定性令状的可能事由和特定性要件基础上，进一步赋予令状制度更多的司法审查性质，使令状成为一个独立的司法审查程序。

④ 对于审判前的羁押，美国联邦系统规定了两种正常途径的救济渠道：一是申请复议，即对于治安法官签发的羁押令以及不是由本案有初审权的法院或联邦上诉法院签发的羁押令，被羁押人有权向对本案有初审权的法院申请撤销或变更，对该项申请，应当立即作出裁决。二是上诉，对于羁押令、驳回请求撤销或变更羁押令的申请的裁定，被羁押人可以依法提出上诉，由上诉法院对羁押再次审查。

检察院也可以签发。[①]但关于监听措施，一般只能由法官作出决定，只有在有延迟风险的特殊情况下，检察官才可以发布临时命令，但效力短暂。[②]同样，关于扣押措施，一般由法官决定，只有在延迟有风险的情况下，才可以由检察官作出决定。[③]在法国，其现行羁押措施需要同时获得预审法官与自由与羁押法官的双重许可才能够执行。[④]

在这里需要强调指出，侦查阶段的检察监督权的效力无法涵摄实体处分的层次。因此，在长时间的羁押措施方面仍然要由司法判断权予以保留。从形式要件分析，在涉及人身自由以及财产的强制性侦查行为的两大法系国家都要求由第三方审查，但设置若干情形下的例外。同时，对被追诉方要予以救济的程序保障。

（三）我国令状制度的思辨

结合上述分析来看，对于我国令状制度的建构既要充分考量现有的制度资源，又要吸收司法审查的有益经验。因此，我国令状制度的建构，应当进行更为精细化的处理，即将令状制度具体细化为两个方面，一是以检察院为主体的检察令状制度，二是以法院为主

---

① 《德国刑事诉讼法》第 125 条规定，审前羁押的令状只能由法官签发，并且必须采用书面形式，应当载明嫌疑人被指控的罪行、原因及依据的事实。

② 《德国刑事诉讼法》第 100b 条规定，对电讯往来是否监视、录制，只能由法官决定。检察官在延误有危险时也有权发布临时命令，但该扣押令如果在 3 日内没有得到法官的确认，将失去效力。

③ 《德国刑事诉讼法》第 94 条规定，对于可以作为证据，对侦查具有意义的物品可以作为证据被扣押。是否扣押，只允许由法官作出决定，但在迟误有危险时，也可以由检察院和他的辅助官员作出决定。如果未经法官决定就实施了扣押，并且实施扣押时无当事人和他的成年亲属成员在场，或者当事人不在场时他的成年亲属成员对扣押提出异议的，应当在 3 日内提请法官确认扣押。

④ 因为按照案件办理程序，预审法官首先必须同意才能向自由与羁押法官转送附有大审法院检察长先行羁押请求的案件材料，之后由自由与羁押法官通过说明理由的裁定将处理结果告知预审法官，因此，在预审法官与自由与羁押法官双重审查的体制下法国新的刑事诉讼法对先行羁押措施的审查更加严格。参见陈光中：《21 世纪域外刑事诉讼立法最新发展》，中国政法大学出版社 2005 年版，第 224 页。

体的法院令状制度。检察令状是由检察机关对于侦查机关采取的某些强制性措施以令状的形式进行审查。但在紧急情况下，侦查机关也可不经许可直接采取措施，在紧急情况结束、措施实施完毕后立即报请检察机关进行司法审查，补签令状。没有获得司法令状的强制侦查措施应当立刻解除，并对侦查机关进行相应的制裁。一般来说，除对侵犯性较为严重的羁押由司法判断权保留外，其他较为轻缓的强制性措施如短期的羁押、扣押查封、冻结等则由检察官签发令状即可。对长期的羁押措施，由于涉及对人身自由的严重剥夺或者限制，并且在此基础上被羁押者的隐私权也会受到严重的影响，应当由法院享有签发许可令状的权力。实践中，容易发生的刑讯逼供现象也与羁押措施密切相关。因此，羁押是对人身自由这一实体状态进行实体处分的法律措施，应当由司法判断权予以保留。

在侦查过程中，如果侦查机关认为证据充分，并且有羁押必要的，可以向检察机关提出羁押的申请。检察机关根据申请材料，确认其是否达到证明标准以及是否确有羁押必要，则向法院提出批准羁押的建议，由法院通过庭审的方式确定是否适用羁押性强制措施。在庭审过程中，应当允许被告人及其辩护人参与，形成一种三角形的诉讼构造，实现羁押审查的正当性。

三、检察令状的论证

（一）检察令状制度的适用范围

我国司法令状制度的建构，应当结合我国的司法语境与实践，进行具体设计。从宏观方面应当坚持两项基本原则：一是不宜将所有的强制侦查措施列入司法令状的审查范围；二是在原则一的基础上，适度扩大司法令状的适用空间。原因在于，对侦查权力的约束可能打击侦查机关发现、惩罚犯罪的积极性，从而降低犯罪成本，导致社会犯罪率提升，给社会治安带来不稳定性。国家作为维护社会秩序的根本力量应当致力于社会治安的稳定与社会和谐，而这又必须借助警察权力的行使。因此，在适用范围上，应当将对人身自由与财产权利限制明显、普遍适用以及受到质疑较多的强制侦查行为纳入司法令状的审查范畴。而对那些理论上争议较大的强制侦查行为可以暂缓纳入令状制度的适用范围，待到条件成熟时，再斟酌研究。总体而言，目前需要在适用之前取得司法令状许可的强制侦查行为包括：搜查、检查、查封扣押、冻结、强制取样、技术侦查、拘留、逮捕等，而其他限制相对较少的侦查行为，可暂时不予审查。

（二）令状的要件

一方面是实质要件。通过对德国的令状制度加以改造借鉴，并结合英美法系国家的有益经验，可以得出令状的实质要件应当为：侦查机关在实施强制侦查行为时，应具有“可能事由”。“可能事由”属于司法机关审查的自由裁量范围，是否符合标准，应当由批准主体根据案件的具体情况进行判断。在提请批准之前，侦查机关事先对“可能事由”进行判断。①对此可以从以下几个方面理解：第一，“可能事由”应当符合一个正常人在理性状态下根据常识与经验进行的判断。第二，“可能事由”属于主观范畴，没有明确的客观标准，最终是依赖侦查主体或者令状签发主体的主观认识与主观相信，是否达到强制侦查行为适用程度。第三，在证明方式上，“可能事由”实行自由证明而非严格证明，不需要达到“事实清楚、证据充分”的标准。也就是说，它对于事实与证据的要求没有那么严格，达到基于当前可靠的部分证据能够让审查批准主体确定是否有采取逮捕等强制侦查行为的必要即可。同时，在证据形式上，不限定于法庭上才可采的证据种类，传闻证据以及品格证据都可以作为审查批准的重要参考。②

另一方面是形式要件，主要是指在外观形式上，司法令状应当

---

① 孙长永、高峰：《刑事侦查中的司法令状制度探析》，载《广东社会科学》2006年第2期。

② 陈瑞华：《问题与主义之间——刑事诉讼基本问题研究》，中国人民大学出版社2004年版，第225页。

具备的基本内容以保证它的合法有效性。具体而言，令状的基本内容应当包括其适用的强制侦查行为类型、需要采取措施的对象、范围以及具体实施的地点、时间。并且应当详细载明申请的理由以及有效期限。尽管对不同的侦查行为，在具体内容上可能存在差异，但需要尤其注意的是，对于逮捕令状应当具备比其他令状更为严格的形式要求。即除上述内容外，还需要详细描述逮捕对象，详尽表述适用逮捕的必要性与紧迫性。另外，在内容方面司法令状还存在特殊之处。比如，根据具体的情况，侦查机关在根据司法令状进行搜查、扣押等侦查行为时，还可以根据“显而易见”的原则，搜查、扣押其他与案件相关的事实证据，这项例外情形遵循了发现实质真实的诉讼目的。但为避免在实践中架空令状制度，对于其他非经令状制度收集的事实证据材料，适用非法证据排除规则以及受到司法机关的严格审查。

（三）令状制度的执行程序与例外情形

在获取令状批准后，侦查机关应当在令状所载明的有效期内及时展开侦查活动。在执行时应当首先向被侦查对象出示，并且在侦查活动结束后，应当将书面笔录以及相关的证据材料副本送达令状签发主体，告知其被采取强制措施的被执行人的关押场所。如果在令状有效期内，侦查主体未执行相关侦查活动，则应当将令状退还给签发主体，需要再次采取相关的侦查行为时，应当重新提请批准。

在侦查行为的进行过程中，往往会有紧急情况，如果仍机械地要求签发令状后方可执行，则可能放纵犯罪行为的发生。所以在紧急情况下，可以不经令状的签发，直接采取强制侦查行为，在侦查行为结束后立即提请司法机关予以审查批准，确保其侦查措施具有合法性基础。如果签发机关认为不符合条件，则应当要求其立刻解除。关于“紧急情况”的界定，可以我国现行刑事诉讼法中对现行拘留的相关规定为参考进行执行，并根据具体的司法实践通过司法解释的方式予以细化。对于既没有司法令状的许可，也不符合法定的例外情形所收集到的案件事实与证据材料，应当在后续非法证据排除规则中进行具体规定。①

（四）令状制度的救济程序

令状制度的救济程序主要针对的是因违反令状申请程序的强制侦查行为，而受到权利损害的相对人，为其提供相应的救济措施和手段。任何程序建构的完整性都应当考虑到司法救济，具体而言，可以将救济程序划分为三个部分，分别为司法确认、人身保护令以及非法证据排除规则。（1）司法确认主要是对侦查机关所提请批准的强制侦查行为第一次审查，属于令状制度的常规部分。通过签发机关的强制职权审查，确认强制侦查行为是否符合条件、具有可行性。在侦查机关实施获得批准的强制侦查行为之后，应当在法定的时间（一般为三日）内报请检察官或者法官进行侦查行为必要性的审查。（2）人身保护令制度借鉴英美法系国家的司法经验，对被采取了强制措施的被追诉人，其本人或者其近亲属可以向法院提出人身保护令的请求。法院在收到申请后，应当及时安排羁押场所的工作人员将被追诉人移交到法院，通过举行听证会的形式，对是否强制措施采取的合法性与合理性在控辩双方间进行论证，听证中由被申请人承担举证责任。（3）非法证据排除规则即对于性质恶劣的、对司法公正性影响较大的违法侦查行为，其获取的证据应当强行排除，而对于尚未严重侵犯相对人基本权利的证据仍可以采纳。但如果我们改革现行的行政诉讼法，将侦查行为纳入具体行政行为的范畴，对侦查行为相对人提供有效的行政救济手段，以此作为令状制度的救济程序，则会有效弥补非法证据排除规则的不足。

第三节 侦查程序中的权利对抗机制

以权利制约权力无疑是对侦查权的有效制约。但是在构造模式

① 孙连钟：《刑事强制措施研究》，知识产权出版社 2007 年版，第 113 页。

中，纵然具备了相对客观、中立的裁判者，如果权利的一方过于薄弱仍然无法形成对抗，也就无所谓主体之间的互动抗辩的构造了。因此，实现权利对权力的制衡，仍然需要加强对权利的周全保护。在对被追诉人的权利保障体系中，毫无疑问应当是强化被追诉人的辩护权保障，在现阶段核心就是扩大刑事辩护法律援助的范围以及提高刑事辩护法律援助的质量。对此本书第三章第三节已有充分的论述，本节将重点围绕侦查讯问合法性核查机制展开：

对于侦查讯问制度而言，由于案卷移送制度以及印证模式的办案方式在我国刑事司法实践中根深蒂固，一时难以有效根除，因此对于侦查讯问就需要更有实效的制约机制。对此，可以从事前、事中以及事后三个阶段予以考量。在事前，主要针对刑事诉讼立法而言，主要涉及采取强制措施后的一定时限内展开讯问以及对被追诉人的权利保障体系等方面，对此我国刑事诉讼法已有所规定。由于侦查对于效率有更高的需求，需要第一时间固定犯罪嫌疑人口供，并同时具有紧急急迫性地展开侦查行动。因此，事前的规制应当适当放宽，不能要求过多，以免妨碍侦查进行。事中的控制主要是关于沉默权、人身隔离措施以及律师在场等制度。事后方面，正如有学者提出的探索建立重大案件侦查终结前对讯问合法性进行核查制度（以下简称讯问合法性核查制度）。[①]对此笔者表示赞同。

从刑事司法实践来分析，通过对犯罪嫌疑人的讯问能够在较短时间内获取关键的证据信息，从而实现对刑事案件的侦破速度和办案效率要求。[②]正是口供在刑事证明体系中的举足轻重作用，奠定了其“证据之王”的地位。在“重口供、轻物证”的传统侦查观念影响下，难免出现一些刑讯逼供等违法办案情形，甚至导致冤假错案发生。大量事实和教训证明，刑讯逼供恰恰是冤假错案的

① 奚要武：《讯问合法性核查亟须制度化》，载《检察日报》2018年8月1日第3版。

② 例如，犯罪第一现场、作案凶器、被害人特征、作案动机、是否有同伙等。

“最大制造者”。因此，如果能够在侦查讯问环节实现法律监督权主导下的准构造模式，将在极大的程度上实现对非法取供、暴力取供行为的遏止，也足以在程序的起始实现正本清源的功效，保证后续程序取得证据的合法性与纯洁性。通过这样的方式先期对于口供这一证据种类的合法性予以核查，如果能够在该类证据进入下一个程序之前确认该口供系违法取得，那么该“口供”就将成为废纸一张，无法作为定案依据进入审判程序。在重大、疑难、复杂案件中，事后的核查机制能在一定程度上实现在“小三角”构造当中核查口供证据的真实性、合法性问题，从而夯实审前程序的基础。这对于后续程序有效、合理地展开起着至关重要的作用，同时也在一定程度上推进以审判为中心的刑事诉讼制度改革，完善非法证据排除规则。对于该制度的建设，笔者认为可以从以下几个方面入手：

第一，核查程序的案件范围与启动方式。在一个三方的构造中，控诉方与辩护方需要一定程度上的对等与平衡，因此在划定案件范围上，笔者坚持应当与提供刑事辩护法律援助的范围一致。正如笔者在辩护部分提出的，“对于可能判处三年有期徒刑以上刑罚的案件，都应当予以提供刑事辩护法律援助”，因此在讯问合法性核查机制中与此相一致，应当启动该机制。当然，考量刑事诉讼进程规律以及刑事司法实践，在侦查讯问阶段，案件仍然处于查明初期，对此不应做过于严格的要求。但为了避免这一条件的虚化，对此仍应当辅之以其他相关的程序要求。这就需要对启动方式予以一定的技术设定。在启动方式上，需要明确保障被追诉人的主体资格。在程序设计上，可以遵循“应当启动”“依职权启动”与“依申请启动”三种方式。一是，对于应当启动的类型，法律应当明确规定这类案件的类型与范围，对此可以参照可能判处 10 年有期徒刑以上的案件、重大疑难复杂案件或者有重大社会影响力的案件。对于上述三类案件，侦查机关决定侦查终结前应当提交检察机关依规依法启动程序，即对于在押的犯罪嫌疑人应当提交驻所检察官予以启动程序；对于非羁押的犯罪嫌疑人则交审查起诉对应的检察机关予以启动程序。而且，为了保障在该类案件中审查机制的落实，应当将启动该程序作为侦查终结移送审查起诉的必要形式条件之一。也就是说，对于上述的案件，如果没有启动核查机制，那么将视为形式上的不完整，从而不能进入下一个诉讼阶段。二是，对于驻所检察官或者检察机关，可以按照职权启动该程序，这样可以对讯问保持一种常规性的监督机制。三是，对于犯罪嫌疑人及其辩护人，如果其提出申请，那么可以启动该程序。

第二，核查的参与主体与核查方式。对于口供合法性的核查方式可以考虑引入法律监督权作为构造中的一极。对此，笔者认为在核查方式上可以考虑采用听证。也就是公安机关以及犯罪嫌疑人及其辩护人共同参与的方式，同时由公安机关承担取供合法性的证明。这一点的优势在于将非法证据排除的举证程序在事实上得以提前了，这样一方面是保证不合法证据不再影响后续阶段的开展，另一方面也解决了侦查人员出庭作证虚化设置的问题。通过这样的方式，以直接排除口供效力作为一种强势的震慑机制，从而倒逼侦查机关的取供合法化。而且，在这个阶段将驻所检察官或者检察机关作为构造的裁判者有天然的优势。一方面是驻所检察官能够更直接地获得是否有非法讯问的情况发生，另一方面犯罪嫌疑人对于在看守所发生的非法取证行为可以更为简便地提供线索和材料。另外，从现有的法律规定来看，驻所检察官的身份并不承担追诉的职能，其唯一的目的就是行使法律监督的权能，这样就在根本上保障了其客观中立的法律地位，从而能够根据事实与法律作出公正的判断。

第三，强化核查程序的法律效力。应当说，如果没有强有力的刚性法律后果，任何制度与程序的设计都容易沦为“橡皮图章”。对此，笔者认为在未来刑事诉讼法的修改中添加该部分的内容，同时赋予其刚性的法律后果，从而提升该项制度的刚性约束力。

第七章　审查起诉程序的构造

作为刑事公诉案件中的一项必经程序，审查起诉是连接侦查阶段与审判程序的桥梁纽带，并对于正确处理刑事案件、充分实现刑事诉讼任务产生重大影响。[①]因此，在审查起诉程序中梳理其内在机制的运行脉络，理顺各方权力（利）运行轨迹，实现程序的构造化，对于实现权力制约、权利保障与程序公正均具有积极意义。其一，与侦查程序相比较，诉讼构造下的审查起诉程序有利于更加彻底地对侦查工作成果进行检验把关，从而实现制约侦查权与调查权的积极效果；其二，就审查起诉程序本身而言，诉讼构造的对抗争辩会进一步查明案件事实，追寻客观真相；其三，相对于审判程序而言，诉讼构造下保证了起诉的公正性和准确性，将无罪、指控犯罪证据不足以及依法不需要追究刑事责任等情形排除于审判程序之外，最终有效保障公民合法权益，同时充分节约相对有限的诉讼资源。

第一节　公诉权裁量困境与制约失衡

公诉，即检察机关代表国家追诉犯罪。这是世界各国所普遍采用的刑事起诉方式，也是刑事诉讼的一项基本制度。以公诉问题立场为依据，起诉法定模式与起诉便宜模式是对各国做法的基本区分，而两者划分的核心要素即在于是否具有裁量权的空间。公诉权

① 陈光中主编：《刑事诉讼法》（第六版），北京大学出版社、高等教育出版社2016年版，第323页。

作为检察机关的基本权能，其中一项重要组成内容便是起诉裁量权。近些年，各国刑事司法改革的主流趋势，都在朝向起诉便宜主义发展，即赋予检察机关或者检察官在起诉问题上更多的裁量空间。由此，起诉便宜主义也成为各国检察理论制度研究的重点话题之一。作为检察权的一种基本表现形式，起诉裁量实质上也是自由裁量的一种方式与类型。目前，关于何谓“自由裁量权”，理论界与实务部门尚未形成统一的结论。《布莱克法律词典》关于这个概念的定义是，自由裁量的权力是指在法律赋权的某种前提下，公共职能领域中，非受他人控制而依据自我理智判断作出的官方权力（或权利）或者行动。①

从字面含义的表述来看，裁量可以与自由相等同，是一种行动选择的自由，但这种自由并非任何人都可享有，而是主要集中于公法领域，是由公务人员依法和依据经验、良心所作出的一种权力判断。总体上，自由裁量权的核心在于既要实现公权力的选择自由，又要保证其权力、行为实施的审慎、正确与理性。这种选择自由一定是基于法律的明文规定，受到严格的制约，实质是一种有限度的自由。

一、公诉裁量权的文本分析

相较于域外立法，我国刑事诉讼法尽管规定检察官能够通过更多元化的方式行使起诉裁量权，但其适用范围仅限于比较轻微、简单的案件，不能发挥明显的提高诉讼效率的功效。整体上来看，我国的刑事司法取向一直以来是以法定起诉模式为主导，关于起诉便宜主义在刑事诉讼法中的体现相对较少。具体而言，刑事诉讼法有两项制度可以体现，包括检察机关的酌定不起诉权，以及对未成年人可以作出附条件不起诉的权力。笔者认为，我国检察机关的起诉

---

① 转引自王守安：《检察裁量制度理论与实践》，中国人民公安大学出版社 2011 年版，第 1 页。

裁量相关的制度改革，应当充分学习域外在检察裁量方面的经验，立足于我国的具体立法与司法语境，结合实践需求，从而实现效率价值的充分发挥，做到与公正的协调配合。

（一）酌定不起诉

我国刑事司法的不起诉制度包括酌定不起诉、法定不起诉与证据不足不起诉。关于法定不起诉，是指检察机关只能依据法律的明确规定，在法律的框架下，对达到不起诉条件的，应当作出不起诉的决定。在法定不起诉中，不存在自由裁量机会是学界普遍认同的观点。而关于证据不足不起诉，检察机关是否有进一步选择的自由，目前还没有形成定论。原因在于，是否属于证据不足，在于检察机关的自主判断，本身就存在主观差异，这也就蕴含了自由裁量的机理。同时，有学者也提出，既然立法明确是“可以”而非“应当”，则表示检察机关也有决定起诉与否的裁量性。

笔者认为，证据不足不起诉并不存在可供裁量的空间与范围。理由是，关于证据是否达到了确实充分标准，尽管有主观因素，但并非裁量权讨论范围；在案件事实不清，证据仍旧尚未达到充分的标准，此时做出不起诉决定应当是依照法律的规定，而非由检察官自由选择的结果。所以，只有在证据充足、符合起诉条件下所作出的是否决定起诉的判断，才是裁量权的具体运用。综上所述，在我国关于不起诉的传统分类中，检察机关能够真正运用自由裁量权的范围仅限于酌定不起诉，且这一制度在我国的司法实践中具有重要的价值。

1. 立法规定

我国刑事诉讼法中，酌定不起诉有明确的规定。[①]在现行规定中该项制度有两个方面的内容：第一，行为已经具备犯罪之性质，应当依法追究其刑事责任；第二，在具体情节上，比较轻微，符合

① 《刑事诉讼法》第 177 条第 2 款规定：“对于犯罪情节轻微，依照刑法规定不需要判处刑罚或者免除刑罚的，人民检察院可以作出不起诉决定。”

法律关于从宽处理的规定，也就是可以免除或者无需处以刑罚。其中，第二个要求，在理论界还存在一定争议。认为，“情节的轻重”与“是否需要判处或者免除刑罚”不应当设置为相互并列的关系，由一项条件的满足变更为两项要求，这在实际上加重了关于“酌定”的条件。其中，关于“免除刑罚”之内容，我国《刑法》已经规定了相应的条件与类型。但是立法部门关于“不需要判处刑罚”却有自己的解释。这里的“不需要”是对酌定情节的认识，而非法定情节的宽容。也就是说，“不需要判处”依据的是《刑法》第 37 条。此外，在协商性司法理念以及“宽严相济”的精神影响下，我国在刑事司法制度中吸收了过去关于在刑事领域内的被追诉人与被害人和解之经验，2012 年，在《刑事诉讼法》中增加了刑事和解程序，由此，在公诉案件中，如果被追诉人与被害人之间达成和解协议的，检察机关可以运用起诉裁量酌情判断。

刑事和解程序的初探索过程始于小范围的刑事案件，主要适用于轻微的有被害人的案件（如轻伤等）中。[①]但是，在法律没有通过立法形式对刑事和解予以确立前，在各地关于公诉案件中的和解程序存在差异。尤其在案件的适用范围、从宽的幅度等方面，各地区的适用情况并不统一，也影响了实际效果。刑事和解程序正式成为立法规范后，从过去叫法不一的“刑事谅解”“刑事赔偿”等向“刑事和解”的统一化迈进，由此，检察机关的自由裁量权也增加了其适用的范围。[②]

---

① 包括公安机关对故意伤害（轻伤）案件和解不立案或撤销案件，以及检察机关对故意伤害（轻伤）案件和解不起诉或退回公安机关处理撤销案件的探索。

② 我国立法上规定刑事和解的适用范围限于因民间纠纷引起的、涉嫌刑法分则第四章、第五章规定的可能判处三年有期徒刑以下刑罚的案件，以及除渎职犯罪以外的可能判处七年有期徒刑以下刑罚的过失犯罪案件，但排除犯罪嫌疑人、被告人在五年以内曾经故意犯罪的情形；对于这些案件，犯罪嫌疑人、被告人真诚悔罪，通过向被害人赔偿损失、赔礼道歉等方式获得被害人谅解，被害人自愿和解的，双方当事人可以进行和解。对于达成和解协议的案件，检察院可以向法院提出从宽处理的建议，也可以对“犯罪情节轻微、不需要判处刑罚”的案件作出不起诉决定。

2. 问题剖析

仔细研究立法文本后发现，实际上，在刑事和解中，检察机关仍旧适用酌定不起诉的规定，并且在适用范围上更为受限。刑事和解中的不起诉实际上与酌定不起诉同质，都是起诉裁量权的范围，检察机关的不起诉裁量决定，需要以被追诉人与被害人之间达成和解，且在犯罪情节上，应当“轻微”，满足“不需要判处刑罚”的要求。而并未规定“免除刑罚”的内容，“免除刑罚”是酌定不起诉的规定。从上述分析可以看出，刑事和解的运行仍然以酌定不起诉作为基本框架，并未超出裁量范围，检察机关的酌定权力也有得到实质意义上的扩张。笔者认为，这一立法上的限制有其必要性与合理性，可以防止检察机关以“不起诉”作为砝码，要求当事人之间被迫和解。但过于狭隘的范围将会影响到当事人积极参与和解的信心，也影响到这项制度的本身提升效率与节约司法资源、化解矛盾的积极意义。此外，检察机关并非中立的裁判者，对于需要免除刑罚的具体情节，应当最终由法院决定。并且，关于是否符合免除刑罚，不同司法机关有不同的解释，尤其关于自首、立功、犯罪作用等有不同理解，因此应当由法院进行裁断。这样就可以防止检察机关滥用起诉裁量权，同时也可以树立司法权威，提升司法公信力。①虽然权力运行空间受到法律规制，但刑事和解的创制，以及酌定不起诉在其中的融合，可以更有效、更根本地解决冲突，减少矛盾，让受害人能够及时得到补偿。这反过来，可以提升酌定不起诉的可接受程度，增强检察机关适用这项制度的积极性。

结合上述分析，可以看出，我国法律对于检察机关适用酌定不起诉限制的条件进行了严格规定，②但从另一个角度来说，过分压缩和限制了起诉裁量权的作用空间，这在一定程度上反映了立法者

① 陈卫东、杜磊：《刑事特别程序下的检察机关及其应对》，载《国家检察官学院学报》2012 年第 3 期。

② 根据《刑事诉讼法》第 177 条第 2 款，检察机关适用酌定不起诉必须同时满足“犯罪情节轻微”和“依照刑法规定不需要判处刑罚或者免除刑罚”两个条件。

应对权力扩张的谨慎。

需要注意的是，我国目前关于酌定不起诉的法律规定仍旧未发生改变，在适用标准方面，没有进行清晰的界定。这就容易导致各诉讼主体的认识不同，操作规范的不统一、不规范，也导致这项制度在实践中不能发挥实质作用。由于这项制度的不清晰，理论界也有着不同的观点，实务部门更是如此。有的检察机关为了避免缺乏准确的操作规范可能引发的风险，趋向于尽量少采用或者不采用酌定不起诉，这也就将这项制度“束之高阁”。

（二）附条件不起诉

1. 立法规定

起诉裁量权的第二个表现，是检察机关对未成年犯罪嫌疑人作出附条件不起诉决定。作为恢复性司法理念的重要体现，检察机关有权综合各个因素、具体情况，在作出不起诉决定时提出一定的附加条件以观后效，然后根据未成年人的具体表现再确定是否仍应当对其提起公诉。这项制度主要目的是对未成年人惩戒的同时，实施教育、感化之功能，体现刑事法律中的人文关怀，有利于尚未成年的犯罪嫌疑人能够更好地回归社会，减少由犯罪行为对其所带来的影响，同时也能修补破损的社会关系。因此，附条件不起诉也是世界范围内刑事司法改革领域广泛适用的制度。就检察权的裁量范围而言，附条件不起诉制度在立法规定中的明确，可以得到一定程度的扩充，是裁量的新方式、新内容，符合世界刑事司法的发展潮流。根据《刑事诉讼法》的规定，附条件不起诉实质上仍然以酌定不起诉为依托，通过提出未成年人保护的司法理念进一步提高了检察机关的权力地位。①既然是“附条件”，就要检察机关在作出不起诉决定后，可以选择适用几项并行的条件限制，这是为被追诉人

---

① 《刑事诉讼法》第282条规定：“对于未成年人涉嫌刑法分则第四章、第五章、第六章规定的犯罪，可能判处一年有期徒刑以下刑罚，符合起诉条件，但有悔罪表现的，人民检察院可以作出附条件不起诉的决定。人民检察院在作出附条件不起诉的决定以前，应当听取公安机关、被害人的意见。”

增设了应当承担的法律责任或者义务条件，并且以起诉作为强制性。

附条件不起诉制度作为检察机关起诉裁量的内容之一，具有以下几个方面的优势：一是有罪判决会使得未成年人的未来发展蒙受阴影，被社会贴上“犯罪”的标签，通过不起诉制度的运用，可以帮助其更好融入社会；二是通过条件约束可以适当矫正未成年犯罪嫌疑人的错误行为，引导其更好地实现自我纠正与改造；三是能够通过不起诉制度达到一定程度的程序分流作用，节约司法资源，实现诉讼效率的目的。

2. 问题剖析

目前立法对附条件不起诉仍抱有较为谨慎的态度，在范围上进行了严格的限制，首先仅限于未成年的犯罪嫌疑人；在适用的案件类型上，仅适用于固定的案件与固定的刑期范围。关于上述的立法规定，实际上排除了同样是未成年犯罪，在其他罪名与案件类型中犯罪情节轻微也符合这项不起诉制度的运用空间；此外，关于“一年以下有期徒刑”的犯罪在我国刑事法律法规中种类较少，而犯罪较多的其他类型案件中，难觅一年以下有期徒刑规定。[①] 总体来看，目前关于附条件不起诉的适用范围过于狭隘，对提高我国刑事诉讼程序分流工作水平、提升司法效率，以及通过该制度产生教育改造作用都产生了消极的影响。过度狭窄的案件范围，会导致这

---

① 即使加上法定减轻处罚的量刑情节，实践中可能判处一年有期徒刑以下刑罚的未成年人案件数量比例仍然偏小。从我国司法实践情况来看，未成年人所涉及的犯罪大多是盗窃、抢夺、聚众斗殴、寻衅滋事等，这些犯罪的法定刑大多为三年有期徒刑以下；从法院判决的量刑情况来看，被判处三年有期徒刑以下刑罚的未成年人所占比例也最高。

项制度的适用空间被无形压缩。① 因此，在立法没有对上述范围进行扩充的情况下，可以通过司法解释对刑期范围进行扩大解释，尽量扩大这项制度的适用范围。

此外，关于附条件不起诉与酌定不起诉间的关系，理论上也没有进行明确划分与逻辑梳理。从法律规定的条文来看，这两种制度实际上存在交叉的关系，二者间重合的部分，根据我国的刑事司法理论的观点，可以择其一适用之。但究竟应当如何进行选择以及选择的标准，法律并未进一步说明，这可能引发适用的混乱与标准的不统一。此外，我国一直以来，对于何谓“有悔改表现”，立法上并未明晰规定，也没有在具体的实践中指明，应当有哪一些具体的客观情况发生，才能由检察机关认定其有悔改表现。检察机关认定未成年人的悔罪表现，是作为其社会危险性的重要考量，如果不能明确这一主观标准，将在一定程度上影响司法活动的权威性与公信力。因此，对于附条件不起诉的问题，仍有待于立法、司法机关的多头联动，对上述问题进行进一步的明确，也有赖于理论界对这项制度的运行逻辑更加深入地研究。

二、公诉权的发展与现实困境

检察官的个人独立，是审查起诉程序诉讼构造的一个重大理论前提。由上述前提延伸开来，加强检察官的主体地位、保障检察官

① 笔者认为，这些案件既包括法定最高刑为一年有期徒刑的案件，也包括法定最低刑虽然在一年以上，但基于犯罪嫌疑人有法定减轻处罚的情节，可能因此判处一年以下有期徒刑的案件。参照最高人民法院《关于常见犯罪的量刑指导意见（试行）》的规定，对于未成年人犯罪，应当综合考虑未成年人对犯罪的认识能力、实施犯罪行为的动机和目的、犯罪时的年龄、是否初犯、偶犯、悔罪表现、个人成长经历和一贯表现等情况，予以从宽处罚。已满12周岁不满16周岁的未成年人犯罪，减少基准刑的30%~60%；已满16周岁不满18周岁的未成年人犯罪，减少基准刑的10%~50%。按照可以减少的最大幅度计算，对于已满12周岁不满16周岁的未成年人，宣告刑在1年以下的话，基准刑应当在2年6个月以下；对于已满16周岁不满18周岁的未成年人，宣告刑在1年以下的话，基准刑应当在2年以下。

的相对中立就成为一项必要且合理的选择。世界各国法律普遍对检察官维护客观公正之义务进行了规定，认为检察官应当与法官一道维护公平正义，依法合理行使自由裁量权，达成被害人与被告人之间利益平衡的同时应尽快使无需被起诉的犯罪嫌疑人脱离诉讼与羁押，而不是盲目追求打击犯罪、证明被追诉人有罪。

在我国，检察机关作为法律监督部门，有发现客观真实的职责。在代表国家行使追诉权时，应当依法行使裁量权，独立判断其决定是否符合法律的规定，是否具有合理性。因此，为了保证其权力行使能够尽量地客观、克制，应当尊重检察官的主体地位，让其能够在相对独立的环境中做出正确的决定。这就要求：在上下级之间，检察机关应当明确监督范围与边界，减少上级检察机关对下级的过度干预，保证检察官在办理刑事案件以及行使起诉裁量权时拥有足够的独立性和自主性。对前述观点进行扩展即，首先，尽管从领导体制上而言，检察机关上级对下级是领导关系，但这不应当包括对具体案件办理的领导，在案件办理的过程中，上级不得随意干涉下级的判断与处理决定。也不得通过命令、意见等方式下令下级决定或者修改某项决定。在当事人提出复核之前，不得直接介入具体案件当中，直接决定案件的走向。其次，关于下级作出不起诉决定，上级认为应当起诉时，也不应当直接作出指示要求下级起诉，关于不起诉决定的作出也是检察机关独立行使检察权的重要组成部分，不得随意干涉；其唯一能够介入案件中干预的前提是由当事人主动提出，要求上一级检察机关对不起诉决定进行复核，审核应当在申请之后开启。最后，我国目前尚未明确检察官的独立职权的行使，而是统一以“检察院”作为独立的主体，因此，检察官的独立在我国没有明文的法律依据。但是，从世界范围来看，赋予检察官独立应当是国际上的通行做法，只是在具体做法上，存在一定的区别。并且，在这一点上的改变关乎起诉裁量权的独立行使问题，同时契合我国当前的司法体制改革例如“员额制”等内容的变化趋势。

总体来说，起诉裁量权的真正有效落实，实质上是对检察官独立地位的要求，满足这一要求或者提法的时机已经到来。因此，应当抓住当前我国司法体制改革的重要契机，逐步推进将起诉裁量交还给个体的做法，才能在规范权力运行结构的同时，保证权力的独立与制约的有效性，在合理赋权的同时促进公正独立行权。

放眼国内外法治发展历史，起诉裁量权一向具有“双刃剑”一般的双重属性，行使权力不当必将伤及司法的权威性与公正性。总结法治发达国家的发展经验，扩张检察机关的起诉裁量权与催生多种潜在消极危险往往相伴而行。举例而言，公诉权行使过程中权宜性、灵活性等特点过于突出，不仅会导致权力的放肆与任性，造成司法腐败的发生，同时也降低了辩护方对裁判结果的预期。起诉的任意性，不仅会造成司法裁判结果的差异，标准的不同也将会严重影响刑罚原则、平等原则等精神在刑事法律中的贯彻，造成实质上的不平等、不公正。并且，由于最后并未进入审判环节，对抗制诉讼所可能带来的“真理越辩越明”的效果并不能得以实现。也就是说，辩护方的权利实现在很大程度上受制于任性的检察裁量，被害人的利益也由此无法得到充分保障。如果放任起诉裁量，检察官的过度裁量将不可避免，这也无疑将会影响到以审判为中心的诉讼制度改革以及相关司法理念的实施与最终效果。尤其，我国当前处于司法改革的转型期，同时也是由传统的诉讼结构向更为现代化的诉讼结构转变的阵痛期，法治建设仍待进一步的完善，在法治尚未完全发展成熟的中国语境下，对检察机关裁量权的任意扩大都可能会招致风险甚至是改革的失败。因此，在对起诉裁量权进行改革之际，必须结合我国的司法语境与现状，在适当扩张的同时，必须注重权力结构间的监督体系的完善，保障被追诉人及其他诉讼参与人的合法权利，畅通救济途径，如此才能保证起诉裁量权在法治轨道上规范运行。

三、公诉权的制约与失衡

（一）制约机制的障碍

在审查起诉阶段，检察机关在决定是否起诉方面，有几乎绝对与压倒性的决定权。但是目前对于这一权力主体所配套的权力制约、权力监督与权利救济机制仍旧存在较多的空缺。如果对公诉裁量权缺乏必要的限制将极易引发权力滥用的情况，这无疑将影响司法功能的正常发挥，也损害司法的公正性。

对于检察机关附条件不起诉以及酌定不起诉的自由裁量权与最终决定权，尽管有较为全面的主体监督，但实际的监督制约效果并不明显。可以总结为以下几点：

一是监督制约的滞后性。案件程序具有顺序性，根据刑事诉讼法规定，公安机关享有对不起诉中附条件不起诉的监督，但这一监督实质上属于事后监督，当案件进入审查起诉阶段，检察机关一旦作出不起诉决定，公安机关没有提出意见、表达的机会。另外，被害人的申诉救济是在不起诉决定作出后，无法参与决定环节，也没有进行话语表达的实际机会，在这个过程中，公安机关与被害人参与都是严重不足的。

二是在附条件不起诉中，没有设置相关的决定前调查制度。在附条件不起诉中仅有社会调查制度，并且对于社会调查的规定仅是原则性的，这就极大地制约了社会调查制度功能的发挥。从理想的角度而言，社会调查制度是司法机关对未成年人的家庭情况、成长环境、学习情况、人际关系等进行综合调查并进行分析。从人文关怀的角度而言，社会调查制度通过社会调查，运用社会学的分析方法确定未成年犯罪嫌疑人的社会危害性，对其再犯可能进行理性、科学分析，并最终形成书面的调查报告。这一份调查报告，是检察机关决定起诉或者不起诉的重要参考，同时，也是确定附随条件的关键依据。虽然有极其重要的作用，也对决定起诉环节有重要的意义，但这一制度的功能由于其原则化的法律规定，并未得到充分的运用。实践中，社会调查的形式化、评估报告的质量低下等问题仍旧严峻，这也背离了附条件不起诉制度设置的初衷，不利于涉罪未成年人的权利保护。

三是上下级监督缺乏规范性。上级检察机关对下级检察机关的监督，根据目前我国的法律规定，上级对下级检察机关提出的不起诉认为确有错误的，应当及时予以纠正。但是这一监督方式存在问题。对于何谓“确有错误”，法律并未给出明确的指示。因此，无论是从上级指示意见，还是下级的具体执行来看，都存在一定的任意性和不确定性。同时，在实践中，还存在提出监督的方式过于随意化，有些地区的上级检察机关，直接以口头、电话的方式提出意见，这样的“非正式意见”，也削弱了下级机关的重视程度，导致监督的效果不彰。并且，检察体系内部的监督制约模式，仍然无法避开“同质化监督”的弊端，可能无法做到客观中立地看待问题，在监督上存在一定的倾向性，在我国单方决定的诉讼化构造并未发生根本性转变的前提下，“同质化监督”可能难以达到最佳效果。

四是不科学的救济手段与救济措施。例如公诉转自诉的救济机制，就具有明显的不合理性。一般要求，法院接收的公诉转自诉案件必须满足“有证据证明”，需要追究刑事责任的条件，但一般这类案件，往往最为有利的证据材料经过前期与公安检察机关的磨合已经消失一部分。同时，在公安机关决定是否立案期间，通过初查所获取的证据，在做出不立案的同时，也不会将其转交给被害人。但是，实践中被害人往往调查能力有限，收集证据的手段匮乏，难以凭借一己之力进行有效的举证、质证，可能收集到的证据无法达到法院对案件进行审理的标准。因此，实践中，对被害人提起的自诉，被驳回或者要求其撤回起诉的案件占绝大多数。此外，这样的设置方式，虽然赋予了被害人一定程度上的救济权，但也容易造成被害人滥用起诉权的现象，从而浪费司法资源。实质上，这也是对公诉权的一种分享机制，从国家控制犯罪的角度而言，这样的方式是否合理还有待进一步考证。

五是人民监督员制度的监督弱化。从目前的司法实践来看，人民监督员作为一种监督主体，其法律地位并未得到明确，也没有形成独立的监督组织。具体运行中，人民监督员都是设置于检察院内部，隶属于检察院内部机构，且在财政拨款上也隶属于检察系统。因此，无论是从组织人员还是经费管理来看，都缺乏明显的监督独立需要具备的特征。从监督范围来看，目前人民监督员仅限于对检察机关直接立案侦查的案件进行监督，随着监察体制改革的发展，如果不对其监督范围进行适时的修改，可能将进一步压缩监督员发挥作用的空间。况且，在人员选拔方面，人民监督员在法律专业知识方面相对较为薄弱，这必将影响到监督的力度，监督的作用无法真正地发挥。

综上所述，从监督体系来看，我国对检察机关不起诉的裁量权监督是比较完善的，但从力度上与程序设置上还存在较多的不足。主要发挥功能的是被害人运用自诉手段的救济以及检察机关内部的自我监督，就这两种手段而言，由于法院的程序限制，实际上公诉转自诉的成功案例非常少见，以至于对不起诉的制约最终沦为只有检察机关系统内部自我监督一种模式。而这种模式所存在的弊端也是显而易见的，这也是目前我国起诉裁量权的监督制约机制中凸显的最主要问题。

（二）裁量权制约机制的分析

如前所述，对于不起诉权的滥用，无论从权利、权力还是法治秩序角度都是严重的冲击，进而动摇司法权威、削弱司法公权力机关公信力。鉴于此，对不起诉权的制约和规范成为司法实践中不可回避的一个重大问题。首先，从检察机关内部视角，应当完善检察机关的内部监督措施。具体而言，就是检察机关的自查自纠。不起诉决定的作出应当严格按照法律的规定，同时，对过往的不起诉决定也应当做到认真审核，及时纠正并且撤销错误的不起诉决定，继续跟进后续的诉讼程序。其次，要相应强化对检察机关的外部制约。域外有不起诉制度的国家，对检察机关或者检察官裁量权的控制相当严格，并且有明文的制约措施，防止检察权的过度扩张损害权利行使。比如，被不起诉人的监督。通常而言，不起诉对于被追诉人而言，是一件利好的事，是对诉讼程序的解脱和刑罚的免除。所以很少有被追诉人有动力并且实际提出了对不起诉的异议。但并不意味着被追诉人就没有提出异议的权利。尤其在附条件不起诉制度以及酌定不起诉制度中，这样的不起诉决定仍然是以有罪为前提，并且附条件不起诉还附随着一系列的禁止措施，对于无辜者而言仍然是不正义的结果，也会招致名誉受损。此外，犯罪嫌疑人通常在侦查阶段或审查起诉阶段会受到羁押等强制措施，人身、财产自由等合法权益很可能受到消极损害，若最终被认定没有实施犯罪行为，犯罪嫌疑人可依照法律主张要求国家赔偿。结合上述原因，被追诉人也可以通过刑事申诉权对不起诉裁量进行一定程度的监督与制约。详言之，裁量权的制约机制一般有以下几个方面内容。

第一，被害人的监督。不起诉决定可以直接伤害到的是被害人的情感。被害人通常由于遭受了犯罪行为侵害，遭受了物质与精神的双重创伤，有着将犯罪嫌疑人、被告人绳之以法、严格判处刑罚的强烈欲望。也正是由于这一利益原因，被害人往往会额外关注检察机关的起诉决定。并且从实践经验来看，被害人往往会抗拒检察机关的不起诉决定，认为其不起诉决定会严重损害被害人的实际利益，产生心理抵抗情绪，对检察机关不起诉决定接受度较低，容易产生自身合法权益未能得到检察机关充分保护的心理印象，对于审视规范检察机关运用自由裁量权的自身动力最为强烈。后果严重的会引发群体性事件，加重上访、信访的负担。由此，这也使检察机关做出不起诉决定前，充分尊重、考虑被害人的意见。与此同时，被害人对不起诉决定，国家规定了相应的救济措施，即可以提出申诉的意见或者自己向法院起诉。

第二，被不起诉人的制约。如前所述，从法律规范与现实情况对比来看，对于检察机关的不起诉，对被不起诉人而言其在法律上是无罪的地位。但就实际情况来看，作出不起诉的决定可能是由于证据不足或者情节轻微，这两种情况在实质上对被不起诉人有着一种暗含的否定性评价。因此，被不起诉人也应当享有质疑的权利，亦即对不起诉权的制约机制。

第三，侦查机关的制约。这主要是指公检之间的互相制约。也就是对于检察机关作出的不起诉决定，公安机关可以要求复议复核，从而对检察机关加以监督。当案件进入审查起诉阶段时，侦查机关已经向检察机关提出了案件事实、证据材料以及侦查机关认为应适用的法律规范，若侦查机关与检察机关对上述案件情况、材料产生不同认识、得出不同结论，检察机关可依职权决定不起诉。此时，侦查部门应当可以表达与检察机关不同的意见，在检察机关考虑侦查机关意见时，应当向其说明不起诉的原因。

第四，上级检察机关的制约。根据域外经验，检察体系更为流行的是监督模式，而非行政职级的领导模式。就监督模式而言，上级检察机关对下级主要采用监督、提出纠正意见等方式，监督下级检察机关的起诉是否合理。即使是适用领导模式的监察权力体系，基本也都赋予了被追诉人、被害人向上级检察机关提出申诉的救济权利。无论是行政色彩浓厚的领导模式，还是关系更为松动的监督模式，上级对下级监督、管理，成了制约检察机关不起诉决定最有力量、最有效的方式。如果以“检察系统一盘棋”的视角来看，上级监督还可以细分为：本体化的内部监督与异体化的内部监督。前者主要是指某一检察机关内部，由检察机关负责人或者领导组织集体讨论决定是否起诉。后者主要是最高检与上一级的检察机关，对应当起诉而不起诉的情况作出指令与纠正。①

第五，法院的制约。尽管法院实行“不告不理”的基本原则，在检察院作出不起诉的决定后，作为消极中立的裁判方，没有更多

① 具体来说，上级检察院的监督方式主要有三种，一是不起诉决定备案制度；二是定期对下级检察院开展执法检查活动；三是对当事人申诉和公安机关申请复核的案件进行复查。

的干预权限。但立法通过将其设置为权利救济主体的接收方，可以避免法院主体地位的僭越。具体而言，法院可以受理由检察机关作出不起诉决定后，受害人对不起诉决定有异议而由其直接向法院提起的自诉。①

第二节　普通案件公诉权的双重构造模式

在本节中，将围绕如下内容展开：在可能进行酌定不起诉处理的案件中，应当选择合适时间节点、召集双方当事人等诉讼参与人、集中听取双方意见及理由，针对双方当事人所提出的要求进行及时回复和必要处理，重点是使非刑罚处理方法落地生效，从而进一步提高案件处理过程中当事人的参与程度。在程序设计上，检察机关对有被害人的刑事案件，如果决定作出不起诉决定的，除了被追诉人之外，被害人也应当享有及时知情权，应当向其移送关于不起诉的决定通知书。被害人享有刑事诉讼法上规定的救济申诉权，在收到通知书后可以在规定的时间内向上级检察院申诉。上级检察院在收到申诉后，应当审慎、及时审查，并将复查的结果以书面形式回复被害人。

一、提起公诉权的监督员审查模式

尽管检察机关的办案模式具有司法属性，要求在这个过程中尽力还原客观真相，但实际上，在权力运行过程中行政化的色彩一直笼罩着，影响到办案机关的司法判断。检察机关对起诉裁量权的内部监督主要通过内部的行政审批完成，这也直接影响了检察官的独立判断权。要改变对起诉裁量的行政化控制，减少内部的审批手续

① 在大陆法系国家，往往会对检察机关决定不起诉时的审查裁量权加以司法审查限制。德国的强制起诉程序和日本的“准起诉程序”，便是审判机关对于检察机关不起诉自由裁量权进行审查约束的典型实例。

是有效的方式之一。但如何去检察机关内部的行政化，一直以来都是司法体制改革的重要方向与难点所在。当前我国检察体系存在资源不均衡、人员素质参差不齐的状况，因此起诉裁量权的行政弱化道路仍存在较大的阻碍。从长远来看，最佳的路径可以从构造的角度着手，对起诉裁量进行程序改造和合理设置，以科学的制度设计代替传统的行政审批模式。一方面，对起诉裁量权行使加以规范和制约；另一方面，通过合理的程序设置，规范起诉程序，在提高不起诉决定的科学化的同时，还能够减少行政色彩对司法活动的干预，提升起诉裁量权的正当性，减少检察机关在权力行使方面的负面因素。通过程序的完善与精准设计，能够提高判决的准确程度，最终也能达到解决冲突的目的。①

具体而言，主要核心就是将过去的传统行政审批化处理模式转变为公开、透明的听证机制，通过建立起诉裁量权的构造模式来达到控制程序、制约权力防止其脱轨的目的。首先，适度将权力下放给检察官本人，逐渐减少内部的审批环节。②其次，建立起诉裁量的听证程序。听证程序的建立，首先从主体上应当保障参与人的多元化。保证各当事人、侦查部门以及社会人士、法学专家等，共同参与到关于是否起诉的决定环节，听取各方意见，由此达到起诉裁量的科学性、公开性，也能有效约束权力。③从具体的操作流程而言，在检察官通过对侦查机关移送案卷材料的审查与综合分析后，如果其认为需要作出不起诉决定的，应当在作出决定前将通知书送达各方当事人。听证程序并非在所有的案件中都适用，而是依据当

① ［美］迈克尔·D. 贝勒斯：《法律的原则—— 一个规范的分析》，张文显等译，中国大百科全书出版社 1996 年版，第 223 页。

② 对于适度将起诉裁量权放权给检察官，要循序渐进地配合我国司法领域主办检察官的改革的推进来开展，可以通过先在部分地区试点，根据具体运行情况，总结经验，再在全国范围内推开，同时，对于重大、疑难、复杂案件以及社会影响较大的案件，还是应当经过检察长或者检察委员会讨论决定。

③ 目前已经有部分人民检察院在实行不起诉听证制度的试点改革，未来应在全国范围内推行并使其规范化、制度化。

事人的申请或者检察机关的决定召开。在收到当事人的听证申请之后，由检察官择日召开听证会议。在会议中，充分听取记录各方意见，在综合事实与证据以及听证会达成的意见后，最终决定是否起诉。当然，听证会还有一项功能，就是能够尽力促成被追诉人与被害人之间的和解，如果被追诉人主动提出赔偿，则根据被害人的意见，检察官居中形成和解协议，由此增进不起诉决定的正当性。通过听证程序的构建，能够达到“兼听则明”的效果，破除过去单一行政化决定模式的弊端，提高起诉质量。同时也有利于推动检察工作的专业化、公开化。经过听证程序后，检察机关仍旧决定作出不起诉的，应当在不起诉决定书中明确说明理由。并且结合各方意见，提出采纳或者不采纳的理由，达到充分的说理，内容应当包括事实、证据、法律适用、各方意见、不起诉理由等。在完成后应当将不起诉决定书送达当事人以及向社会公众予以公布。例如，可以利用现代科技手段，将不起诉决定书进行整理上传至网络，供大众查阅监督，实行司法文书的公开化。降低公众对检察机关不起诉的质疑，也能提高司法文书的大众认同感，实现社会效果与法律效果的统一。同时，在公布不起诉决定书后，应当向当事人做好法律上的解释工作，让其明白不起诉决定是充分依照法律规定，具有合理性。法律的宣传工作也能保证让大众更加相信检察机关的处理结果，在社会环境与司法环境之间形成良好的循环机制，改变过去检察系统内部不合理的行政审批与考核机制，形成鼓励行使权力、保障权力合理运行的科学考核机制。

此外，关于如何更好地发挥人民监督员的作用，解决人民监督员的效果不彰、独立地位受到质疑等问题，结合域外经验，具体而言有以下几点完善思路。首先，结合日本刑事司法中的检察审查会制度而言，其建构基本逻辑是实现权力的分离，即将监督员从检察权力系统中剥离，将检察审查委员会设置在法院内部，隶属于法院组织。从这一点上，我国在未来进行人民监督员制度的改革时，应当将监督员从检察院剥离出来，设置单独的检察监督机构或者设置在法院内部，尽量避免监督中受到“同化”导致监督效果无法实现。其次，在人员选拔上，确立人员应当具备的条件与标准，比如对基本学历以及教育背景的要求，但不应过高要求其法律专业素养，否则会挫伤其参与的积极性，同时注意维持人员来源的多样性。再次，在选拔程序上，应当保证公平、公开地进行。通过组织推荐、个人报名等方式，由法院确定监督名单。根据监督名单，进行适当的区分，从专业背景、工作性质等方面划分成检察监督小组，分别在不同的地区实行流动检察监督。期限从一年到两年不等，避免形成检察与监督之间的“配合”。同时，注意这些检察监督小组中法学专业人士的配比，以引导监督的实效性。①从具体操作上，可以以值班律师作为法律知识帮助的必要补充，形成监督员与值班律师的良性互动，充分利用司法资源。此外，一切的程序安排都应当有充足的财政支持，只有保障了经费物质基础，才有监督质量提升的可能性。最后，应当扩大人民监督员的权限范围，保证其监督的全面性。具体而言，不只是检察机关自行侦查的案件，还可以将监督扩大至检察院审查起诉阶段所有的案件。监督主要是通过提出纠正意见的方式。②但由于这样的纠正意见并不具有强制力，从监督效果上来说并不好。所以还应当赋予这种监督意见一定的强制效力。就不起诉决定而言，如果发现检察机关的不起诉决定不符合法律规定或者存在不合理之处，经过检察监督小组进行讨论，如果绝大多数（三分之二）以上的认为，应当提起公诉的，就应当将其书面意见向检察机关提交。检察机关应当对收到的书面建议认真审查、研究。如果仍然认为应当不起诉的，则应当将书面建议返

① 为了保证独立性，可以考虑由高校法律教师或律师等法律专业人士担任，并且给予一定的经费补贴。

② 可以参考日本检察审查会制度中对于审查的启动方式的规定，如考虑规定我国检察监督小组对不起诉决定的审查的启动主要依靠利害关系人提出的书面申请进行，或者通过诸如大众传媒或民众检举等方式获得信息，并经过审查会半数以上审查员同意后根据职权进行。

还给检察监督小组，由检察监督小组再次进行审查，如果经过内部讨论后，认为符合起诉条件的，那么这样的起诉意见就具有强制力，检察机关就应当提起公诉。①通过人民监督员的监督形式，可以推动起诉裁量程序的公开透明化，也可能督促检察机关权力的规范行使，从而助力不起诉制度的更加完备，朝更加科学、合理的方向发展。

二、不起诉权的权利限制与司法审查模式

（一）一般案件不起诉权的构造模型

笔者认为，首先，应当通过构建和完善书面化指令机制的方式，对上级人民检察院的监督方式加以引导规范。为避免上级检察院对下级检察院权力运行与独立行使构成过多的干预，应当转变检察系统领导体制的观念，尊重下级自主裁量权的独立行使，避免具体化、针对性的行政式指导。同时，尽量避免过度任意化、随意化的口头监督方式，通过立法明确，上级对下级的指示、命令都应当通过书面形式作出，其他方式不能成为约束下级检察院的行为。承办案件检察官也有权拒绝执行相关指令。构建书面化指令机制，既可以促使上级人民检察院审慎行使监督权、避免监督工作随意化现象，也有利于提高下级检察院对上级指示的重视程度，增加执行的准确度。

此外，听证程序的精神也可以适用于上级的审查环节。对此，可以考虑在检察系统内部设立关于复核申请的公开审查制度。②具

---

① 当我国的律师行业发展较为成熟以后，可以考虑由法院指定的律师出庭支持公诉，以克服在这种情况下检察院起诉的消极性，当然在现阶段，由于我国律师行业地区发展不平衡，整体发展还不够成熟，缺乏公诉经验，不适宜直接规定由法院指定律师出庭承担公诉职能。

② 最高人民检察院在其发布的《关于全面推进检务公开工作的意见》中规定“对存在较大争议或在当地有较大社会影响的拟作不起诉案件、刑事申诉案件，实行公开审查”，这是我国检察机关已经开展的工作，有比较完善的规定。在此基础上，有必要扩大对不起诉案件进行公开审查的范围。

体而言，可以运用听证的模式，由上级检察机关牵头，组织侦查机关、诉讼各方主体以及下级检察机关，各自提出意见并陈述自己的观点，并现场形成书面的记录汇总。随后结合案件的事实与证据，与各方汇总的意见，形成最终是否纠正下级不起诉决定的意见。这一程序的设置是为了增加程序的公开性，减少封闭化的行政处理方式给当事人带来的不信任感，接受各方的公开监督。由此，可以看到，从上级到下级，在不起诉裁量权问题上，通过三方构造式的改良，可以最大限度地避免权力的滥用与恣意，增进起诉裁量权的规范化、科学化，最终保证结果的实质公正得以看得见的方式实现。

其次，关于不起诉决定的效力待定问题。对于这一问题，需要规范上级进行不起诉监督的时间，从而确保关于不起诉的错误决定能够尽早地得到纠正，结束不起诉不稳定的、效力待定的状态；此外，在“确有错误”的含义解释方面，应有具体的规范标准与操作细则，去除这个字眼中所包含的模糊性，以清晰的法律解释进行明确。但对于这一解释，应当具有一定的倾向性，即向有利于被告人方向展开，在作出撤销不起诉决定时，应当有明确的事实或者证据加以证明，并且依照法不溯及既往的原则，对于过去发生的，符合当时不起诉条件，但现在应当起诉的案件，仍然应当予以维持；对于出现了新事实或新证据，已经达到了起诉的法定标准的案件，才可以撤销不起诉决定。因此，“确有错误”应当明确解释何谓“确实”，何谓“错误”，以保证决定正确性，防止权力行使的过分恣意性，避免案件中被追诉人的权利受侵害。

再次，在审查起诉环节中，应当实现检察机关法律监督权的优位样态，恪守客观中立。也就是说，对于诉讼构造中三方主体都应在构造框架内解决全部争端，而不应再赋予其中任一方主体更多优位权利。那么为了保障程序的顺利进行，保持诉讼效率，对于公安机关的复议复核权应当予以一定的限制。因为，公安机关的复议复核的现实需求性，在前文所述的诉讼构造中已经得以吸收。同时，在构造当中，公安机关已经具有了就案件事实与证据情况充分表达意见的机会，那么作为诉讼构造一方的主体就不应当具有额外的权力而单方破坏构造。进一步而言，对于公安机关的程序建议权应当也是法律监督权的下位权力。根据上文关于法律监督权属性的论述，在刑事诉讼审前程序中，法律监督权事实上承担部分裁判的权能，同时以监督权的属性居于构造的顶端。因此，复议复核的方式启动监督本身也违背基本的诉讼规律。在刑事诉讼理论中，侦查应当服务于检察机关的控诉职能，而检察机关通过提起公诉与不起诉的方式对公安机关侦查阶段的工作予以评价与监督。如果赋予公安机关的是反向监督，实则是导致了职权分工的紊乱。这也对检察机关独立行使公诉裁量权造成了侵害，在事实上弱化了法律监督的质效。一言以蔽之，诉讼构造中能够涵盖解决的，在制度安排上即无需再设置额外权能，否则反而违背了诉讼规律。

最后，司法控制的必要。目前我国审判方在制约检察机关的起诉裁量方面的重要表现，就是公诉案件转自诉案件制度。这项制度本身的目的是为被害人提供有力救济，防止公权力的过度恣意行使导致权利受到侵害。然而，这项制度的设置实质上也背离了当前刑事司法改革中要求增强公诉职能、加强公力救济的发展潮流。并且，从制度内容上而言，这项制度还有一些固有的缺点与问题，比如，过度高估了被害人作为弱势一方在收集、取证方面的能力，以及在公诉案件中高质量地承担举证、质证等责任，并且容易引发“滥诉”的现象。而且，这项制度只从程序上赋予权利以救济的功能，却忽视了程序也有稳定性等特征，没有注意被追诉人与被害人之间的利益平衡。对此，可以考量法院的审查制约机制予以平衡。这实质上是在被害人对不起诉决定不服的救济制度中增设一项过滤机制。换言之，在被害人对于检察机关做出的不起诉决定有异议的情况下，应当采取法院审查前置的模式以确定检察机关的决定是否确实存在问题。如果确定有误的，应当向检察机关提出建议。检察机关在收到法院的起诉建议后，应当进行认真审核判断，并将处理结论向法院以书面形式进行通知。如果经过法院的起诉建议，检察机关仍然维持了不起诉的决定，则被害人才可以向法院直接起诉，法院也应当及时受理。在受理的同时，应当通知公安机关、检察院将之前收集到的案件事实与证据材料移交至法院，以弥补被害人证据收集能力不足的缺陷。在这样的程序安排中，由法院介入，通过前置的司法审查模式，转变过去由被害人直接提出自诉的形式。只有在检察机关坚持不起诉的情况下，法院才对自诉进行受理。司法的提前介入，解决了过去公诉案件转为自诉案件所存在的缺陷与风险，同时也能兼顾被追诉人与被害人的利益平衡，保证被害人的救济权利更好地实现。同时，以更为谦和的方式，在尊重检察机关自由裁量权行使的同时，保证司法审查功能的最大限度发挥，在公诉权与审判权之间搭建了权力配置的桥梁，兼具维护司法公信力与现实可行性的双重价值。

（二）附条件不起诉裁量权的审查构造

附条件不起诉，作为检察机关酌定不起诉的表现形式之一，同样在刑事诉讼中没有相应的有效制约措施，因此，有必要通过审查结构的适当调整，实现对附条件不起诉权力的有效制约。

第一，在附条件不起诉制度中嵌入听证程序。在检察机关作出附条件不起诉之前，应当进行审慎的调查，对案件的相关事实与证据进行认真的审核，确认涉罪未成年人是否符合附条件不起诉的标准。同时，在确定相关基本信息与情况之后，应当通过召开听证会的形式听取各方意见。具体而言，参加听证会的主体包括涉罪未成年人及其辩护人，涉罪未成年人的监护人、近亲属以及未成年人保护组织等。关于听证会的召开，应当可以依据申请以及依职权两种方式。召开前应当提前告知各方时间，在会议召开过程中，检察机关可以向各方介绍收集到的案件事实与证据情况，随后，由涉罪未成年人进行自我陈述，表达自己的意见、忏悔等态度。再由各方主体提出各自的意见，其间应当充分记录各方意见。最后，通过案件的具体情况以及听证会所形成的讨论结果，决定是否对涉罪的未成年人作出附条件不起诉或者不起诉的决定。从而让决定过程中体现民主与法治的精神，也让决策过程更加公开，保证决策的科学性与正确性。

第二，附条件不起诉决定的作出，应当建立在充分听取侦查机关建议的基础之上。作为刑事诉讼的起始阶段，相对于其他阶段而言，立案后的侦查阶段能够在黄金时期内，收集到更为全面、丰富的事实与材料。因为有多次讯问的程序以及多方面的证据材料，侦查机关对于未成年犯罪嫌疑人以及整个案件的认识可能会而更加全面与透彻。因此，附条件不起诉决定应当充分听取侦查机关的建议，再由检察机关根据其意见，决定是否需要作出不起诉的处理。在这个过程中，也可以达到侦查权对公诉权的反向制约功能。

第三，附条件不起诉决定的作出，还应当充分尊重法院关于罪与刑的意见。法官作为审判方，在诉讼构造中承担着定罪量刑的职能。所以关于案件认定的法律认识有更为权威和更专业的意见。因此，在决定是否附条件不起诉方面，还可以征询法官在这方面的看法，以保证这种特殊的不起诉决定模式在可能量刑的幅度上有更为精准的把握，实际上也是对裁量权的一种横向制约。因此，从专业的角度以及权力制衡的角度，法院都能够作为检察机关附条件不起诉的重要意见提供者。

第四，检察机关内部监督审查环节的设置。在办理未成年人的案件中，根据法律以及检察机关的相关规定，有更为严格与烦琐的运行规范，即附条件不起诉需要经过内部的审核通过才能达成。[①]在此基础上，对审批程序进行更为规范化的设置，让检察机关在调查结束后，将听证会的听证意见、附条件不起诉的理由等方面的内容以书面的形式向上级进行汇报，由上级部门对其每个关键环节的内容与决定进行审查，以此加强对检察机关的内部制约，合理规范

① 《人民检察院办理未成年人刑事案件的规定》第 32 条规定："适用附条件不起诉的审查意见，应当由办案人员在审查起诉期限届满十五日前提出，并根据案件的具体情况拟定考验期限和考察方案，连同案件审查报告、社会调查报告等，经部门负责人审核，报检察长或者检察委员会决定。"

起诉裁量。

第五，社会调查机制的规范化运行。目前社会调查的实施主体一般由检察机关内部的未成年人检察办公室或者工作处负责。但是由于检察机关内部案多人少的矛盾突出，要保证对每一个未成年人的案件进行精细化、全面的社会调查并不具有现实可行性。因此可以借助社会的调查机构加以完成。社会调查机构通过召集本地区的社工，以实地走访的方式，对未成年犯罪嫌疑人的家庭成员、近亲属、学校同学与老师、周边邻居等进行访谈，深入了解其家庭、生活环境，并将收集到的信息反馈给社会调查机构，由机构的专业人员进行整理分析，并且出具专业的犯罪风险评估报告，最后一并交由检察机关进行审查、判断。这既节约了检察机关的办案资源，同时也能让检察官更为全面地了解未成年人的犯罪动因。因此，这种由第三方专业调查机构进行调查的模式可以借鉴吸收并且在全国大力推广。同时，应当对调查内容与标准进行明确规定，保证社会调查报告的言之有实、言之有物，避免过于狭隘或者空洞的调查内容影响检察机关的判断与审查结论。

第三节　认罪认罚从宽案件的控辩对抗模式

党的十八届四中全会提出“完善刑事诉讼中认罪认罚从宽制度”。以试点经验与试点文件为基础，2018 年刑事诉讼法正式将认罪认罚从宽制度纳入法律的规定，实现了对认罪认罚从宽制度的立法规范。根据立法规定，在侦查、起诉、审判阶段都可以认罪认罚，审前阶段对于认罪认罚案件如果无法进行有效的分流，大量案件将涌入审判环节，认罪认罚从宽制度预设的“优化司法资源配置，提升司法公正效率”价值势必受阻。因此，笔者认为在刑事诉讼各阶段都应持续贯彻“认罪认罚从宽”的精神。客观地说，认罪认罚案件在审判阶段已有较为成熟的程序设计，进行制度整合的空间也比较有限，相对而言审前阶段的操作余地则更大。

然而，虽然认罚认罚是在两方主体之间进行，似乎天然无需以构造理论审示之。事实上在认罪认罚案件中，审前阶段由控方主导，控方具有追求效率的先天倾向，存在造成错案的隐患；审前阶段诉讼程序透明度不足，对于控方权力缺乏有效的外部监督，可能存在放纵犯罪的风险。因此，构造理念的限权制衡等思路仍然在认罪认罚案件中存在探讨的空间与必要。

一、“检察权裁判”现象的反思

总体而言，虽然检察官作为“追诉者”的职能、法官作为“裁判者”的职能没有发生根本性的改变，但是，两大法系均出现了一定的“越位”现象。即在某些认罪案件尤其是简单轻微案件的办理过程中，检察官逐渐发挥了某种意义的“裁判者”作用，既涉及量刑权也涉及定罪权。不少国外学者将这种跨越诉讼模式的检察权扩张现象归纳为“检察权裁判”。在认罪认罚从宽制度的推广应用过程中，这样的现象也得到了一定程度的体现。在审查起诉阶段，检察机关同被告人及其辩护人进行量刑协商的过程中，检察机关在一定程度上占据主导地位，对于是否采纳被告人及其辩护人的意见具有一定的“裁判”色彩。

但是，应当看到，自推行速裁程序、认罪认罚从宽制度试点改革至今，我国还远没有形成类似域外“检察权裁判”的环境，尤其是检察官享有自由裁量权的范围仍处于相当有限的状态。在认罪认罚案件中，检察机关在量刑协商过程中虽占据优势地位，但其对于整个程序而言仍然只是“推动”的作用，法院仍然是终局“裁判”的角色。这鲜明体现为检察机关提交的量刑意见书的法律效力是法院通过裁判权认可而赋予的。因此，应当对认罪认罚从宽制度与以审判为中心的诉讼制度之间存在的张力关系加以重新审视，对检察机关在审前阶段的自由裁量权力和终局裁断权力加以适当扩展，对侦控机关裁量权的限度加以合理设定，对司法职权配置加以优化。从而，既有扩权，亦有限权，以此提升审前程序透明度，形成准诉讼化构造的目标。

二、认罪认罚案件中法律帮助律师的见证人化①

从现行刑事诉讼法的规范来看，在认罪认罚案件中通过值班律师提供法律帮助的形式，对犯罪嫌疑人、被告人的合法权益提供保障。但是应当指出，立法很显然地将值班律师与辩护人的角色做了区分，值班律师在一定程度上行使辩护的权能，但值班律师不是辩护人。也就是说，在认罪认罚案件中除了少量案件有聘请的辩护律师以外，大部分案件是没有刑事辩护法律援助的。在认罪认罚案件中，即便有值班律师存在，也难以满足维护被追诉人的合法权益的现实需要。具体到司法实践中，一般在审查起诉阶段由检察机关根据案情提出量刑建议，并与犯罪嫌疑人进行量刑协商。犯罪嫌疑人往往缺乏相应的法律知识，难以判断量刑协商的合理性，如果律师的援助不到位将直接导致权益受损。而值班律师只承担提供法律咨询等职责，不具备阅卷权等重要辩护职权，也无权以犯罪嫌疑人、被告人代表人的身份参与检察官、法官的量刑协商。由此可见，值班律师所能提供的阶段化、碎片化法律帮助无法在实践中发挥应有作用，并很可能导致值班律师制度向“见证人”化方向发展。所谓“见证人”化，意即值班律师仅仅在被追诉人签署认罪具结书时发挥见证作用，在认罪协商程序中未能主动发挥自身帮助功能。因此，在认罪认罚案件中，必须保证律师充分有效参与其中，切实做到维护犯罪嫌疑人、被告人的合法权益。

三、加强律师在审查起诉程序中的实效

在认罪认罚从宽制度中，由于案件的特殊处理程序，因此在审前对于认罪认罚实现诉讼化或准诉讼化构造具有现实的必要性。这

---

① 此标题项下内容引用陈光中、张益南：《推进刑事辩护法律援助全覆盖之探讨》，载《法学杂志》2018 年第 3 期。

一点可以从以下几个方面予以分析：

第一，程序特殊性。适用认罪认罚从宽制度审理的案件，大多数在法庭审理阶段采用的是简易程序。而且从实践来看，法庭审理过程的时间极短，一般20分钟左右就审完一个案件。同时，庭审过程也同过去注重控辩平等对抗的方式不同，在认罪认罚从宽案件中，重点是对认罪自愿性的再一次核查，而且做出最后裁判文书也在很大程度上依据检察机关提交的量刑意见书。这就决定了对于认罪认罚案件的审查重点是在审前阶段，律师发挥辩护职能的重点场域也是在审前阶段。

第二，现实必要性。正如上文所分析，侦查阶段是刑事诉讼审前程序的重心所在。同时，由于认罪认罚案件的程序快速处理机制，侦查阶段形成的案件事实、证据情况在后续的审查起诉，乃至审判程序中受到审查的力度都大大减轻。在认罪认罚制度中，侦查阶段在实质上是扮演了“龙头老大”的角色。因此，在侦查阶段要格外注重认罪的自愿性与办案的合法性。在侦查阶段，侦查机关具有现实的动力来获取犯罪嫌疑人的口供。而就现实情况来看，侦查阶段也是犯罪嫌疑人人身安全、意志自由等合法权益最易受到不法侵害的诉讼阶段。犯罪嫌疑人在侦查阶段往往处于与外界隔绝、完全受到侦查人员支配的不利处境。因此，在这样的环境下要对取证方式的合法性予以更加严格的控制。犯罪嫌疑人一旦在侦查阶段做出有罪供述，就很难予以推翻，并将对案件走向以及程序适用产生持续重大影响。

第三，权利保障性。具体而言，一方面，在认罪认罚的案件中，为了避免侦控机关对辩护方权利的过分倾轧，应当保障讯问时有律师在场的权利。律师在场可以保障被追诉人在讯问过程中处于自愿供述、不被强迫的境遇，改善其讯问中接受强制讯问的被动地位。同时，律师在场能够及时告知犯罪嫌疑人认罪认罚可能带来的法律后果，提供必要的预测与评估，让被追诉人有及时的心理预期。另外，在讯问过程中，虽然录音录像制度已经得到一定程度的推广，但仅限于部分案件，实践也得出了结论，录音录像制度无法从根本上消解违法讯问、违法取证的现象。并且从实际情况来说，在我国一些经济落后地区，受制于硬件条件，无法达到全程录音录像的条件，此时就需要律师尤其是值班律师在场，防止刑讯逼供等违法取证现象的发生。律师除了在侦查环节的讯问中参与外，还应当在量刑环节中发挥关键作用。虽然被追诉人已经认罪认罚，但可能并未认识到认罪的消极后果，对量刑等问题也不甚清楚。因此，在审查起诉阶段，律师（包括值班律师）就应当起到帮助被追诉人进行程序选择、进行量刑协商的作用。为被追诉人在协商环节争取到最大的利益，其中还包括申请变更强制措施的权利，对超期羁押等违法现象进行监督，保护被追诉人的合法权益不受侵害。

由上述分析可以看出，律师辩护与法律帮助在平衡认罪认罚案件中诉讼主体之间的关系方面发挥着至关重要的作用。当被追诉人可能存在“鼓励认罪”表面现象下的众多风险时，律师的有效辩护与法律帮助就是作为已经失衡的结构里的一块“砝码”，得以将失衡的天平压到尽量平衡的位置，是在认罪认罚案件中补偿平衡机制的重要角色。在由控辩对抗走向控辩协商的新模式下，程序的减损也将缩减被追诉人的部分权利。因此，保障被追诉人辩护权的有效行使，加强其各项法定权利能够在认罪认罚从宽制度中不受到侵犯，增强律师群体的建设，构建法律职业共同体的话语体系，便是应有之义。

结论：构造中的正义

刑事诉讼程序是一个有机联系的整体，在刑事诉讼审前程序的构造中应当具有系统思维，立足法律文本做出教义学的阐述，同时以解构与结构的方式提出方案。刑事诉讼审前程序构造论就是借鉴结构主义的思想，认为在刑事诉讼的审前程序中仍然需要一个三方主体的互动制衡模式。这并不是简单机械地将审判阶段的三角模式生搬硬套在审前程序当中。刑事诉讼审前程序有其特殊的价值理念，权力与权利的碰撞更为激烈，因此要在充分考量审前程序特点的基础上，将侦查权、辩护权、法律监督权和司法裁判权做“解构”与“重组”，以动态平衡的观念来审视各方，从而使得各方运行机制不越轨、不逾矩。

综上所述，本书的结论大致可以归纳如下：在动态平衡诉讼观下，刑事诉讼审前程序构造的实质是权力与权力、权力与权利之间的互动与制衡，从而实现权利保障、惩罚犯罪与诉讼效率等各种价值。这其中：在立案与管辖方面，实现以可见、可控的诉讼行为作为刑事诉讼的起点，以强制性侦查行为作为程序启动的标志，同时引入被告人的管辖异议权。在刑事强制措施方面，以构造的模型实现以非羁押为原则，以羁押为例外的程序性控制。在侦查方面，在取消立案程序的前提下，对强制侦查行为赋予检察令状以及辩护权保障的三方样态。在审查起诉方面，通过人民监督员、诉前会议以及司法审查等多种方式实现对公诉裁量权的构造制约。

总之，推动刑事诉讼审前程序诉讼构造的改革，不仅仅只是运行机制与法律文本的调整，而且涉及各种诉讼理念和诉讼价值之间的冲突和选择。在此过程中，各方权力与权利都会有不同程度的调整，这意味着改革过程需要蹄疾步稳地推进。笔者深信，随着我国法治建设的加速和司法改革的深入，在各界的共同努力下，我国刑事诉讼审前程序的构造化建设必会朝着更加完善、进步的方向登上新的台阶。

参考文献

一、著作类

1. 夏甄陶：《关于目的的哲学》，上海人民出版社 1982 年版。

2. ［美］霍克斯：《结构主义和符号学》，上海译文出版社 1984 年版。

3. 陈光中：《外国刑事诉讼法程序比较研究》，法律出版社 1988 年版。

4. 张晋藩主编：《中国法制史纲》，中国政法大学出版社 1985 年版。

5. ［英］罗素：《权力论》，吴友三译，商务印书馆 1991 年版。

6. 李心鉴：《刑事诉讼构造论》，中国政法大学出版社 1992 年版。

7. ［意］贝卡利亚：《犯罪与刑罚》，黄风译，中国大百科全书出版社 1993 年版。

8. ［法］托克威尔：《论美国的民主》（上卷），董果良译，商务印书馆 1993 年版。

9. 陈光中：《中华人民共和国刑事诉讼法修改建议稿与论证》，中国方正出版社 1995 年版。

10. ［美］迈克尔 · D. 贝勒斯：《法律的原则—— 一个规范的分析》，张文显等译，中国大百科全书出版社 1996 年版。

11. ［美］查理德 · A. 波斯纳：《法律的经济分析》，蒋兆康译，中国大百科全书出版社 1997 年版。

12. ［英］弗里德利希 · 冯 · 哈耶克：《自由秩序原理》（上），

邓正来译，生活·读书·新知三联书店 1997 年版。

13. ［德］赫费：《政治的正义性：法和国家的批判哲学之基础》，庞学栓、李张林译，上海译文出版社 1998 年版。

14. 陈光中、［加］丹尼尔·普瑞方廷主编：《联合国刑事司法准则与中国刑事法制》，法律出版社 1998 年版。

15. 龙宗智：《相对合理主义》，中国政法大学出版社 1999 年版。

16. ［古罗马］查士丁尼：《法学阶梯》，徐国栋译，中国政法大学出版社 1999 年版。

17. ［美］博登海默：《法理学、法哲学与法律方法》，邓正来译，中国政法大学出版社 1999 年版。

18. 孙长永：《侦查程序与人权》，中国方正出版社 2000 年版。

19. 龙宗智：《刑事庭审制度研究》，中国政法大学出版社 2001 年版。

20. 汤唯、孙季萍：《法律监督论纲》，北京大学出版社 2001 年版。

21. 洪浩：《检察权论》，武汉大学出版社 2001 年版。

22. 樊崇义：《刑事诉讼法事实问题与对策研究》，中国人民公安大学出版社 2001 年版。

23. 谢佑平、万毅：《刑事诉讼法原则：程序正义的基石》，法律出版社 2002 年版。

24. 宋英辉、吴宏耀：《刑事审判前程序研究》，中国政法大学出版社 2002 年版。

25. 陈卫东：《刑事诉讼法实施问题对策研究》，中国方正出版社 2002 年版。

26. 张文显主编：《法学理论前沿论坛》（第 2 卷），科学出版社 2003 年版。

27. 陈瑞华：《刑事审判原理论》，北京大学出版社 2003 年版。

28. ［美］米尔吉安·R. 达马斯卡：《漂移的证据法》，李学军等译，中国政法大学出版社 2003 年版。

29. ［美］大卫·弗里德曼：《经济学语境下的法律规则》，杨欣欣译，法律出版社 2004 年版。

30. ［英］彼得·斯坦：《西方社会的法律价值》，王献平译，中国法制出版社 2004 年版。

31. ［美］斯特龙：《麦考密克论证据》，汤维建等译，中国政法大学出版社 2004 年版。

32. 卞建林：《刑事证明理论》，中国人民公安大学出版社 2004 年版。

33. 宋英辉、李忠诚主编：《刑事程序法功能研究》，中国人民公安大学出版社 2004 年版。

34. 陈卫东主编：《刑事审前程序研究》，中国人民大学出版社 2004 年版。

35. 陈瑞华：《问题与主义之间——刑事诉讼基本问题研究》，中国人民大学出版社 2004 年版。

36. 陈光中：《21 世纪域外刑事诉讼立法最新发展》，中国政法大学出版社 2005 年版。

37. 陈光中：《〈公民权利和政治权利国际公约〉与我国的刑事诉讼》，商务印书馆 2005 年版。

38. 孙长永：《探索正当程序——比较刑事诉讼法专论》，中国法制出版社 2005 年版。

39. 陈瑞华：《刑事诉讼的前沿问题》（第 2 版），中国人民大学出版社 2005 年版。

40. 张建良：《刑事强制措施要论》，中国人民公安大学出版社 2005 年版。

41. 陈卫东：《程序正义之路》（第 2 卷），法律出版社 2005 年版。

42. 周长军：《制度与逻辑——刑事诉讼机制的转型分析》，中国方正出版社 2005 年版。

43. 彭海清：《刑事诉讼程序设置研究》，中国法制出版社2005年版。

44. 汪建成：《冲突与平衡——刑事程序理论的新视角》，北京大学出版社2006年版。

45. 万毅：《底限正义论》，中国人民公安大学出版社2006年版。

46. 钱弘道：《法律的经济分析》，清华大学出版社2006年版。

47. 樊崇义主编：《刑事审前程序改革实证研究》，中国人民公安大学出版社2006年版。

48. 樊崇义、顾永忠：《侦查讯问程序改革实证研究》，中国人民公安大学出版社2007年版。

49. 卞建林：《中国刑事司法改革探索：以联合国刑事司法准则为参照》，中国人民公安大学出版社2007年版。

50. 杨宇冠：《我国反腐败机制完善与联合国反腐败措施》，中国人民公安大学出版社2007年版。

51. 刘玫：《传闻证据规则及其在中国刑事诉讼中的运用》，中国人民公安大学出版社2007年版。

52. 宋英辉主编：《取保候审适用中的问题与对策研究》，中国人民公安大学出版社2007年版。

53. 伦朝平：《刑事诉讼监督论》，法律出版社2007年版。

54. 孙连钟：《刑事强制措施研究》，知识产权出版社2007年版。

55. 张智辉：《检察权研究》，中国检察出版社2007年版。

56. 宋英辉主编：《刑事诉讼法修改问题研究》，中国人民公安大学出版社2007年版。

57. 杨宇冠：《国际人权法对我国刑事司法改革的影响》，中国法制出版社2008年版。

58. 张建伟：《法律、经济学与国家治理》，法律出版社2008年版。

59. 屈新：《被追诉人的人权保障研究》，中国政法大学出版社2008年版。

60. 顾永忠：《中国式对抗制庭审方式的理论与探索》，中国检察出版社2008年版。

61. 汪海燕：《我国刑事诉讼模式的选择》，北京大学出版社2008年版。

62. 陈卫东：《刑事审前程序与人权保障》，中国法制出版社2008年版。

63. 林钰雄：《检察官论》，法律出版社2008年版。

64. 林钰雄：《刑法与刑诉之交错适用》，中国人民大学出版社2009年版。

65. 龙宗智：《刑事证明责任与推定》，中国检察出版社2009年版。

66. 左卫民：《中国刑事诉讼运行机制实证研究：以审前程序为重心》，法律出版社2009年版。

67. ［美］约翰·罗尔斯：《正义论》（修订版），何怀宏译，中国社会科学出版社2009年版。

68. 郭天武：《保释制度研究》，法律出版社2009年版。

69. 林钰雄：《干预处分与刑事证据》，北京大学出版社2010年版。

70. ［美］丹尼尔·J. 凯普罗：《美国联邦宪法第四修正案：非法证据排除规则》，吴宏耀、陈芳、向燕译，中国人民公安大学出版社2010年版。

71. ［日］田口守一：《刑事诉讼的目的》，张凌、于秀峰译，中国政法大学出版社2010年版。

72. 陈光中：《中国司法制度的基础理论问题研究》，经济科学出版社2010年版。

73. 樊崇义：《刑事诉讼法哲理思维》，中国人民公安大学出版社2010年版。

74. 陈瑞华：《论法学研究方法》，北京大学出版社2010年版。

75. 郭欣阳：《刑事错案评析》，中国人民公安大学出版社2010年版。

76. 王兆鹏：《辩护权与诘问权》，华中科技大学出版社2010年版。

77. 杨宇冠：《死刑案件的程序控制》，中国人民公安大学出版社2010年版。

78. 陈瑞华：《程序性制裁理论》（第2版），中国法制出版社2010年版。

79. 谢佑平：《刑事程序法哲学》，中国检察出版社2010年版。

80. 陈卫东：《公民参与司法研究》，中国法制出版社2011年版。

81. 陈卫东主编：《刑事诉讼制度论》，中国法制出版社2011年版。

82. 陈卫东：《量刑程序改革理论研究》，中国法制出版社2011年版。

83. 陈瑞华：《刑事诉讼中的问题与主义》，中国人民大学出版社2011年版。

84. 龙宗智：《中国刑事证据规则研究》，中国检察出版社2011年版。

85. 何家弘：《谁的审判谁的权：刑事庭审制度改革的实证研究》，法律出版社2011年版。

86. 孙长永等：《犯罪嫌疑人的权利保障研究》，法律出版社2011年版。

87. 刘玫：《刑事司法领域中的女性参与》，中国人民公安大学出版社2011年版。

88. 王守安：《检察裁量制度理论与实践》，中国人民公安大学出版社2011年版。

89. 屈文生：《普通法令状制度研究》，商务印书馆2011年版。

90. 房国宾:《审前羁押与保释》,法律出版社 2011 年版。

91. 陶杨:《刑事诉权研究》,中国人民公安大学出版社 2011 年版。

92. 卞建林、杨宇冠:《非法证据排除规则实证研究》,中国政法大学出版社 2012 年版。

93. 赵琳琳:《刑事冤案问题研究》,中国法制出版社 2012 年版。

94. 顾永忠等:《刑事辩护:国际标准与中国实践》,北京大学出版社 2012 年版。

95. [美] 乔治·费希尔:《辩诉交易的胜利:美国辩诉交易历史》,郭志媛译,中国政法大学出版社 2012 年版。

96. 宋英辉等:《未成年人刑事司法改革研究》,北京大学出版社 2013 年版。

97. 杨宇冠等:《公正高效权威视野下的刑事司法制度研究》,中国人民公安大学出版社 2013 年版。

98. 顾永忠:《刑事法律援助的中国实践与国际视野》,北京大学出版社 2013 年版。

99. [美] 虞平、郭志媛编译:《争鸣与思辨:刑事诉讼模式经典论文选译》,北京大学出版社 2013 年版。

100. 王海军:《刑事审判模式的经济分析》,中国政法大学出版社 2013 年版。

101. 彭新林:《腐败犯罪案件程序问题要论》,中国政法大学出版社 2013 年版。

102. 卞建林:《中国司法制度基础理论研究》,中国人民公安大学出版社 2013 年版。

103. 宋英辉等:《刑事诉讼法修改的历史梳理与阐释》,北京大学出版社 2014 年版。

104. 陈光中主编:《非法证据排除规则实施问题研究》,北京大学出版社 2014 年版。

105. 卞建林主编：《腐败犯罪诉讼程序专题研究》，中国人民公安大学出版社 2014 年版。

106. 高咏：《非法证据排除程序研究》，中国法制出版社 2014 年版。

107. 陈瑞华：《刑事证据法的理论问题》，法律出版社 2015 年版。

108. [美] 米尔伊安·R. 达玛什卡：《司法和国家权力的多种面孔——比较视野中的法律程序》，郑戈译，中国政法大学出版社 2015 年版。

109. 陈卫东：《反思与构建：刑事证据的中国问题研究》，中国人民大学出版社 2015 年版。

110. 卞建林：《修改后的刑事诉讼法实施情况调查与研究》，中国检察出版社 2016 年版。

111. 汪海燕：《刑事诉讼法律移植研究》，中国政法大学出版社 2016 年版。

二、教科书类

1. 陈光中主编：《刑事诉讼法》（第六版），北京大学出版社、高等教育出版社 2016 年版。

2. 陈朴生：《刑事证据法》，台湾三民书局 1980 年版。

3. [日] 土本武司：《日本刑事诉讼法要义》，黄璠舆、宋英辉译，台湾五南图书出版有限公司 1997 年版。

4. [法] 卡斯东·斯特法尼、乔治·勒瓦索、贝尔纳·布洛克：《法国刑事诉讼法精义》，罗结珍译，中国政法大学出版社 1998 年版。

5. [日] 田口守一：《刑事诉讼法》，刘迪等译，法律出版社 2000 年版。

6. 陈光中、徐静村主编：《刑事诉讼法学》（修订二版），中国政法大学出版社 2002 年版。

7. ［美］爱伦·豪切斯泰·斯黛丽、南希·弗兰克：《美国刑事法院诉讼程序》，陈卫东、徐美君译，中国人民大学出版社 2002 年版。

8. ［德］克劳思–罗科信：《刑事诉讼法》，吴丽琪译，法律出版社 2003 年版。

9. ［英］麦高伟、杰弗里·威尔逊主编：《英国刑事司法程序》，姚永吉等译，法律出版社 2003 年版。

10. ［德］托马斯–魏根特：《德国刑事诉讼程序》，岳礼玲、温小洁译，中国政法大学出版社 2004 年版。

11. ［美］乔恩·R. 华尔兹：《刑事证据大全》（第 2 版），何家弘译，中国人民公安大学出版社 2004 年版。

12. 王以真主编：《外国刑事诉讼法学》（新编本），北京大学出版社 2004 年版。

13. 林钰雄：《刑事诉讼法》（下册），中国人民大学出版社 2005 年版。

14. 卞建林、刘玫：《外国刑事诉讼法》，中国政法大学出版社 2008 年版。

15. 最高人民检察院法律政策研究室组织编译：《所有人的正义》，中国检察出版社 2003 年版。

16. ［美］罗纳德·J. 艾伦等：《证据法》，张保生、王进喜等译，高等教育出版社 2006 年版。

17. ［日］田口守一：《刑事诉讼法》（第五版），张凌、于秀峰译，中国政法大学出版社 2010 年版。

18. 王兆鹏：《刑事诉讼讲义》（第五版），台湾元照出版公司 2010 年版。

19. 林钰雄：《刑事诉讼法》（第六版），台湾元照出版公司 2010 年版。

20. 张明楷：《刑法学》，法律出版社 2011 年版。

21. 宋英辉、孙长永等：《外国刑事诉讼法》，北京大学出版社

2011 年版。

22. 陈卫东:《模范刑事诉讼法典》(第 2 版),中国人民大学出版社 2011 年版。

23. 冯玉军主编:《法经济学》,中国人民大学出版社 2013 年版。

24. 宋英辉等:《刑事诉讼原理》(第 3 版),北京大学出版社 2014 年版。

三、论文类

1. 洪道德:《控诉与审判分立应贯穿整个刑事诉讼程序》,载《政法论坛》1992 年第 1 期。

2. 季卫东:《法律程序的意义——对中国法制建设的另一种思考》,载《比较法研究》1993 年第 1 期。

3. 汪本立:《试论刑事自诉制度的存废》,载《中国法学》1993 年第 6 期。

4. 杨善解:《结构主义的方法及其哲学倾向》,载《江淮论坛》1996 年第 1 期。

5. [美] 沃野:《结构主义及其方法论》,载《学术研究》1996 年第 12 期。

6. 刘根菊:《关于公诉案件被害人权利保障问题》,载《法学研究》1997 年第 2 期。

7. 李忠诚:《职能管辖若干问题研究》,载《政法论坛》1999 年第 4 期。

8. 孙长永:《审判中心主义及其对刑事程序的影响》,载《现代法学》1999 年第 4 期。

9. 汪建成:《论刑事诉讼程序》,载《法学评论》2000 年第 2 期。

10. 徐俊:《浅谈监视居住的适用价值及其完善》,载《政法学刊》2000 年第 2 期。

11. 吴宏耀：《刑事自诉制度研究》，载《政法论坛》2000 年第 3 期。

12. 陈瑞华：《超期羁押问题的法律分析》，载《人民检察》2000 年第 9 期。

13. 陈瑞华：《司法权的性质——以刑事司法为范例的分析》，载《法学研究》2000 年第 5 期。

14. 张文显、于宁：《当代中国法哲学研究范式的转换——从阶级斗争范式到权利本位范式》，载《中国法学》2001 年第 1 期。

15. 陈光发、马向征：《刑事自诉制度重构刍议》，载《现代法学》2001 年第 1 期。

16. 李忠诚：《侦查重新计算羁押期限问题研究》，载《中国刑事法杂志》2001 年第 2 期。

17. 樊崇义：《沉默权与我国的刑事政策》，载《法学论坛》2001 年第 3 期。

18. 龙宗智：《侦查程序中的人权保障》，载《中外法学》2001 年第 4 期。

19. [美] 弗洛伊德·菲尼：《非法自白应否在刑事诉讼中作为证据使用》，郭志媛译，载《中国法学》2002 年第 4 期。

20. 郭敏锋、胡健泼：《沉默权：借鉴还是移植》，载《政法论坛（中国政法大学学报）》2002 年第 4 期。

21. 陈瑞华：《未决羁押制度的理论反思》，载《法学研究》2002 年第 5 期。

22. 杨宇冠：《论不强迫自证其罪原则》，载《中国法学》2003 年第 1 期。

23. 何泉生、安福元、于树斌：《论看守所在押人员的权利及其保障》，载《中国人民公安大学学报》2003 年第 1 期。

24. 但伟、姜涛：《侦查监督制度研究》，载《中国法学》2003 年第 2 期。

25. 陈岚、王媛媛：《刑事被告人的审判管辖异议权初探》，载

《河北法学》2003 年第 2 期。

26. 熊秋红：《论刑事司法中的自诉权》，载《环球法律评论》2003 年冬季号。

27. 马明亮：《正义的妥协——协商性司法在中国的兴起》，载《中外法学》2004 年第 1 期。

28. 陈界融：《司法文明四辨》，载《现代法学》2004 年第 2 期。

29. 孙长永：《比较法视野中的刑事强制措施》，载《法学研究》2005 年第 1 期。

30. 卞建林：《中国刑事审前程序的立法与实践》，载樊崇义主编：《刑事审前程序改革与展望》，中国人民公安大学出版社 2005 年版。

31. 顾永忠：《关于建立侦查讯问中律师在场制度的尝试与思考》，载《现代法学》2005 年第 5 期。

32. 宋高初：《我国刑事自诉负效益分析》，载《法学评论》2005 年第 6 期。

33. 宫晓冰：《美国法律援助制度简介》，载《中国司法》2005 年第 10 期。

34. 罗智勇：《对我国公诉与自诉关系的理性思考》，载《中国刑事法杂志》2006 年第 2 期。

35. 马静华、冯露：《监视居住：一个实证角度的分析》，载《中国刑事法杂志》2006 年第 6 期。

36. 罗亚华、钟勇、王建华、廖鹏：《职务犯罪与普通犯罪互涉案件侦查协助机制的重构》，载《人民检察》2006 年第 9 期。

37. 朱孝清：《中国检察制度的几个问题》，载《中国法学》2007 年第 2 期。

38. 张小玲：《论侦查阶段的程序分流》，载《中国人民公安大学学报》2007 年第 3 期。

39. 王建源：《迈向对话的正义——协商性司法的制度逻辑及

本土实践》，载《司法改革评论》2007 年第 1 期。

40. ［美］米尔建·达马斯卡：《国际刑事司法中的协商性司法》，载徐静村主编：《刑事诉讼前沿研究》（第 6 卷），中国检察出版社 2007 年版。

41. 杨雄：《刑事强制措施实体化倾向之反思——以预防性羁押为范例》，载《政法论坛》2008 年第 4 期。

42. 于志刚：《亲告罪的司法困境及其解决》，载《法学》2008 年第 5 期。

43. 孙长永：《检察机关批捕权问题管见》，载《国家检察官学院学报》2009 年第 2 期。

44. 周长军：《检察起诉裁量权的国际发展趋势与中国改革》，载《东方法学》2009 年第 3 期。

45. 汪建成：《论诉讼监督与诉讼规律》，载《河南社会科学》2010 年第 6 期。

46. 张芸：《非羁押性强制措施适用探析》，载张智辉主编：《强制措施立法完善研究》，中国检察出版社 2010 年版。

47. 周光：《未羁押的被告人脱逃案件的处理》，载张智辉主编：《强制措施立法完善研究》，中国检察出版社 2010 年版。

48. 钱学敏：《监视居住立法完善》，载张智辉主编：《强制措施立法完善研究》，中国检察出版社 2010 年版。

49. 屈媛：《监视居住、取保候审措施的立法完善》，载张智辉主编：《强制措施立法完善研究》，中国检察出版社 2010 年版。

50. 田查娟、黄昌华：《取保候审适用情况的调查分析与立法完善》，载张智辉主编：《强制措施立法完善研究》，中国检察出版社 2010 年版。

51. 屈新：《论辩护律师在场权的确立》，载《中国刑事法杂志》2011 年第 1 期。

52. 刘忠：《被识别的几率：非法取证程序性制裁的构成性前提》，载《中外法学》2011 年第 2 期。

53. 刘玫、宋桂兰：《论刑事诉讼强制措施之立法再修改——以刑事诉讼法修正案（草案）为蓝本》，载《甘肃政法学院学报》2011 年第 5 期。

54. 卞建林：《我国刑事强制措施的功能回归与制度完善》，载《中国法学》2011 年第 6 期。

55. 陈瑞华：《论被告人口供规则》，载《法学杂志》2012 年第 6 期。

56. 高杰、丁连连：《公诉职能与诉讼监督职能不能分离》，载《人民检察》2013 年第 4 期。

57. 陈光中、张佳华、肖沛权：《论无罪推定原则及其在中国的适用》，载《法学杂志》2013 年第 10 期。

58. 龙宗智、白宗钊、谭勇：《刑事诉讼指定管辖若干问题研究》，载《法律适用》2013 年第 12 期。

59. 陈瑞华：《非法证据排除程序再讨论》，载《法学研究》2014 年第 2 期。

60. 雷磊：《什么是我们所认同的法教义学》，载《光明日报》2014 年 8 月 13 日第 16 版。

61. 樊崇义：《“以审判为中心”的概念、目标和实现路径》，载《人民法院报》2015 年 1 月 14 日第 5 版。

62. 樊崇义、张中：《论以审判为中心的诉讼制度改革》，载《中州学刊》2015 年第 1 期。

63. 陈光中：《动态平衡诉讼观之我见》，载《中国检察官》2018 年第 13 期。

四、工具书类

1. 薛波主编：《元照英美法词典》，法律出版社 2003 年版。

2. 龚学胜主编：《当代汉语词典》（国际华语版），商务印书馆 2007 年版。

3. Bryan A. Garner，BLACK'S LAW DICTIONARY（Eighth Edi-

on)，WEST p. 2162.

4. 吴宏耀、种松志主编：《中国刑事诉讼法典百年》（下册），中国政法大学出版社 2012 年版。

5.《世界各国刑事诉讼法》编辑委员会：《世界各国刑事诉讼法》，中国检察出版社 2016 年版。

6. 中共中央纪律检查委员会、中华人民共和国国家监察委员会法规室编：《〈中华人民共和国监察法〉释义》，中国方正出版社 2018 年版。

7. 中共中央纪律检查委员会、中华人民共和国国家监察委员会法规室编：《〈中国共产党纪律检查机关监督执纪工作规则〉释义》，中国方正出版社 2019 年版。

五、外文文献

1. Andrew Sanders & Richard Young，CriminalJustice13（1994）.

2. Abraham Goldstein，Reflections on Two Models Inquisitorial Themes in American Criminal Procedure，26STAN. L. REV. 1009（1974）.

3. David J. Smith，Case Construction and the Goals of Criminal Process，37BRIT. J. CRIMINOLOGY319（1997）.

4. Peter Duff，Crime Control，Due Process and the Case for the Prosecution，8BRIT. J. CRIMINOLOGY611（1998）.

5. Rachel E. Barkow. Institutional Design and the Policing of Prosecutors：Lessons from Administrative Law. Stanford Law Review，Vol. 61，No. 4（2009）.

6. Jacqueline Hodgson. The Detention and Interrogation of Suspects in Police Custody in France：A Comparative Account. European Journal of Criminology，Vol. 1，No. 2（2004）.

7. Dan M. Kahan. What do alternative sanctions mean. The University of Chicago Law Review，Vol. 63，No. 2（1996）.

8. William T. Pizzi. Understanding Prosecutorial Discretion in the United States: The Limits of Comparative Criminal Procedure as an Instrument of Reform . Ohio State Law Journal, Vol. 54, No. 5 (1993).

9. Wendie Ellen Schneider. Engines of Truth: Producing Veracity in the Victorian Courtroom. Yale University Press, 2015.

后　记

转眼间，博士毕业已近两年。我的博士学位论文《刑事诉讼审前程序构造论》也获益于陈光中先生的鼓励和政法大学的资助得以付梓。作为个人的第一本专著，也是自己多年求学的一个阶段性成果，行文至此不免情绪翻涌，颇有感慨：一本“粗磨细刻”的作品不仅见证了自己艰难且幸运的求学时光，也凝聚了自己对刑事诉讼法学深沉的情感。

刑事诉讼审前程序构造论，该选题源于自己近十年的“执念”与思辨。本科二年级初习刑事诉讼法学之时，我就对“程序”产生了浓厚兴趣。我认为，人类文明发展进程中能以精密的程序设计来解决现实争端，无疑是智慧的结晶与体现。其中，我对于刑事强制措施、侦诉审关系等内容更是“情有独钟”。于是，我将本科毕业论文定题为“司法令状制度初探”，试图对基本的构造原理做一窥探。硕士研究生期间，我继续以刑事强制措施为主线展开研究。此间，我始终带着强制措施与侦查行为界定、区分以及构造化的思考，撰写了“监视居住理应废除”“刑事强制措施的实体化反思”等文章。继由研究的连贯性，我以“羁押性强制措施诉讼构造新论”为题撰写硕士学位论文，也作为自己的一个阶段性思考成果。在攻读博士学位期间，我的研究视角以刑事强制措施诉讼构造为基础拓展到审前程序诉讼构造，最终形成了博士学位论文，并在此基础上以成此著。

为学正如撑上船，一篙不可放缓。这一路求学、坚持上进的路程，并不容易。但如心中有爱，便会眼前有光。正是对于法学、对于刑事诉讼、对于构造理论的热爱，诸多困顿、倦怠之时都能在刑事诉讼的研习中得以抚慰。这一路，感谢我的博士生导师陈光中先生，能够忝列为陈氏门生，是我人生无限幸运、幸福的事情。感谢我的硕士生导师刘玫教授以及颇费心力为我授业解惑的洪道德教授。感谢“给一张白纸画上第一笔，从此一生刑诉人”的张曙老师。恩师情意，永难忘。

在此，我慎重且万分诚挚地感谢我的父母，多年养育之恩，铭记于心。同时，再次感谢那位温婉可人的女子。我想，能够与自己的同学、博士同门相伴此生，也是我能想到的最浪漫的事了——这一路都有彼此的陪伴与鼓励，真是应了那句“一旦缘起，情定终生”。想起那么多可爱可敬的人，感谢他们在成长路上对我的支持。特别是，那位“以挑战者精神拼搏创新”的严博士，谨以此书作酒赠你。

“玉经磨琢多成器，剑拔沉埋便倚天。”20 余年在校学习，取得博士学位，于我而言是人生的一个重要节点。但这应当是“休止符”，而非“终止符”，取得博士学位不仅是学有所成，也要学有所用。党的十八大后，全面从严治党与全面依法治国驶入快车道，我们更应自觉担负起时代赋予的重任，将自己的所知所学投入我国的法学理论研究与实务当中。我总觉得，人要对国家和社会有所贡献，才算不负此生。

深夜余墨，是以为记！